高等学校应用型本科创新人才培养计划指定教材

高等学校金融与财务外包专业"十三五"课改规划教材

服务外包导论

(第二版)

青岛英谷教育科技股份有限公司　编著

西安电子科技大学出版社

内容简介

本书主要讨论服务外包的基本概念、分类与特点、发展与现状、具体业务等。全书共 7 章。第 1 章介绍了服务外包的定义、分类、特点、发展历程及发展动因；第 2 章介绍了服务外包的具体业务；第 3 章重点讲解了金融服务外包的整体状况；第 4 章和第 5 章介绍了服务外包在国内外的发展情况；第 6 章介绍了服务外包决策与风险管理方法；第 7 章介绍了服务外包的人力资源需求。

本书基础性较强、知识复合度较高，内容上力求做到简、实、新，可作为高校服务外包专业的教材使用，也可作为全国各类服务外包培训机构和组织的培训教材。另外，对于欲从事服务外包工作的管理与技术人员，本书也是一本理想的参考书。

图书在版编目（CIP）数据

服务外包导论/青岛英谷教育科技股份有限公司编著. —2 版.

—西安：西安电子科技大学出版社，2019.1(2019.4 重印)

ISBN 978-7-5606-5019-7

Ⅰ. ① 服… Ⅱ. ① 青… Ⅲ. ① 服务业—对外承包—高等学校—教材 Ⅳ. ① F719

中国版本图书馆 CIP 数据核字(2019)第 001758 号

策　　划　毛红兵
责任编辑　赵　将　雷鸿俊
出版发行　西安电子科技大学出版社(西安市太白南路 2 号)
电　　话　(029)88242885　88201467　　　邮　编　710071
网　　址　www.xduph.com　　　　　　　电子邮箱　xdupfxb001@163.com
经　　销　新华书店
印刷单位　陕西日报社
版　　次　2019 年 1 月第 2 版　　2019 年 4 月第 5 次印刷
开　　本　787 毫米×1092 毫米　1/16　印　张　15
字　　数　347 千字
印　　数　7301～9300 册
定　　价　39.00 元

ISBN 978-7-5606-5019-7/F

XDUP 5321002-5

如有印装问题可调换

高等学校金融与财务外包专业"十三五"课改规划教材编委会

❖❖❖ 前　言 ❖❖❖

近年来，"外包"成为百度、谷歌等搜索引擎的热词，并成为一个新兴词语。实际上，其雏形最早见于手工业时代。而在工业时代，把零部件发包给外协厂使制造业外包广泛盛行。今天，随着经济全球化和信息技术的新发展，全球产业转移从制造业向服务业延伸，给"外包"赋予了特定的、新的含义——服务外包。在信息技术革命、企业全球化竞争以及服务经济持续增长的共同推动下，这种新型业务模式在世界范围内蓬勃发展。

服务外包作为现代高端服务业，具有信息技术承载度高、附加值大、资源消耗低、环境污染少、吸纳就业能力强、国际化水平高等特点。历经 20 多年的发展，服务外包领域逐渐由单一的 IT 服务向软件外包、信息技术服务、金融服务、客户服务、呼叫中心等领域切入，内涵不断扩大，发展日益迅速。由于计算机网络不受时空限制，服务业比制造业更容易打破区域限制，更具有全球化的特点，因此服务外包发展极为迅速。据国际权威机构预测，到 2020 年，全球服务外包市场规模有望达到 1.65 万亿美元至 1.8 万亿美元，其中离岸服务外包规模约为 4500 亿美元。我国政府在 2006 年启动了以发展服务外包为核心目标的"千百十工程"，鼓励企业积极参与国际竞争，大力发展服务外包业务。

从政策角度看，2016 年，国务院印发《关于新增中国服务外包示范城市的通知》，将沈阳、青岛等 10 个城市确定为中国服务外包示范城市，示范城市数量由 21 个增加到 31 个，引导市场资源继续向示范城市聚集发展。截至 2016 年年底，示范城市共有服务外包企业 2.9 万家，从业人员 596 万人，示范城市的服务外包企业和从业人员约占全国 70%，贡献了超过 90%的业绩，这也充分说明示范城市对促进产业集聚和培育壮大市场主体具有重要作用。2017 年 5 月，我国商务部等 5 部门印发《国际服务外包产业发展"十三五"规划》，目标是到 2020 年，我国企业承接离岸服务外包合同执行金额超过 1000 亿美元，年均增长 10%以上。与此同时，经过 30 多年的经济增长，中国的交通、通信、网络等基础设施取得快速发展，部分设施服务能力已经达到国际先进水平，为服务外包的发展创造了良好的外部环境。

从发展情况来看，经过多年的发展，我国服务外包产业逐渐形成了"三大集群，东西映射，特色区域发展"的良好格局。在东部沿海发达城市，长三角城市集群、环渤海城市集群、珠三角城市集群"三大集群"分别以上海、北京、广州/深圳为核心，每个集群内的各城市整合资源、协作发展。中西部地区，如成渝经济区、西安、长沙等地，结合各自的产业特点，与东部三大集群开展合作，形成东西映射，实现区域产业发展的特色。此外，2008 年国际金融危机带来的企业成本压力加速了国内产业由东向西进行转移。2016 年，在全球投资贸易低迷的情况下，我国服务外包新签合同额首次突破 1 万亿元，达到 10 213 亿元人民币，同比增长 20.1%；执行额 385 亿元，同比增长 17.6%。商务部数据显示，2017 年上半年我国企业服务外包合同执行额同比增长 13.8%，超过 GDP 增速，已成为中国经济增长的新引擎。十年来，在政府、企业和相关机构的共同努力下，中国服务外包快速发展，服务外包企业和从业群体不断壮大，全国服务外包企业从 500 多家增长至近 4 万家，从业人员从不足 6 万人猛增至 856 万人，其中大学专科及以上学历 551 万人，占比达 64.4%。服务外包成为我国高学历人才集聚度最高的行业，在"稳增长、调结构、惠民生、促就业"方面发挥了重要作用。

随着我国服务外包产业"内外"市场的同时爆发，中国服务外包人才却呈现出数量、质量、结构与企业需求不匹配的情况，人才缺口已经成为制约服务外包发展的瓶颈。一方面，我们不缺人才，据统计，2017 年有将近 800 万高校毕业生；但另一方面，服务外包人才缺口巨大，造成供需不匹配的主要原因是高校的培养问题，教学与企业需求脱节，人才培养方向单一。提高我国大学毕业生的能力和质量是一项长期的工作，需要学校、教师、政府和社会培训机构共同努力，才能为发展服务外包行业储备人力资源。

近年来，国内高等院校已经认识到上述问题，并积极开展人才培养模式的改革，创新相关专业和课程建设，大力提升人才培养质量，一批服务外包院校应运而生。2008 年，中国服务外包第一校——苏州工业园区服务外包职业学院建立。很多高校的二级学院更名为服务外包学院，越来越多的应用型本科院校和综合类高职高专院校开设了与服务外包相关的专业方向。但是我们发现，国内针对服务外包人才培养的专业教材较少，且大多偏理论，行业发展状况及相关数据比较滞后。本书根据"必需、够用"的原则，整合了服务外包概论部分，对较深的理论内容加以简化，对部分内容进行了更新，尽量体现服务外包行业的最新发展状况，符合企业对学生专业素养的实际要求。

全书共 7 章，内容安排如下：

第 1 章，对服务外包进行了整体概述，包括定义、分类、特点、发展历程以及发展动因的分析，旨在让学生对服务外包有整体的认识，为后面具体业务的学习及了解整个行业的发展情况打下基础。

第 2 章，对服务外包具体业务进行介绍，并通过案例加深学生对业务的理解和掌握。不同于其他教材，本书将业务分为信息技术外包、业务流程外包和知识流程外包，将知识流程外包延伸出来的更高层次的数字内容外包单列出来讲解，并分别附有案例，帮助学生理解和判断哪些业务属于数字内容外包的范畴。

第 3 章，对金融服务外包进行介绍，业务流程外包是 21 世纪最主要的业务模式，而金融服务外包是业务流程外包最重要的体现。

第 4 章，介绍了服务外包的国际发展情况，让学生对服务外包在全球的发展现状及未来趋势有大体的了解，增强学习兴趣。

第 5 章，对中国服务外包的发展情况做了比较详细的介绍，让学生了解我国服务外包的强势发展以及政府对服务外包行业的重视，熟悉我国比较有名的服务外包城市和服务外包企业，为学生后期择业提供参考。

第 6 章，介绍了服务外包决策和风险管理，主要介绍的是一家企业如果想实施外包，要如何制定服务外包决策以及管理风险。这是一个很复杂的过程，选取哪些业务进行外包、如何选择接包商，这些环节都决定了外包能否取得成功。同时掌握业务外包时会面临哪些风险，如何进行风险防范也很重要。

第 7 章，直接面向学生提出能力培养的要求，这部分内容是经过充分调研而提出的，比较符合当下服务外包企业对人才的能力要求，此外还介绍了职业规划的重要性。

为了更加适合教学的要求，本书在结构编排上进行了精心设计。每章的章首页设有学习目标、重点与难点，让学生在学习过程中做到有的放矢、有针对性地学习；同时每章的开篇还设有案例导入，用具有代表性和启示性的案例激发学生的学习兴趣；另外，各章配有丰富的经典案例与知识拓展，以加深学生对相关内容的理解和掌握。

本书由青岛英谷教育科技股份有限公司编著，参与本书编著工作的有刘明燕、王莉莉、宁孟强、李秀、王强、于志军、杜继仕、邓宇、金成学、王燕等。在编写本书期间得到了各合作院校专家及一线教师的大力支持与协作，在此，衷心感谢每一位老师与同事为本书出版所付出的努力。

由于水平有限，书中难免有不足之处，欢迎大家批评指正。读者在阅读过程中如发现问题，可通过邮箱(yinggu@121ugrow.com)联系我们，或扫描右侧二维码进行问题反馈，我们将进一步完善。

教材问题反馈

本书编委会
2018 年 9 月

目　　录

第1章　服务外包概述

📖 本章目标

- ■ 了解外包的概念、分类
- ■ 掌握服务外包的定义、分类及特点
- ■ 了解服务外包发展历程
- ■ 熟悉服务外包发展的国际动因和中国特有动因
- ■ 掌握服务外包发展的理论基础

📖 重点难点

重点：

1. 服务外包的定义、分类和特点
2. 服务外包发展的国际动因和中国特有动因

难点：

服务外包发展的理论基础

案例导入

　　2007 年年底，一本名叫《世界是平的：21 世纪简史》的译著在中国出版，引起企业界和知识界不小的反响。作者托马斯·弗里德曼是美国著名的新闻记者，三届普利策奖获得者。此书英文原版于 2005 年 4 月出版，一问世便备受关注，仅半年时间销量就突破了百万大关。美国《商业周刊》评论道："所有的工商管理硕士都在读《世界是平的》。"弗里德曼认为，原来以西方为中心的世界，随着中国、印度、俄罗斯等国家的崛起，竞争的平台已经被推平，非西方、非白人的个人群体和无名企业不但能够参与全球化合作，也同样能够参与全球化竞争，这就是"世界是平的"的基本思想。书中提到"碾平世界"的十大动力，除了世人熟知的"互联网""物流供应链"等以外，最能体现全球合作与竞争趋势的莫过于"离岸"和"外包"这两大动力。外包无非是强化企业核心业务，或降低成本，或减少风险，或兼而有之，最终的目的还是为了提高盈利。从内容上可将外包分为两大类：生产外包和服务外包。生产外包早于服务外包，而且目前还在发挥重要作用，但服务外包在全球的影响越来越大，《世界是平的》一书讨论的"外包"主要是指"服务外包"。国际服务外包也称为离岸外包，属于全球范围内进行的外包业务。离岸外包是全球产业转移和整合的过程，也是世界经济格局大调整的重要标志。

资料来源: 魏建国. 服务外包 100 问[M]. 北京: 中国商务出版社, 2013

1.1　外包与服务外包

　　近年来，"外包"成为百度、谷歌等搜索引擎的热词，并成为一个新兴词语。实际上，其雏形见于手工业时代，例如：美国历史早期就有将马车盖子外包给苏格兰工人生产的记载。而在工业时代，把零部件发包给外协厂使制造业外包广泛盛行。今天，随着经济全球化和信息技术的迅速发展，全球产业转移从制造业向服务业延伸，给"外包"赋予了特定的、新的含义——服务外包。

1.1.1　外包概述

课程介绍

1. 外包的概念

　　从语源上看，外包(Outsourcing)作为一个英语词语最早出现于 1982 年。然而作为一个代表组织运作方式的专业名词，"外包"最早出自美国管理学家哈默和普拉哈拉德 1990 年发表的一篇名为《企业的核心竞争力》的文章。Outsourcing 即 Outside Source Using，翻译过来就是"外部资源利用"，是指企业将生产或经营环节中某一个或几个环节交给其他专业公司来完成，从而达到整合资源、提高资源使用效率、增强竞争力和应变能力的目的。通俗地讲就是：做自己最擅长的，把不擅长的交给别人去做。

　　外包作为一种管理模式，具有整合利用外部最优秀的专业化资源、降低成本、提高效率、充分发挥自身核心竞争力和增强企业对环境的迅速应变能力的本质属性。

2．外包分类

(1) 按地理位置分类。

外包根据供应商地理分布状况划分为两种类型：在岸外包和离岸外包。在岸外包是指发包方和接包方来自同一个国家，因而外包工作在国内完成。离岸外包则指发包方和接包方来自不同国家，外包工作跨国完成。由于劳动成本的差异，发包方通常来自劳动力成本较高的国家，如美国、西欧各国和日本；接包方则来自于劳动力成本较低的国家，如印度、菲律宾和中国。

虽然在岸和离岸外包具有许多类似的属性，但它们的差别却很大。在岸外包更强调核心业务战略、技术和专门知识、从固定成本转移至可变成本、规模经济，重视价值增值胜于成本减少；离岸外包则主要强调成本节省、技术熟练的劳动力的可用性，利用较低的生产成本来抵消较高的交易成本。在考虑是否进行离岸外包时，成本是决定性的因素，技术能力、服务质量和服务提供商等因素次之。

(2) 按照工作性质分类。

根据工作性质，外包可分为"蓝领外包"和"白领外包"。"蓝领外包"指制造业外包。"白领外包"也称服务外包。

3．外包的本质和特征

从本质上来说，外包是企业的一种经营战略，即企业在内部资源有限的情况下，为取得更大的竞争优势，仅保留其最具竞争优势的功能，而把其他功能进行整合，利用外部最优秀的资源予以实现。外包战略是在专业化分工日益细致的前提下，企业非一体化的战略选择。总的来说，外包能够使企业内部最具竞争力的资源和外部最优秀的资源相互结合，从而产生巨大的协同效应，使企业最大限度地发挥自有资源的效率，获得竞争优势，提高对环境变化的适应能力。

外包的特征主要体现在两个方面。一是突出核心竞争力。外包的目的在于巩固和提高企业的核心竞争力，建立突出优势。企业在外包中利用的是外界已经存在的资源，不需要企业再做更多的工作和消耗更多的企业自身资源，这种内部化过程不需要对核心竞争力要素的长期积累，而是直接把原有的资源应用在巩固、发展核心竞争力上，可以迅速建立核心竞争优势，实现快速反应。因此，外包是建立核心竞争力的最有效途径。二是强调技术创新。在知识经济时代，形成竞争优势的关键是技术创新，因为技术创新是企业发展的最终源泉。同时，在技术创新周期和产品生命周期不断缩短的情况下，开展外包的企业更能以柔性技术为基础，保持技术领先。外包战略所实现的对外部资源的整合，是为了满足企业对技术创新的要求，将更多资源应用于技术开发，建立和维护技术的领先地位。

1.1.2　服务外包

服务外包有别于制造业外包，但它是伴随生产制造过程产生的，例如企业在生产制造前的市场调研、产品设计，生产过程中的物流、库存管理，产品销售后的客户服务等都可以外包给专业公司来完成，这就属于服务外包。所以在介绍服务外包之前，我们先来看一下制造业外包的相关内容。

1. 制造业外包

1) 制造业外包的定义

制造业外包又称"蓝领外包"，指产品制造过程外包。企业将生产过程中非核心业务或非核心加工方式外包给外部生产企业承担，在充分利用外包企业最优秀专业化资源的同时，使发包企业集中精力于核心业务，达到降低成本、提高经济效益、增强核心竞争力的目的。

制造业外包

2) 制造业外包的特点

制造业外包是外包的早期和初级形式，这种外包方式的诞生结束了企业自给自足的生产方式。20世纪80年代，制造业外包的显著趋势和普遍规模已经形成，目前在欧洲、美国、日本等发达国家和地区被普遍采用。

◆经典案例◆

耐克的生产外包

背景： 提起运动鞋，大家对 NIKE 并不陌生，多年来，耐克鞋在全球范围内畅销不衰。随着耐克鞋在全球知名度的提升，有一句话也变得非常有名："耐克公司从来不生产一双耐克鞋。"也有一则家喻户晓的耐克神话：在美国俄勒冈州的比弗顿市，四层楼高的耐克总部里看不见一双鞋。那么全球畅销的耐克鞋是怎样生产出来的呢？答案就是生产外包。

耐克公司非常重视海外市场，耐克公司创始人奈特更是苦思冥想，希望能够找到一条打通贸易壁垒、进入世界市场的新方法。一次偶然的机会，奈特路过一家养鸡场，看到鸡棚里活蹦乱跳的母鸡，他突然联想到了他的业务，"借鸡生蛋"的想法也就产生了。奈特想，如果在世界上每个国家都设立一个工厂，公司只出资金和技术力量，而工厂的主管、工人都由当地人组成，这样不就可以既避免关税，又减少总公司的负担了吗？他回到公司后，立即召集各级主管和全体职员开会，把自己的想法告诉大家，并分析了这种做法的可行性和好处。这一想法得到了大家的赞同。

用这种"借鸡下蛋"的方法，耐克避免了高关税，打开了贸易壁垒，轻松进入了一向封闭的日本市场。用同样的方法，耐克公司通过在爱尔兰设厂也成功地避开了高关税进入欧洲市场。随着各地区生产成本的变化，耐克公司的合作对象不断变化：先是日本、西欧，其后是韩国、中国台湾地区，接着是中国大陆、印度，到20世纪90年代，耐克开始看好越南等劳动力更为廉价的东南亚国家。

耐克公司自己不设厂，不仅所有的产品都外包给其他生产厂家制造，甚至连公司设计的样品都是由台湾设计的。耐克向外部借力，通过整合外部资源为其所用，从而扩展自己的疆域；利用外部的能力和优势来弥补自身的不足。这样一来，耐克公司节省了大量的生产基建资产、设备购置费用以及人工费用，利用全球最廉价的劳动力为其制造产品。这是耐克之所以能够以较低的成本和其他品牌竞争的重要原因，也为其全球化战略起到了积极的作用。

知识拓展与分析： 著名战略学家迈克尔·波特教授在他的价值链分析模型中强调，产业链的不同阶段增值空间存在着很大的差异，维持上下游竞争优势对构建企业核心竞争能力意义重大。台湾宏碁集团董事长施振荣先生结合自己多年的从业经验、耐克现象和波特教授的价值链分析模型指出，在 PC 产业链乃至整个制造业，上游的研发和下游的销售服务工序附加值较高，而中间的组装工序属于劳动密集型工序，由于竞争的加剧，利润空间最小，因而整个产业制造工

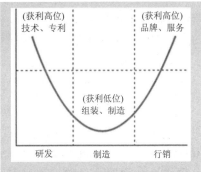

图 1-1　价值链分析中的"微笑曲线"

序流程的附加值线条就形成了一个两头高、中间低的 U 型曲线，看上去像微笑的嘴唇，施先生称之为"微笑曲线"，如图 1-1 所示。

　　耐克公司之所以能够以生产外包的方式取得巨大成功就是因为其牢牢把握住了这条"微笑曲线"的两个价值高点：上游的研发设计与下游的行销。

　　在研发方面，耐克公司通过持续大规模的投入和研发流程的精细化，保持着在运动服装领域世界领先的地位。耐克 1980 年就建立了运动研究实验室(Sport Research Lab)，1984 年设立了先进产品工程部门(Advance Product Engineering)。这两个部门的运作，保证了耐克在运动服装领域的技术领先，确保其不断研发出新的产品。耐克自身在生物力学、运动生理学、工程学、工业设计及相关领域不断投入，还与研究委员会和顾问机构保持密切联系。这些外部组织由运动员、教练员、行业的经营管理人员、整形外科医生及其他专家组成。在研发阶段，耐克还雇佣专业运动员测试和评估产品性能，充气鞋、减震器等运动鞋领域的重要创新技术都来自耐克。

　　在行销方面，耐克始终注重品牌的强化与控制。耐克的主要顾客群是年轻一代，对于年轻人来说最大的价值是自我实现的价值，耐克通过强烈的心理暗示、树立意见领袖形象帮助消费者，尤其是年轻一代，获得了张扬自我个性的机会，这为耐克带来了庞大的忠诚消费群体。篮球飞人迈克尔·杰弗里·乔丹和高尔夫天才艾德瑞克·泰格·伍兹为耐克品牌的成功立下了汗马功劳。他们的共同点都是创造了无人能够创造的体育神话，其运动成绩的光环已经超越了纯粹意义上的运动。这两个人的号召力是无与伦比的，他们代言耐克的产品也将耐克"微笑曲线"的高点带到了一个新的高位。耐克极其重视商标和专利的保护，耐克在几乎所有产品上都运用商标，耐克相信：商标是公司与竞争对手区分、公司产品与竞争对手产品区分的一个重要因素。耐克认为商标是其最有价值的资产，并已经在 100 多个国家和地区注册。此外，耐克还拥有很多用于产品营销的其他商标。

　　生产外包的目的就是让其他更具成本优势的企业来完成产品生产，在整个供应链上实行聚焦战略，专注于自己擅长的领域进行经营，耐克就是这一原则的成功实施者。耐克的生产采用全部外包方式的前提是其拥有强大的研发能力和市场营销能力，而这两点也是消费者关注的焦点。客户往往愿意为自己的偏好支付溢价，因此从客户出发，与客户交流、沟通可以帮助耐克认识到客户的偏好，并进一步明确满足客户偏好的价值链中附加价值高的环节。耐克以客户为中心设计自己的外包运营模式，从而使其获取超出传统经营模式的高额利润。

在传统产业之外，新技术产业也不乏外包成功案例。计算机领域的成功外包商如惠普、IBM，手机领域如诺基亚等。很多国际知名公司通过成功实施制造业外包获得了丰厚的经济收益。世界主要制造业均不同程度地实施外包，制造业外包仍在继续。

2．服务外包

关于服务外包的定义，目前国内外有不同的观点。

作为全球服务外包业务发展最快的国家之一，印度先后使用了两个词语对应于Outsourcing 一词，分别是 IT-ITES(2006 年之前)和 IT-BPO(2007 年之后)。IT-ITES(Information Technology Enabled Services)是一种以 IT 作为交付基础的服务，服务的成果通常是通过互联网交付的，就是基于 IT 的服务，当时主要指 ITO。IT-BPO(IT Business Process Outsourcing)是基于 IT 的业务流程外包，建立在 IT 和网络平台上，任何外包作业都是在数据化之后转移外包，转移出去的业务流程和办公作业都属于服务外包，它不仅涵盖了 IT 服务，还包含业务流程服务。

2007 年 9 月，中国服务外包研究中心编写的《中国服务外包发展报告 2007》中提出：服务外包是指企业将价值链中原本由自身提供的具有基础性的、共性的、非核心的 IT 业务和基于 IT 的业务流程剥离出来后，外包给企业外部专业的服务提供商来完成的经济活动。

综合上述概念，本书对服务外包的定义是：服务外包是企业为了将有限的资源集中于核心业务上，以信息技术为依托，把原本由企业内部完成的业务和工作外包给外部专业服务提供商，利用他们的知识和劳动力来降低企业成本、提高效率、优化产业链、提升核心竞争力的一种业务模式。用通俗的话来说就是：做你最擅长的，把非核心的、基础性的工作交给更专业的公司来完成。

下面通过一个例子来理解服务外包的概念。一位新华社驻美国的记者写了他在美国看病的经历，在美国看病，不像我们一样先到医院挂号，而是首先在网上预约或者是电话预约，但是给你办理预约的不是美国人，都是印度人。然后等你到医院看病，美国的医生一个字不写，而是录音，之后把录音统统发到印度去，印度人把录音整理成文字，再发回来。患者查病历就能知道自己患什么病、拿什么药。如果闹出了医疗纠纷，既有录音也有文字。所以别人都以为是美国人在看病，其实都是印度人在看病。通过这个例子大家可以看出，美国医生做了最主要的事情——诊断病情，而把预约挂号、写病历等一些相对不重要的事情外包给印度人做。

3．服务外包与制造业外包的异同点

服务外包和制造业外包都是社会分工深化、细化的结果，两者都是将自身业务外包出去，从而达到精于核心业务、降低成本、提高经济效益、增强核心竞争力的目的。两者的区别关键在于各自转移对象的不同。转移对象是加工制造零部件、中间产品的，属于制造业外包；转移对象是基于 IT 技术服务或业务流程服务的，属于服务外包。其区别主要体现在以下几个方面：

(1) 发展的时期不一样。从时间上看，服务外包滞后于制造业外包。20 世纪 80 年代，制造业外包的显著趋势和普遍规模已经形成。而服务外包是随着计算机、现代通信手

段的采用，从软件开发和测试外包开始，才逐步发展和成长起来的。

(2) 所借助的基础不同。制造业外包以传统制造生产为基础，而服务外包则主要建立在 IT 技术和网络平台之上，包括 IT 技术外包、业务流程外包、研发外包等，是经过数据化之后可转移出去的业务流程和办公作业。

(3) 业务性质不同。制造业外包往往转移的是高能耗、高污染或劳动密集型产品或生产环节，而服务外包则是低污染、资源耗费少的业务形态，而且一般对人员素质要求较高，就业对象以白领为主。

1.1.3　服务外包的特点

我们熟知的外包行业是从制造业的外包开始发展的，起初外包的目的是为了降低成本，在全球范围内进行资源优化配置，利用各自的优势发展全球经济。如今这种特殊的经营策略进入了服务行业以及其他各个领域，最大的原因仍然是成本驱动。发达国家和发展中国家巨大的资源成本差距，使得很多发达国家的发包商将很多工作交由资源价格低廉的国家来做。这样不仅节省了很大一部分成本，并且可以集中更多的精力来发展其核心竞争优势。但是发展到今天，这仅仅是服务外包的一个小小的特点，不断前进的脚步赋予了服务外包更多新的特征。

1. 业务专业化，服务水平更高

服务项目外包，客户的初期目标是降低成本，而随着专业服务外包企业在业务流程方面的优化、创新开发方面的逐步完善和用户业务流程的成熟，质量、效率、可依赖性成为客户追求的目标。

承接服务外包的服务商往往是某个领域的专家级接包商，其核心业务就是专门为大量发包者提供该领域的服务，在质量、效率、可依赖性等方面具有专业优势。许多服务外包企业已不再单纯代替发包方完成特定流程或功能，而是以其特定领域的专业经验和能力为发包者提供业务流程和改善、提高竞争能力。据中国服务外包研究中心的研究显示：实施外包大约能使企业节约 10% 的成本，而能力和质量则上升 17%。

2. 与传统的制造业外包相比，附加值更高，属于高增值产业

与制造业相比，服务外包项目几乎没有原材料支出，项目的成本组成为：物业租金、电脑折旧、水电费用、人力成本。收入约等于增值。

IBM 公司的调查数据显示，制造业来料加工的增值部分大约是总规模的 2%～3%，最高不超过 5%，而服务外包的增值几乎是 100%。而从收益上来看，同样金额的出口，服务外包对中国经济的贡献是来料加工的 20 倍以上。显而易见，服务外包具有高附加值特性，对接包商来说，其目标就是同样的投入获得更多的利益，因此加入服务外包市场无疑是更好的选择。

相关产业带动高税收。由于进入服务外包行业的员工属于智力密集型劳动者，其平均收入远高于制造业，因此所带来的税收也高于制造业。

3. 知识密集型，对人力资源要求很高

服务外包属于知识密集型产业，很多业务都需要从业人员有相关的培训或教育经历和

丰富的实践经验，并非像制造业，只要对工人进行简单的技能培训就可以进行生产。据调查，中国服务外包企业的人力成本一般要占到总成本支出的70%左右，企业承接一个外包合同，必须有相应的适用人员能够马上投入该项工作，因此对人力资源的要求很高，更倾向于受过良好教育、具有技能专长的人员。接受过高等教育的人力资源是产业的核心，服务外包企业价值与人员规模成正比。

4. 绿色产业、低消耗、无污染

服务外包以数据交付服务为主，不用进行实物生产，多数依赖 IT 设备，对于资源的消耗比制造业低了很多，也没有废弃物的排放，是非常环保的产业。据研究，同样金额的出口，服务外包的资源和能源消耗只有制造业的20%，几乎没有污染排放。

5. 不受地域限制

服务外包尤其是离岸外包的重要特点是突破了地域的限制。在现代通信技术手段的帮助下，接包方可以在本国，也可以在世界上任何一个角落，发包方不用担心对方在哪里，只要能提供高水平的服务，无论在哪里，都可以进行合作。

6. 很大程度上依赖互联网和通信技术

绝大部分的服务外包合作双方都处于不同的地区，即通常所说的离岸外包，双方合作关系的确立以及业务的进行和发布依赖现代化的通信手段——互联网和通信技术。一是通过互联网等现代通信设施，保证了发包方和接包方的即时沟通和服务交付，使距离不成问题；二是信息处理技术的介入，使物流、信息流的分离和并行处理成为可能，使外包作业模式可以空间分散、时间并行地实施。对于互联网和通信技术的过分依赖使得服务项目外包又逐步形成了一种新的风险：一旦通信网络出现问题，双方的业务马上就会被终止，不能继续下去。

7. 外包成果无形化，难以量化评估

外包最终形成的成果并非是实物化的产品，而是一种服务，这就难以将成果量化而进行评估。国际上逐渐有一些团体开始研究建立外包成果的评价体系，如软件外包领域内的CMM 国际认证，就是对软件外包接包商能力的一种评价指标。

 知识拓展

能力成熟度模型（Capability Maturity Model，CMM）是一种开发模型。CMM 的目标是改善现有软件开发过程，也可用于其他过程。它是对于软件组织在定义、实施、度量、控制和改善其软件过程实践中各个发展阶段的描述。CMM 的核心是把软件开发视为一个过程，并以此为原则对软件开发和维护过程进行监督和研究。CMM 也是一种用于评价软件承包能力以改善软件质量的方法，侧重于软件开发过程的管理及工程能力的提高与评估。自 1987 年开始实施认证以来，现在已经成为软件业权威的评估认证体系，分为五个等级：一级为初始级；二级为可重复级；三级为已定义级；四级为管理级；五级为优化级。

1.2　服务外包发展历程

随着经济全球化的逐步深入，继制造业的转移之后，从 20 世纪 80 年代后期开始，发达国家开始转移服务业。在服务业转移的过程中，服务外包也取得了长足发展，并且日益成为服务业转移的主要形式。具体而言，服务外包的发展主要经历了以下三个阶段。

1.2.1　早期外包

早期外包始于 19 世纪，这个时期是生产外包向服务外包过渡的阶段，服务外包主要集中在计算机、信息技术及相关服务领域。缺乏相应技能和成本压力是该阶段外包发展的主要阻力，因此，在这一阶段公司更加注重积累并不断提高自身的技能。

1.2.2　外包的广泛兴起

制造业外包出现于 20 世纪初，工业生产进入大规模机械化时期。制造商出于降低成本的目的将部分零部件外包给接包商生产，结果促进了社会化、专业化水平的提高，从整体上提高了劳动生产率。20 世纪 80 年代，随着运输成本的下降和生产后勤组织的改进，外包向低工资邻国延伸。20 世纪 90 年代以来，西方制造商纷纷舍近求远，中国成为主要接包国家，被称为"世界工厂"。作为经济全球化的重要表现，制造业外包的产生和发展有其历史必然性。

20 世纪 90 年代初，主要发达国家开始普及应用 IT 技术，与此同时，IT 产业结构本身也发生了深刻变化，作为服务外包起源的 IT 服务外包得到了迅速发展，IT 产业的重心也由硬件向软件转移。随着网络技术的发展和通信成本的急剧下降，远程 IT 服务业应运而生，其效益大大超过了制造业外包。许多著名的 IT 公司开始提供专业的 IT 服务，并且逐渐成为公司的主业。众所周知，IBM 公司以前是计算机硬件制造厂商，为了适应市场的需求变化，它在 20 世纪 90 年代初进行经营战略调整，转变成以提供 IT 服务为主的企业，从而使它从衰退中得到振兴。IT 服务外包的成功推动了企业一系列以 IT 为基础的技术性研发工作的创新和发展，特别是西方企业致力于外包由 IT 领域向其他领域扩展，反映了它们的创新模式正在进行重大变革。大型企业研发机构已由过去从基础研究到新产品原型研制逐步转变为侧重高端应用研究，其中基础研究转移给大学，大量一般性的研发项目外包给亚洲等其他低劳动成本的国家。这样，伴随科技人员数量的减少，既降低了企业成本，又突出了研发重点；既能组织和调动全球范围的科技力量，又能同客户保持密切联系。

1.2.3　服务外包的迅猛发展

随着互联网和电信技术的广泛普及，服务业经历着与制造业相似的变化，由生产成本高的地区转移到成本低的地区。因此，服务外包领域逐渐由单一的 IT 服务向其他服务业务扩展，历经 20 多年的发展，从软件外包、信息技术服务、客户服务、呼叫中心等领域切入，内涵不断扩大，发展日益加速。由于计算机网络不受时空限制，服务业比制造业更容易打破地理限制，更具有全球性的特点，因此服务外包发展极为迅速。据有关国际咨询机构分析，当前，虽然全球经济增长速度低于过去 30 年平均每年 3%～4%的增长速度，但服务外包仍将保持超过 10%的增长速度。

服务外包产业越来越成为世界各国关注的焦点。随着世界范围内新一轮产业结构的调整和贸易自由化进程的继续推进，服务业和服务贸易在各国经济中的地位还将不断上升，服务外包产业整体趋于活跃。

1.3 服务外包发展动因

近年来，基于实施外包所带来的种种优势，外包作为企业的一个战略选择越来越受到重视。它在节约成本、强化核心竞争力、提高生产效率等方面具有明显的优势，在这些优势的推动下，服务外包蓬勃发展，波及全球。这些推动因素属于内部推动力，它与外部推动因素相结合，推动服务外包在全球的迅速发展。

1.3.1 服务外包发展的两个动因

关于服务外包发展的动因，许多学者进行过分析和探讨。Loh Lawrence 和 Venkatraman(1992 年)认为服务外包的动力有不同层次：在宏观经济层面，暂时的经济周期和趋势推动企业通过签订外包合同来实现 IT 基础设施管理的合理化；在行业层面，竞争压力迫使企业与重要的 IT 供应商建立"以伙伴关系为基础"的合作关系；在企业层面，追寻竞争优势推动 IT 外包决策，一些管理因素影响外包决策。Lacity 和 Willcocks(1994 年)指出服务外包的原因包括财务原因(成本降低、增加成本控制等)、业务原因(回归核心竞争力等)、技术原因(获得技术人才等)、政治原因。Diromualdo 和 Gurbaxani(1998 年)把服务外包的战略意图分为三类：降低成本和提高 IT 资源的效率，提高 IT 对企业绩效的贡献，利用市场上与激活因素相关的资产来开发和销售以新技术为基础的货物或服务。Christina Costa(2001 年)认为服务外包的动因是降低成本、技术因素以及关注核心竞争力。我们认为，服务外包动因主要包括外部环境和内部推动力量。

1. 服务外包的外部环境动因

(1) 技术动因。信息技术和互联网对服务外包的支持和促进作用主要表现在：一是互联网的快速发展和无处不在，使地理位置、自然资源对企业的约束化于无形，市场可以跨越空间无限制延伸，从而为服务外包发展提供技术支持；二是计算机技术、通信技术等的发展大幅度降低信息处理的成本，增加信息储存的容量，提高信息传播速度，消除人们搜集和应用信息的时空限制，保证信息传输的安全可靠，为服务外包各方参与者之间方便、快捷、安全地交流和传递信息提供技术支持。

(2) 经济动因。经济全球化带动资本、信息、技术、劳动力、资源在全球范围内流动、配置和重组，使生产、投资、金融、贸易在世界各国、各地区之间相互融合、相互依赖、相互竞争和制约，整个世界变成一个巨大的市场。任何企业想在此浪潮中"闭关自守"注定是要失败的，只有通过服务外包与别的企业建立战略联盟、协调合作、互惠互利，才能获得竞争优势，享受全球化带来的胜利成果。因此，经济全球化程度越高，服务外包程度也就越高。

(3) 市场动因。随着世界经济的发展，市场环境迅速变迁，这也迫使企业采取服务外包战略。通过服务外包，企业以网络技术为依托，把具有不同优势资源的合作方整合成反应快速、灵活多变的动态联盟，各方资源共享、优势互补、有效合作，共同应对激烈而严峻的市场挑战。市场变迁越剧烈，服务外包程度越高。

2．服务外包的内部推动力量

1) 节约成本，提高企业绩效

企业成本最小化、利润最大化的目标为服务外包提供了强大的动力。降低成本、减少投入是企业提高绩效最原始的手段。根据美国外包研究所的估计，服务外包能够为企业带来 9% 的成本节省。服务外包实现成本节省的途径主要有以下几个方面。

(1) 降低运作成本。一方面，与企业内部的运作成本相比，服务外包的成本更低，而且由接包商提供服务，成本更易预测、更好控制。同时，将这种服务从固定成本的固定资产形式转换为具有可变成本的固定资产形式，这使得服务的获取更具有灵动性，当业务增长并盈利时更容易增加；当业务衰退时更容易得到削减。另一方面，接包商发挥专业化运作和管理经验及其规模化的经营优势，发包商可以大量减少在非核心业务方面的投资，且只需要支付较低的可变成本。如今，众多欧美发包商纷纷将其服务业务转移到中国、印度、菲律宾、墨西哥等地，利用其廉价的劳动力进行运作以达到降低成本的目的。

据各行业数据显示，外包大约能降低 15%～20% 的经营成本。外包可通过接包商分担发包商的固定成本从而减少发包商的压力，接包商因为规模效应和专业化优势等原因也能以较低的价格提供服务，使发包商在开发和生产新产品的核心业务上更加灵活和高效。

(2) 节约日常维护成本。这个主要针对企业的信息系统来说。如果企业的规模太大，无论在硬件投入方面还是人才培训方面，必须加大相关投入，这样会增加企业的成本和负担。毫无疑问，外包企业获得的利益来自接包商的规模经济和专业技能。就拿信息技术供应商来说，一方面，他们可以在多个客户之间共享硬软件、人力资源和知识，从而使他们在固定成本的投入上更加节约，与此同时，他们还可以批量购入硬件和软件而获得更多的折扣。另一方面，他们通常比客户拥有更全面的技术，或者具有客户企业所不具备的特定技术和资源，因此，接包商一般能高质量、高效益、高效率、低成本地提供产品和服务。

◆经典案例◆

发包方：海尔集团(大型国际化集团企业之一，商品出口世界 160 多个国家和地区)
接包方：东软集团(中国最大的软件和解决方案提供商)
项目概况：海尔电话中心接到用户的维修请求后，通过传真人工通知加盟服务商，派工速度慢、费用高。海尔每年用于服务派工的电话、传真费用高昂，在服务需求高峰季节，甚至需要传真机连续运转才能满足派工需要。此外，由于人工派工中人为因素的影响，派工不均匀、不合理的现象时有发生。为此，海尔公司的业务管理者提出了用 IT 技术实现电子自动派工的初步构想。

解决方案：东软的开发和实施人员与海尔公司的业务人员无间合作，根据他们提出的改进业务流程的构想为他们量身定做最合适的解决方案。东软集团为海尔集团建立了电子自动派工系统，系统根据各个网点的距离系数、服务质量和服务能力等综合指标通过一套算法实现自动派工。

成效：电子派工系统的实施，使公司一次性减少派工员三百多名，为此每年节省派工成本至少 600 多万元，大大节省了人力、物力和财力成本。

在更多的情况下，特别是服务外包业务由发达国家向发展中国家转移的过程中，服务外包成本的降低主要是由不同国家间工资成本的差异造成的，通过服务外包利用国外人力资源的优势，能有效降低生产成本。

2) 强化核心竞争力

任何成功的企业都有自己的核心竞争力。核心竞争力是超越具体产品和服务、超越具体职能部门和业务单元的一种竞争力，并且这种竞争力不受单一产业变幻莫测的周期特征的制约，能使企业面对多变的环境，处变不惊且行动迅速。在市场竞争日益激烈的今天，企业不仅需要保持竞争力，更要不断开发和提升其核心竞争能力，这需要企业投入更多的资源来经营。

根据迈克尔·波特的价值链理论，从研发、设计、采购、生产、库存、销售到运输等环节是一条完整的产业链，环环相扣，缺一不可。一个公司不可能在价值链中的每一部分都具有竞争力，因此，选择自己最具竞争力的环节才是明智之举。企业应该将资金、人力等优势资源集中于具有核心竞争力的业务环节上，而将不具有竞争优势的业务外包给比自己更具有成本优势和专业优势的企业。

对企业内部员工来说，实施外包能够使他们更专注于核心业务，获得更丰富、更专业的经验。企业的持续竞争优势是由核心竞争力决定的，企业拥有资源的有限性，决定其不可能在所有业务领域都有竞争优势，为此，企业必须把有限的资源集中在核心业务上，通过外包来获得其他非核心资源，从而实现资源的优化配置。对企业管理者来说，外包可以使管理层更专注于核心业务，将更多的精力投入到核心业务上来，提高核心业务的绩效水平。同时，外包为实现企业的主要战略目标提供了手段。与不施行外包相比，施行外包最大的好处在于它可以使发包方更加充分地利用接包方的资金、技术创新和专业能力。对于任何发包方来说，要复制接包方所拥有的这些能力所需的投入是非常巨大的，但通过服务外包则可以相对容易地获得这些强大的能力，从而为提高发包商的核心竞争力服务。

◆ 经典案例 ◆

冠生园集团的物流外包

冠生园集团是国内著名的老字号食品集团，产品达 2000 多个品种，拥有近 100 辆货运车辆，要承担上海市 3000 多家大小超市和门店的配送，还有北京、太原等地的运输。

存在淡季运力空放、旺季忙不过来的现象，每年维持车队运行的费用要上百万元。2002年初，其下属合资企业达能公司率先将产品配送运输全部外包，发现不仅配送准时准点，而且费用要节省许多，达能将节约的资金投入到开发新品与改进包装上，使企业又上了一个新台阶。为此，集团销售部门决定推广达能的做法，最终委托上海虹鑫物流有限公司作为第三方物流机构。虹鑫物流每天一早输入冠生园相关的配送数据后，制订出货最佳搭配装车作业图，安排准时、合理的车流路线。此外合同中规定，遇到货物损坏，按规定赔偿。一次，整整一车糖果在运往河北途中翻入河中，司机掏出 5 万元，将掉入河中损耗的糖果全部"买下"做赔。据统计，物流外包后，原来铁路运输发往北京的货需 7 天，现在只需 2 到 3 天，而且是门到门的服务，5 个月就节约了 40 万元的费用，由于配送及时周到、保质保量，商品流通加快，使集团的销售额和利润有了较大增长。更重要的是企业领导从非生产性的包装、运输中解脱出来，集中精力抓好生产这个主业。

分析： 冠生园集团的物流外包给公司带来了哪些好处？

3) 提高生产效率

效率是投入与产出之间或是成本与收益之间的关系。当效率概念应用于某一企业时，所要研究的问题主要是企业是否利用一定的生产资源生产了最大的产出，或者说是否在生产出一定的产量时实现了成本的最小化原则，这种效率称为技术效率。服务外包是将发包商内部的部分职能外包给以服务为导向的专业接包商。接包商可以为发包商提供高效的服务与管理，发包商也因此节约服务成本，有利于把更多的财力、物力、人力集中到核心业务中去，使资源在不同的环节得到合理配置，优化组织结构，从而提高效率。

综上所述，构建服务外包动因机制的研究框架如图 1-2 所示。

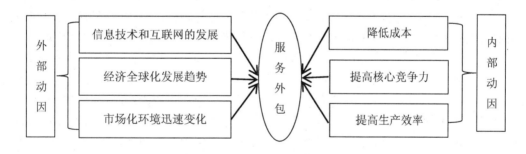

图 1-2　服务外包动因机制的研究框架

1.3.2　中国发展服务外包的动因

除了上述动因之外，我国发展服务外包还有一些独特的动因。

1．我国服务外包业快速成长，发展潜力巨大

随着经济全球化的深入发展和现代信息技术的广泛应用，以现代服务业及高端制造业研发环节转移为特征的世界经济新一轮产业转移正以不可逆转的态势向前发展，大力发展现代服务业已成为发展中国家参与国际竞争、实现现代化的又一重要战略选择。尽管目前

我国服务外包产业仍处于起步阶段，但未来发展潜力巨大。我国拥有人力资源优势，且社会稳定、基础设施比较完备、经济平稳快速增长，具有良好的投资环境，国内在岸服务外包市场的迅速扩大与离岸服务外包的快速发展相结合将形成新的国际竞争优势。

商务部公布的数据显示，2017 年 1～7 月份，我国企业累计签订服务外包合同额 5530.4 亿元，完成执行额 3937.7 亿元，同比增长 7.6%和 13%。7 月，我国企业签订服务外包合同额和执行额同比分别增长 47.2%和 24.3%。长期以来，我国服务外包增速明显超过 GDP 增速。历经十年发展后，服务外包产业正在成为我国经济创新增长的引擎。商务部等 5 部门印发的《国际服务外包产业发展"十三五"规划》提出一个目标，到 2020 年，中国企业承接离岸服务外包合同执行金额将超过 1000 亿美元，年均增长 10%以上。

2. 发展服务外包将进一步拉动我国出口增长

随着我国经济实力的不断提升，我国出口的主要产品已经由传统的农产品和初级产品转向工业品。而发展服务外包是为了进一步提升出口产品的结构，将出口产品转向服务贸易。实质上，发展服务外包不仅是因为服务外包背后巨大的经济利益，更在于这一新型出口方式将会引起我国贸易增长方式和经济增长方式的转变，因为离岸外包是服务贸易的新方式，是一种全新的出口方式。服务外包产业不同于传统的制造业，它对环境没有污染，有助于扩大我国企业在国际服务市场的份额，提升我国企业参与国际竞争的能力。同时，承接全球离岸服务外包也是劳务输出的新方式，相当于在境内实现了劳务出口。离岸服务外包主要集中在知识、技术密集型行业，如 IT、金融等行业，这将极大提高知识、技术密集型劳动力的比例，必将进一步拉动我国出口的增长。

3. 发展服务外包将吸引更多的外资来华投资

全球服务外包业务是跨国公司将非核心业务向公司外转移、发达国家将制造业和服务业向低成本国家和地区转移共同作用的结果，它将进一步推动国际资本流动，有助于培育吸收外商投资的新增长点，优化外商投资的产业结构，提高吸收外商投资的质量。同时，服务外包业务的发展将有助于提高当地服务业的专业水平，降低当地的商务成本，优化当地的投资环境，提高吸引外资的能力。我国在继续鼓励外商投资先进制造业的同时，已经开始高度重视跨国公司服务外包的新趋势，积极创造条件，以新的方式拓展吸收外资的新领域。近年来，我国已经开始从单纯吸引先进制造业投资为主转向引进先进制造业和现代服务业(包括国际服务外包)投资并重。我国应抓住当前国际服务业转移的大好时机，大力发展服务外包，以此吸引更多的外资。

4. 发展服务外包将加速我国先进制造业的发展

改革开放以来，我国制造业经历了突飞猛进的发展，取得了长足的进步。目前，我国制造业正处于由传统制造业向先进制造业提升的关键阶段，服务外包是制造业将非核心生产环节外置化，能使分工更加精细。实践证明，制造企业实行服务外包，将信息服务、物流服务、员工培训和业务流程等外包给专业化更强的第三方企业，可以极大地提升企业的运作效率，使制造企业全力以赴培育自己的核心竞争力，实现生产效率和能力的成倍提升。可见，发展服务外包对于我国突破传统制造业发展的瓶颈、跻身世界先进制造业尤为关键和紧迫。

1.4　服务外包的理论基础

目前，学术界有多种理论可作为服务外包的理论基础，这些理论都从不同角度阐述了服务外包的运作原理，以下主要就绝对优势理论、比较优势理论、核心竞争力理论、交易成本理论、木桶原理理论等进行分析。

1.4.1　绝对优势理论

1．理论基础

古典贸易理论始于亚当·斯密的绝对优势理论。亚当·斯密认为分工能够提高生产某种特定产品的熟练程度，使各种生产要素得到最有效的利用，从而大大提高劳动生产率和增加物质财富，这适用于一国内部的不同职业之间、不同工作之间的分工原则，也适用于各国之间。亚当·斯密主张世界各国都应该进行分工，每个国家都只专业化生产本国成本费用绝对低廉的产品，并通过国际贸易，用部分本国具有绝对优势的产品换回自己生产成本绝对高的产品，从而使所有交换国家都将从中获利。亚当·斯密的绝对优势理论认为，每个国家都应该出口其在生产上具有绝对优势的商品，而进口具有绝对劣势的产品。

知识拓展

亚当·斯密（1723—1790 年）是经济学的主要创立者。1723 年，亚当·斯密出生在苏格兰法夫郡的寇克卡迪。其父亲也叫亚当·斯密，是位律师，也是苏格兰的军法官和寇克卡迪的海关监督，在亚当·斯密出生前几个月去世；母亲玛格丽特是大地主约翰·道格拉斯的女儿。亚当·斯密一生与母亲相依为命，终身未娶。

其 1759 年出版的《道德情操论》获得学术界极高评价，而后于 1768 年开始着手著述《国民财富的性质和原因的研究》，简称《国富论》。1773 年，《国富论》已基本完成，但亚当·斯密多花了三年时间润色此书，1776 年 3 月此书出版后引起大众广泛的讨论，影响所及除了英国本地，连欧洲大陆和美洲也为之疯狂，因此世人尊称亚当·斯密为"现代经济学之父"和"自由企业的守护神"，而《国富论》也可以说是现代政治经济学研究的起点。

2．绝对优势理论与外包

服务外包的产生原因可以用古典贸易理论来解释。服务外包是劳动分工的延伸，是随着社会生产力的发展，逐渐从生产领域制造业外包中剥离和独立出来的国际分工的高端模式，是国际合作与分工的最新产物。企业把部分业务环节外包给外部的服务提供商，使服务发包商和供应商都能专注于占有绝对优势的业务，双方均能简化管理的复杂性，提高各自专业化生产率，享受分工带来的利益。

1.4.2　比较优势理论

1. 理论基础

大卫·李嘉图继承和发展了亚当·斯密的观点，提出了比较优势理论。他认为决定国际贸易的基础是两个国家产品生产的相对劳动成本，而不是绝对劳动成本。不论一个国家经济实力是强是弱，技术水平是高是低，只要各国之间存在着生产技术上的相对差别，就会出现生产成本和产品价格的相对差别，从而使各国在不同的产品上具有比较优势，使任何国家都有自身的相对优势。在资本和劳动力等生产要素不变的情况下，通过国际分工，各国专业化生产自己有比较优势的产品，再通过国际贸易，进而获得比较利益。因此，李嘉图认为各国通过出口相对成本较低的产品，进口相对成本较高的产品可以实现贸易的互利。

 知识拓展

> 大卫·李嘉图（1772—1823 年），古典经济学理论的完成者，古典学派的最后一名代表，最有影响力的古典经济学家。生于犹太家庭，父亲是证券交易所经纪人。12 岁到荷兰商业学校学习，14 岁随父从事证券交易。1793 年独立开展证券交易活动，25 岁拥有 200 万英镑财产，随后钻研数学、物理学。1799 年读亚当·斯密《国富论》后开始研究经济问题，参加了当时关于黄金价格和谷物法的讨论，1817 年发表《政治经济学及赋税原理》，被誉为继《国富论》之后经济学又一巨著，书中阐述了他的税收理论。1819 年他曾被选为上议院议员，极力主张议会改革，支持自由贸易。李嘉图继承并发展了亚当·斯密的自由主义经济理论。他认为限制国家的活动范围、减轻税收负担是增长经济的最好办法。

2. 比较优势理论与外包

在经营过程中，如果本国企业承担某些重要的、非核心的业务不具备比较优势，也就是说如果这些业务由本企业内部员工完成，生产成本很高，并且在国际市场上缺乏竞争力。为了降低成本、提高质量，并获得比较利益，本国企业应该考虑将这些业务转移到其他国家的企业或是专业机构，充分利用国外企业在这些特定业务项目上的比较优势。因此，企业应该通过比较优势分析来决定某项业务是自营还是外包给专业公司去做。如果企业对服务要求高，业务成本比重占总成本比重大，并且内部人员对业务运作管理的效率高，则该企业应该选择自营；如果某项业务不是企业的核心业务，且企业内部的业务管理水平较低，那么企业应该将这些不具备比较优势的业务外包给具有比较优势的国家进行生产。业务活动外包有利于降低成本，提高服务质量。

1.4.3　核心竞争力理论

1．理论基础

核心竞争力是指能使企业长期或持续保持某种竞争优势的能力。根据核心能力理论，属于企业核心竞争力的活动更应严格控制和保护，原则上不能进行外包。而其他不重要的活动则应该外包出去，以使企业将更多精力集中在核心能力的培养和保护上。Prahalad 和 Hamel(1990 年)发表的《企业的核心能力》标志着核心能力理论的正式提出。该理论认为，核心能力是企业可持续获得竞争优势与新业务发展的源泉，它应成为公司的战略焦点，企业只有具备核心能力、核心产品和市场导向这样的层次结构时，才能在全球竞争中取得持久的领先地位。Quinn(1992 年)指出，企业应该持续地在具有核心能力的业务上进行投资，而将不具有核心能力的业务进行外包。外包非核心活动可使企业管理注意力进一步提高，从而加大对绩效显著工作的资源的再分配。

2．核心竞争力理论与外包

外包行业的迅速崛起应该归功于"核心竞争力"这个概念的普及。外包作为企业优化配置内部资源、整合利用外部资源的重要手段，成为 20 世纪 90 年代以来企业培养核心竞争能力、实施"归核化"战略的重要措施之一。由于任何企业所拥有的资源都是有限的，它不可能在所有的业务领域都获得竞争优势。在快速多变的市场竞争中，单个企业依靠自己的资源进行自我调整的速度很难赶上市场变化的速度，因而企业必须将有限的资源集中在核心业务上以强化自身的核心能力，而将自身不具备核心能力的业务以合同的形式(外包)或非合同的形式(战略联盟或合作)交由外部组织承担。通过与外部组织共享信息、共担风险、共享收益，整合供应链中各参与方的核心能力，从而以供应链的核心竞争力赢得并扩大竞争优势。这样外包就成了企业利用外部资源获得互补的核心能力、强化自身竞争地位的一种战略选择。实施服务外包不仅可以为客户提供更加及时、优质的专业化服务，也可以为企业内部的核心业务争取更多的资源，实现企业内部资源合理、有效的配置。

1.4.4　交易成本理论

1．理论基础

交易成本理论是由诺贝尔经济学奖得主科斯在 1937 年提出的，该理论的根本论点在于对企业的本质加以解释。科斯认为，利用价格机制组织生产存在着交易成本，企业主要是由于市场运行成本的存在而产生的。他还进一步分析了企业和市场交易并存的主要原因，并指出不同规模的企业在生产要素的供给价格上是不同的，伴随企业规模扩张和交易增多，企业内部的交易成本自然会上升，而效率会下降。

到了 20 世纪 70 年代，以威廉姆森为代表的一批学者对交易成本理论做出了重要贡献。威廉姆森证明成本费用增大是市场经济的属性，从理论上进一步解释了市场协调机制失灵的可能性以及企业存在的根源。威廉姆森指出，交易过程的特征主要表现在资产专用性、交易不确定性和交易频率这三个方面，而这三个特征直接影响交易成本的高低。采用外包能够避免交易中的盲目性，减少搜索信息、讨价还价的成本，能够有效地节约交易中监督执行成本，能够减少机会主义行为所产生的成本。

 知识拓展

　　罗纳德·科斯（1910—2013年）：英国经济学家。他的杰出贡献是发现并阐明了交换成本和产权在经济组织和制度结构中的重要性及其在经济活动中的作用，并因此荣获1991年诺贝尔经济学奖。

　　奥利弗·威廉姆森（1932年9月—）："新制度经济学"的命名者。自1998年以来在美国加州大学伯克利分校担任"爱德华·F·凯泽"名誉企业管理学教授、经济学教授和法学教授。2009年获诺贝尔经济学奖。

2．交易成本理论与外包

　　企业的某一项交易是通过市场、企业还是外包来进行，可以通过相关成本大小的比较来提供依据。通常，若外包所带来的生产成本下降大于外包所引发的交易成本的增加时，就应该选择外包。

1.4.5　木桶原理理论

1．理论基础

　　木桶原理是由美国管理学家彼特提出来的。该理论的核心是盛水的木桶是由多块木板箍成的，盛水量也是由这些木板共同决定的，若其中一块木板很短，则此木桶的盛水量就被限制，该短板就成了这个木桶盛水量的"限制因素"。若要使此木桶盛水量增加，只有换掉短板或将其加长才行。人们把这一规律总结为"木桶原理"。

2．木桶原理理论与外包

　　一个企业就像个大木桶，这个企业的最大竞争力不只取决于几个突出的要素，更取决于整体状况以及企业中所有生产要素中最薄弱的要素。企业要将每个薄弱要素都做到最好是不太可能的，也是不经济的。服务外包就好像是将企业这个"大桶"打散，取走那些"短板"，通过选择合适的合作伙伴，由外面的"长板"替代内部的短板，然后再将自己的长板和外部提供的"长板"组合在一起，通过增加木桶的高度，从而扩大木桶"容量"。因此，企业为了增强总体的竞争实力，应该将其自身不擅长的非核心业务外包给其他专业的企业来做。所以说，"取长补短"就是"木桶原理理论"对服务外包解决方案所能给予的最佳含义。

本 章 小 结

　　1．从语源上看，外包(Outsourcing)作为一个英语词语最早出现在1982年，是指企业将生产或经营环节中某一个或几个环节交给其他专业公司来完成,从而达到整合资源、提高资源效率、增强竞争力和应变能力的目的。

2．外包的特征主要体现在两个方面:一是突出核心竞争力;二是强调技术创新。

3．制造业外包也称"蓝领外包",是外包的早期和初级形式。20 世纪 80 年代,制造业外包的显著趋势和普遍规模已经形成,目前在欧洲、美国、日本等发达国家和地区普遍采用。

4．服务外包是企业为了将有限的资源集中于核心业务上,以信息技术为依托,把原本由企业内部完成的业务和工作外包给外部专业服务提供商,来降低企业成本、提高效率、优化产业链、提升核心竞争力的一种业务模式。

5．降低成本仅仅是服务外包一个小小的特点,不断前进的脚步赋予了服务外包更多新的特征,比如业务的专业化、附加值更高、知识密集型、绿色产业、高度依赖互联网和通信技术。

6．服务外包随着服务业转移取得了长足发展,并且日益成为服务业转移的主要形式。服务外包的发展主要经历了三个阶段:早期外包、外包的广泛兴起和外包的迅猛发展。

7．服务外包的发展由外部动因和内部动因联合推动。外部动因包括技术、经济和市场;内部动因包括节约成本、核心竞争力的提升和生产效率的提高。

8．从绝对优势理论、比较优势理论、核心竞争力理论、交易成本理论和木桶原理理论等几个方面来介绍服务外包的理论基础。

本 章 练 习

一、简答题

1．什么是外包?其本质是什么?

2．什么是服务外包?它与制造业外包有哪些异同点?

3．服务外包有哪些特点?

4．简述服务外包的发展动因。

二、论述题

1．描述什么是"微笑曲线",并利用曲线分析耐克进行生产外包的成功点,以及该曲线对外包实施的启示。

2．论述服务外包的基础理论,并从这些理论出发解释服务外包的含义。

三、案例分析题

近年来,关于中国和印度的"龙象之争"一直是全球的热点话题。以中国为代表的经济形态走产品生产的工业化道路,成为"世界工厂"。但是,其发展受到了资源和能源制约、人民币升值、产业工人工资上涨和环境污染等压力以及以越南为代表的新兴国家的挑战都是面临的重大困难。印度则以软件服务、金融、影视为代表的现代服务业见长,成为"世界办公室"。但是,却呈现出一边是金碧辉煌的跨国软件公司,另一边是垃圾成堆的贫民窟;一边是受到世界级高等教育的白领,另一边是食不果腹的贫民。其基础设施建设裹足不前、两极分化极为严重,现代服务业缺少第二产业支撑,只能通过服务外包获得市场。从上述分析看，只发展工业的产业链是缺失的，不仅导致了国内企业的利润悲剧，也让国家面临巨大的资源、能源压力；而印度缺乏工业和消费支撑的现代服务业也只能是"无米之炊"。中国大力发展现代服务业，是产业转型升级以及实现第一、第二、第三产业协调发展、破解现实困境的战略选择。

问题：

1. 根据资料，分析和阐述中国作为"世界工厂"所面临的挑战和风险。

2. 为什么说中国大力发展服务业，是产业转型升级、三大产业协调发展的战略选择？

第2章 服务外包业务

本章目标

- 了解服务外包的具体业务类型
- 掌握信息技术外包、业务流程外包、知识流程外包、数字内容外包的含义
- 掌握业务流程外包、知识流程外包、数字内容外包的业务特点
- 能够运用所学知识分析各种业务类型的案例

重点难点

重点：
1. 信息技术外包的概念、类型，国内外 ITO 的发展现状
2. 业务流程外包的特点
难点：
知识流程外包的业务类型及其与业务流程外包和数字内容外包的区别与联系

案例导入

索尼是日本最棒的电子产品制造商，给我们带来了很多出色的产品。索尼的竞争优势主要体现在永不疲倦的创新精神和精益求精的制造工艺上。索尼信息化的最初两年，花了大量精力投入在基础网络和硬件平台建设的准备工作上。后三年的数字化和信息化的建设中，应用了 ERP 系统处理索尼日常的销售、财务管理和库存管理。除此之外，索尼还有办公用的 OA 系统、公司邮件系统、电子商务系统等。经过五年的信息化建设，索尼信息化规模日益庞大，拥有 40 多条网络专线和 40 多台 UNIX 服务器(其中 80%都是 IBM 的产品)，随着越来越多的应用项目的开展，索尼基础建设的规模开始面临越来越重的 IT 包袱。

如何保持公司是先进的公司，使各个方面达到先进。IT 设备更新很快，三年更新一次，因此供给这些庞大的 IT 系统成为索尼一个很大的负担，他们开始外包的探索。刚开始只是简单的租用，后来考虑增加了 IT 专业服务。IT 设备的专业性需要专人管理和专业的知识，产品会更新，技术也会更换，如果自己管理这些 IT 产品，人力成本很高，所以公司计划把租用加上服务一起外包给专业公司来做。索尼和 IBM 两大巨头在中国成功握手。索尼与 IBM 签订硬件与应用的外包项目，另外，索尼现有的 14 个仓库，位置比较分散，也一同交给 IBM 和蓝色快车来负责。把 IT 外包，索尼可以更专注于自己核心业务的发展，为自己用户提供优质的产品和服务。

后来，索尼计划把公司的 PC 卖给 IBM，将来资产也归 IBM，IBM 按照一定的流程来更新，以 IBM 快速的响应减少服务成本，也使索尼后期发展所面临的风险降低。不仅仅是 PC，索尼把一些高端的机器也做了外包。因为这些高端机器的技术含量越来越高，管理它们要用到专业人才的专业知识，否则很难运行不同的系统。索尼把机器和知识捆绑在一起租赁，方法比较可行。

外包效果及评价：IBM 在华的打包服务为索尼公司提供了信息化建设所需要的软硬件产品、咨询及 IT 服务，并帮助其建立一套针对自身应用的信息系统。该系统整合了索尼公司内部及上下游的信息流、资金流和物流，极大地提高了索尼公司的竞争力。

资料来源：http://www.htzfix.com/content/?275.html

2.1 信息技术外包

近年来，随着 IT 技术和先进管理理念的不断成熟，以及经济全球化和信息化的快速发展，信息技术外包模式在企业中越来越流行，信息技术外包业务在全球范围内发展迅速。计算机的发展使得 IT、通信和互联网技术日新月异，信息技术逐渐深入到企业内部，成为影响企业战略制定和未来发展的关键因素，不断为企业带来新的机遇和挑战。新技术、新业务方式使企业的管理和商务模式日益复杂，对信息技术的依赖性也不断增强，在这种情况下，企业不仅要求 IT 服务持续不断地支持业务的运营，而且要求 IT 服务能够为其创造更多的机会，使业务部门能更好地达到业务目标，但是，IT 的技术性和复杂性逐渐使得企业无所适从，企业的 IT 人员对此也束手无策，因此，信息技术外包应运而生。

"做你自己最擅长的，其余的让别人去做"是 IT 外包服务的核心理念。

2.1.1　信息技术外包的概念及产生

1. 信息技术外包的概念

信息技术外包(Information Technology Outsourcing，ITO)是指企业专注于自己的核心业务，而将其 IT 系统的全部或部分外包给专业的信息技术服务公司。企业以长期合同的方式委托信息技术服务商向企业提供部分或全部的信息功能。常见的信息技术外包涉及信息技术设备的引进和维护、通信网络的管理、数据中心的运作、信息系统的开发和维护、数据备份和灾难恢复、信息技术培训等。

自从计算机在 50 年前进入商业应用领域，各种形式的信息技术外包就一直存在，但直到最近 15 年信息技术外包服务才盛行起来。接包商通常在规模经济、行业经验以及最新技术的掌握等方面有明显优势，而这些优势是单个组织的信息技术部门难以媲美的。企业可能有许多不同的原因而外包他们的信息技术，比如伴随着全球化压力的市场收缩和产品生命周期的缩短促使企业不得不经常调整他们的总体目标，这种情况下，企业被迫采取信息技术外包来提高竞争力。这样，企业就能及时对市场变化做出反应，并且可以实现经常性的软件更新。还有的企业内部缺乏专门的信息技术人才，他们将外包作为一种切实可行的替代，以便能够及时获取介绍和发展新技术的"渠道"。

千年虫事件

2. 信息技术外包的产生

1) IT 外包与"千年虫"

世纪之交的"千年虫"危机成为印度服务外包快速扩张的重要契机。面对"千年虫"导致的庞杂而枯燥的信息和数据存储问题，欧美企业因 IT 人才匮乏且工程技术人员工资昂贵，不得不将公司的数据处理工作转包给具有成本和语言优势的印度 IT 企业，而印度 IT 企业则在为欧美企业解决"千年虫"的过程中积累了经验和客户渠道，赢得了国际声誉。印度的服务外包产业发展由此名声在外，驶入了"快车道"。

知识拓展

　　"千年虫"问题的根源始于 20 世纪 60 年代。当时计算机存储器的成本很高，如果用四位数字表示年份，就要多占用存储器空间，从而使成本增加，因此为了节省存储空间，计算机系统的编程人员采用两位数字表示年份。随着计算机技术的迅猛发展，虽然后来存储器的价格降低了，但在计算机系统中使用两位数字来表示年份的做法却由于思维上的惯性而被沿袭下来，年复一年，直到新世纪即将来临之际，大家才意识到用两位数字表示年份将无法辨识公元 2000 年及其以后的年份。1997年，信息界开始拉起了"千年虫"警钟，并很快引起全球关注。

　　"千年虫"影响是巨大的。从计算机系统包括 PC 机的 BIOS、微码到操作系统、数据库软件、商用软件和应用系统等，到与计算机和自动控制有关的电话程控交换机、银行自动取款机、保安系统、工厂自动化系统等，乃至使用了嵌入式芯片技术的大量的电子电器、机械设备和控制系统，等等，都有可能受到"千年虫"的攻击。

新千年，北京市计算机 2000 年问题办公室从 1 日至 3 日已经接到十几个求助电话，反映自己的电脑出现了千年虫问题，如王先生的某国内知名品牌的电子记事本里几百个电话号码一夜之间不见了……紧接着国外也传出报道：著名的 7-Eleven 便利连锁店星期一遭到类似千年虫的计算机漏洞的袭击。这个连锁店的计算机把 2001 年当成了 1901 年，使许多使用信用卡的用户感到不便。千年虫还袭击了挪威的国家铁路系统。有报道还表明，瑞典一些网上银行客户试图进入平常使用的银行服务网页时，却获得这样的提示："使用权已无效。"尽管他们的账户中还有存款，却无法支配其网上银行账户。据估计，受影响客户大约要占瑞典全国经营网上银行业务或网上股票业务的金融客户数量的 10%。如果千年虫问题没有得到及时解决的话，会给我们的生活带来一些意想不到的混乱，比如：

侵入银行业，银行里面的电脑可能将 2000 年解释为 1900 年，引起利息计算上的混乱，甚至自动将所有的记录消除，自动取款机会拒收"00"年的提款卡；

保险公司可能会将每份保险的年限算错；

你在 1999 年 12 月 31 日 23 时 59 分打了 3 分钟的电话，电话局的账单却可能显示为"100 年-3 分钟"；

税务局的电脑可能会认为你拖欠了 100 年的税款，从而寄来天文数字般的补税通知。

2000 年问题更成了美国各大汽车公司的头疼问题，原来，美国汽车都有确定的使用年限（比如 10 年），超过该时间期限后汽车便会自动拒绝发动。麻烦就出在一些刚刚生产出来的自动化程度较高的汽车，其内部控制芯片仍用两位 10 进制表示年份，那么到了 2000 年后，由于年份变成了 00 年，和出厂日期（比如 1998 年）一比较，竟然运行了 98 年，汽车当然变回自动拒绝发动了。

2) IT 外包的产生

借助"千年虫"的危机，印度不仅获得了 200 多亿美元订单，同时也抓住了机遇。解决"千年虫"危机耗时而且耗力，该问题的解决也向世界证明了印度的公司能够高效率、低成本地完成欧美国家的"Outsourcing"业务。由此，印度将服务外包发展成为一个国家产业，最具优势的就是软件外包。20 世纪 90 年代以来，印度的软件产业一直保持着高速增长态势。1990 年，印度软件产业年产值总计只有 1.9 亿美元，到 2008 年已经迅速增长到 521 亿美元，年均增速高达 36.6%。2009 年，由于受到金融危机的影响，印度软件和服务外包产业增速虽有所放缓，但同比增长仍达 12.9%，产业规模为 588 亿美元。

微软公司创始人比尔·盖茨曾预言，未来的软件超级大国是印度。如今，印度已经成为仅次于美国的世界第二大软件业大国。同时，依托信息服务业的技术领先和成本优势，印度也成为全球知名的业务流程外包中心，享有"世界办公室"之称。

2.1.2 ITO的业务类型及适用范围

按照业务类型，ITO主要分为软件研发及外包、信息技术研发服务外包和信息系统运营维护外包，具体业务及适用范围如表 2-1 所示。

表 2-1 信息技术外包分类及适用业务范围

1. 软件研发及外包	
类　别	适　用　范　围
软件研发及开发服务	用于金融、政府、教育、制造业、零售、服务、能源、物流和交通、媒体、电信、公共事业和医疗卫生等行业，为用户的运营、生产、供应链、客户关系、人力资源和财务管理、计算机辅助设计、工程等业务进行软件开发、定制软件开发、嵌入式软件及套装软件开发、系统软件开发及软件测试等
软件技术服务	软件咨询、维护、培训、测试等技术性服务
2. 信息技术研发服务外包	
类　别	适　用　范　围
集成电路设计	集成电路产品设计以及相关技术支持服务等
提供电子商务平台	为电子贸易服务提供信息平台等
提供测试平台	为软件和集成电路的开发运用提供测试平台
3. 信息系统运营和维护外包	
类　别	适　用　范　围
信息系统运营和维护服务	客户内部信息系统集成、网络管理、桌面管理与维护服务，信息工程、地理信息系统、远程维护等信息系统应用服务
基础信息技术服务	基础信息技术管理平台整合等基础信息技术服务(IT基础设施管理、数据中心、托管中心、安全服务、通信服务等)

2.1.3 全球ITO市场发展概况

全球 ITO 市场在 2008 年之前保持较高的增长势头，受金融危机的影响，在 2008 年第四季度开始萎缩，2009 年下半年有所恢复。近几年随着"云外包"概念的提出，IT 服务外包将面临着新一轮的变革。

1. 全球ITO发展历程及趋势

国际 ITO 发展始于 20 世纪 60 年代的欧美国家。当时，由于很多客户负担不起昂贵的大型计算机系统，就采用了"分时操作"或是"处理服务"的外包形式，这是 ITO 的第一次浪潮。显然，这一时期的外包主要动因是成本压力，据美国外包协会的一项研究显示，IT 外包不但可以使企业平均节省 9%的成本，而且企业整体能力和产品质量也可提升 15%。

20 世纪 80 年代后期至 90 年代，由于软件成本增高、全球 IT 人才短缺和对"千年虫"问题的恐惧等多种因素，ITO 进入了一个新的阶段，在这一阶段中最重要的、被学术界普遍认为掀起 ITO 第二次浪潮的事件是"柯达外包"，该事件产生了明显的示范和带头作用。

 知识拓展

(1) 分时操作指一台计算机同时为几个、几十个甚至几百个用户服务的一种操作。分时操作通过分时操作系统来实现，将分时操作系统通过计算机与许多终端用户连接起来，将系统处理机的时间与内存空间按照一定的时间间隔，轮流地切换给各终端用户的程序使用。由于时间间隔很短，每个用户的感觉就像他独占计算机一样。分时操作的特点就是有效增加了资源的使用效率。

(2) 1989 年，柯达公司决定将自己的信息部门委托给 IBM 公司。当时的柯达正处于计算机设备投资的增加和从自动相机领域退出等的困境中。在这份委托业务中，柯达与 IBM 签订了 10 年的合同，总额达 10 亿美元。与此同时，柯达将计算机设备出售给 IBM，并将信息部门的 350 名员工也转到 IBM。此举使柯达信息部门的计算机关联投资减少了 90%以上，年运营成本也减少了 20%。这次历史性的业务外包事件被称为"柯达效应"。

随着网络技术的进一步发展，信息技术外包在世界许多国家和地区得到极大的肯定和广泛应用，尤其是在一些大型跨国集团公司。早在 1997 年，《财富》500 强中 80%的企业就已向外转包了部分或者全部信息管理职能，使 ITO 成为世界商业发展新趋势。

进入 21 世纪，IT 投资的持续增长、企业成本和效率的"双重压力"推动着全球 ITO 市场快速增长。相关数据表明，2001 年全球 ITO 规模为 1366 亿美元，2010 年已增至 6000 亿美元，根据 Gartner(全球最具权威的 IT 研究与顾问咨询公司)公布的市场份额显示，全球 IT 服务市场总额从 2017 年的 9315 亿美元增至 2018 年的 1 万亿美元，增长率达 7.4%。从宏观上看，IT 服务市场是一个非常稳定的市场，未来几年的增长率将保持在 4% 到 5%之间。全球 ITO 发包业务主要集中在北美、西欧、日本。其中，美国占据 IT 外包市场 65%左右的市场份额，欧洲和日本分别占 15%左右，三个地区的业务量占据国际 IT 外包市场的 95%左右。目前的外包市场仍然被 IBM、EDS、HP、COMPAQ 等大型外包服务提供商统治。ITO 的主要接包市场发展也比较迅速，包括印度、中国、俄罗斯在内的接包市场发展规模也在不断壮大。全球已形成了几个集中的软件和 ITO 中心，印度和爱尔兰是两大主要中心，中国被公认为是新兴的中心。

近几年来，基于"云"平台、"云"模式和"云"理念的"云外包"概念的提出，代表服务外包又进入了一个新的领域，有专家预测，"云计算"或将颠覆传统的 ITO 模式，IT 服务外包将面临着又一轮的变革。亚马逊、谷歌、IBM、微软和雅虎等大公司是云计算的先行者。云计算领域的众多成功公司还包括 Salesforce、Facebook、Youtube、Myspace 等。越来越多的企业将服务部署在"云"端，从成本-套利模式向效率-规模模式转型，而全球领先的外包企业也逐渐开始了自己的云转型。

 知识拓展

> 　　"云外包"的核心就是外包企业建立标准化的统一外包服务处理平台，通过标准化、模块化和流程化将服务集成到统一的云平台上，在数据库里面进行统一处理，然后再针对企业的个性需求定制部分流程，从而在云外包系统上进行流水线式的操作处理。"云服务"看得见，摸得着，而且是成本很低的服务外包。其包含三个层面的内容：一个是基于"云平台"的外包，即"云计算"（狭义的云计算指 IT 基础设施的交付和使用模式，通过网络以按需、易扩展的方式获得所需的资源；广义的云计算是指服务的交付和使用模式，通过网络以按需、易扩展的方式获得所需的服务）和 SaaS（一种基于互联网提供软件服务的应用模式）模式的外包服务；二是基于"云模式"的外包，即外包企业将自己的服务模式从线性的传统点状服务模式转变为非线性的 PaaS 的平台服务模式；三是基于"云理念"的外包，即聚集海量个人和企业服务资源的"服务云"，即众多外包的升级版。

2. 中印 ITO 产业现状

中印两国 IT 产业自 20 世纪 90 年代末开始快速增长。虽然中国 IT 产业起步晚于印度，但 2002 年之后中国 IT 产业规模在整体上已经超越印度。

当前两国都致力于发展 IT 服务外包产业，印度作为 IT 服务外包产业的发起国之一，已经取得了巨大的成功；中国则以强劲的发展速度紧随其后。中印已成为全球举足轻重的两个 IT 服务外包承接国。

1) 印度 ITO 产业现状

印度 IT 外包产业属于出口导向型，以离岸服务为主，印度国内 IT 外包需求远不及国外市场。近年来，印度约占美国离岸 IT 外包服务市场的 60%，同时在西欧 IT 外包市场，印度企业竞争力也较强。

印度 IT 外包产业集中度高，有多家国际知名的 IT 外包公司，如印度的四大 IT 服务业巨头 TATA、Infosys、Wipro 和 Satyam，其年平均服务外包业务额在五百万至上千万美元。仅 Infosys 一家公司便拥有近 16 万名以上员工和 200 多亿元的年销售额。IT 外包产业的高集中度增强了印度在国际市场上的竞争力，利于其争取利润率较高的大型项目。

早在 20 世纪 80 年代，印度政府就开始重视 IT 产业的发展。印度政府采取了多项扶持政策，包括国内 IT 产品的优先采购、建设国家级软件技术园区、加强知识产权保护、免税等。20 世纪 90 年代，印度推出"零赋税"政策，出口软件全部免税，对生产的软件产品不征收流转税。

印度政府一贯重视教育，对 IT 人才更是着重培养。印度 IT 人才素质较高，很多都有在欧美留学和工作的经历。这使得印度的 IT 外包产业有较高的服务水平。另外，明显低于欧美的薪金水平，也让印度 IT 外包产业具有了良好的成本优势。

印度也十分重视在 IT 技术方面与发达国家接轨，这极大地减小了 IT 离岸外包的障碍。由于历史原因，印度在承接欧美市场的 IT 外包服务时具有语言优势，减少了与客户沟通的障碍。

2) 中国 ITO 产业现状

相比于印度，中国 IT 外包产业起步晚，但发展速度却很快。我国政府于 2000 年 6 月出台了《鼓励软件产业和集成电路产业发展的若干政策》，多个国家级软件园相继建成。我国对 IT 产业越来越重视，IT 外包产业也随之高速发展，近些年 IT 外包产业以每年 40%左右的速度增长。此外，由于我国 IT 产业整体规模快速增长，现已超过印度，这也带动了 IT 外包产业的发展。

目前，无论从业务总量上还是单个公司规模上，我国 IT 外包产业规模小于印度。相比于印度动辄上万人的公司规模，我国较大型的 IT 外包公司，比如东软集团，拥有员工不过 1.6 万人，而印度软件外包企业 3000 多家，从业人员 50 余万人，其中前 10 家服务外包企业人员规模在 1 万人以上，Infosys 一家拥有员工数量超过 16 万人。在软件外包行业，规模小意味着服务品质和类型有限、可靠度不高。没有适当的规模，企业就难以吸引到国际顶尖客户。不过随着我国 IT 外包产业的整体发展，越来越多的公司正不断变大变强，承接大型国际业务的能力也在不断加强。

我国 IT 外包业务以内需型为主，离岸外包业务比例远不及印度，60%的离岸外包业务来自日本。而日本的 IT 外包需求仅占全球市场的 10%。占 80%需求总额的欧美市场却被印度主导。

3) 中国发展优势

(1) 外部环境因素。

过于依赖欧美发达国家市场使得印度 IT 外包产业存在外部风险。印度国家软件协会的数据显示，印度 IT 产业年盈利的 40%来自全球金融服务商，其外包产品的 61%售往美国，30%售往欧洲国家。2008 年全球金融海啸使得印度 IT 外包产业遭到很大打击，其中居于高端的金融外包服务受灾尤为严重。欧美客户为了削减成本，减少了发往印度的外包订单。印度 IT 外包巨头 Infosys 公司 2008 年收入大大缩水，印度 IT 外包产业中心班加罗尔也由于欧美市场的萎缩而受到打击，前景惨淡。

相比之下，中国 IT 外包企业虽然也受到了金融海啸的冲击，但文思信息、东软、中软国际等领头企业由于拥有相当规模的国内市场份额，依然保持了良好的发展势头。

中国国内市场庞大，增长快速且持续，带动了我国 IT 外包业务的平稳坚实发展。据估计，IT 外包国内需求约占我国 IT 外包总业务的 90%。国内订单的充裕使得中国 IT 外包企业能够很好地抵御国际市场需求减少的冲击。

虽然印度在全球的 IT 外包市场份额很大，在中国也建立了一些分支机构，但是在中国市场却并未得到多少份额。这一方面是因为中国政府对中国 IT 外包企业的扶持，另一方面也是因为国内 IT 外包企业紧紧抓住了国内市场份额。这使得中国 IT 外包企业具有了坚实的基础，对于外部市场的变化有了较强的抵御能力，未来开拓海外市场能够更稳健。

另外，国外软件巨头为开拓中国国内市场不断向中国企业注入资金和技术，进而帮助中国软件企业提升技术和服务水准，有利于中国企业增强在国际外包市场的竞争能力；而印度 IT 服务 80% 是靠出口带动的，同时欧美等国未来 IT 外包市场环境对印度而言也不太乐观，印度的 IT 外包服务出口带动模式是较为被动和脆弱的。

(2) 内部制约因素。

印度曾经凭借低廉的劳动力成本获得了大量的全球 IT 外包业务。然而现在这一优势却渐渐被中国等国家取代。美国 Gartner 公司调查了全球几十个国家的未来理想外包合作伙伴，调查结果显示排在第一的是爱尔兰，第二是墨西哥，第三是巴西，第四是菲律宾，第五是中国。而印度在被调查的 20 个国家里排在了倒数第一，对印度 IT 外包产业劳动力成本上涨的担忧使得欧美外包商望而却步。

相比之下，中国 IT 外包产业拥有较为充足和低廉的劳动力供给，这也使得很多欧美企业放弃印度选择中国的 IT 外包公司。

在适应欧美外包业务需要的人才方面，中国却不如印度。相比于印度，中国缺少具有合格英语水平和软件开发能力的高端人才。现行学校教育难以培养符合 IT 外包产业需求的高端人才。如果由企业另行培训，必然会增加人力成本。

印度具有母语优势的同时，在高等教育方面也拥有很强的竞争力。教育和科研与国际接轨，培养的 IT 人才更能够适应市场的需要。

未来 5 至 10 年，中国很大程度上仍将具有低人力成本优势，而这一阶段是我国 IT 外包产业发展的黄金时期。当前，我国 IT 外包产业发展的制约因素主要还在于人才的专业知识、英语水平和营销管理理念等方面。在政府支持等因素上和印度差距不大，如果在这一阶段，我国能够大力加强 IT 人才的教育培养，就有机会赶超印度。

另外，如果政府能够加大对于 IT 外包产业的支持力度，例如减免税收、增加 IT 人才福利等，更多地为企业创造成本优势，那么 IT 外包企业获得国际订单就更有优势。

如此看来，我国在 IT 外包产业对印度的赶超，实则是以教育方面的赶超为主，以政府扶持为辅。

2.1.4　软件外包

在软件和信息服务外包中，软件外包服务是其中的一个重要组成部分，属于 ITO 的一种，工信部每年对软件外包服务有专项统计。

1. 软件外包的概念

软件外包是发展较早的一类软件和信息服务外包，是指一些发达国家的软件公司将一些非核心的软件项目通过外包的形式交给人力资源成本相对较低国家的公司开发，以达到降低软件开发成本的目的。在软件开发成本中，人力资源成本占到 70%，降低人力资源成本将有效降低软件开发的成本。鉴于人力资源成本高、IT 人才短缺，欧美和日本等国的大型软件企业纷纷将软件产品和服务，如咨询、需求分析、系统设计、编程、测试、维护支持等不同价值含量的环节，以外包的形式委托给外部服务提供商，形成了软件外包产业链，如图 2-1 所示。例如，日本的软件服务外包中通常由 NEC、NRI 等大型企业作为外包服务总提供商，负责咨询、需求分析和系统设计等高附加值业务，将价值含量较低的编程、测试、维护支持等业务分包给二级或三级的外包服务提供商。欧美的软件外包则按照外包服务提供商的能力直接发包，IBM、Accenture 等全球系统集成商通常承担咨询、需求分析等高端业务，Tata、Infosys、Wipro 等新兴系统集成商则可以承接一些处于产业链中端的业务，而中小外包服务提供商由于能力不够，只能承接到三、四级的位于产业链低端的编程和测试业务。

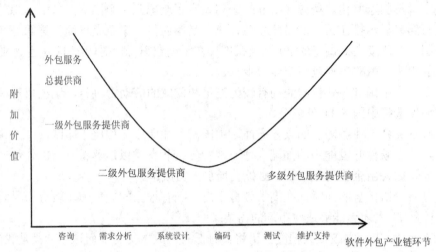

图 2-1 软件外包产业链的环节和附加值分布

2. 软件外包的分类

(1) 按照项目难易层次，大致可以分为以下三类，如图 2-2 所示。

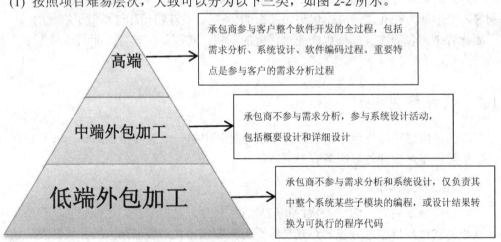

图 2-2　软件外包的业务分类

(2) 按照服务领域划分，广义的软件外包市场可以分为软件产品(技术)开发外包、软件专业服务外包、IT 关联服务三大类。

软件产品(技术)开发外包(SPTS)主要是指通用或专用软件产品开发和形成软件知识产权的技术开发外包。这类业务主要来源于通信设备、制造设备等硬件产业，以及软件企业自身的业务外包。此类外包服务业务形成的最终成果是软件产品和技术产权。

◆ 经典案例 ◆

为了扭转在智能手机市场上的不利局面，诺基亚在 2011 年 2 月宣布，将与微软合作，逐渐从手机操作系统软件 Sym-bian(塞班)平台转向 Windows Phone 7 平台。

两个月之后，诺基亚和埃森哲达成战略合作协议：诺基亚将把塞班操作系统的软件研发外包给埃森哲，大约 3000 名诺基亚雇员将随之转移。埃森哲将围绕 Windows Phone 平台，向诺基亚及生态系统内的其他厂商提供手机操作系统、商业和运营服务。同时，埃森哲还将负责提供塞班系统的软件研发和支持服务。

这项交易将使诺基亚的研发开支从上一年度的 56.6 亿美元削减 18%，节省 10 亿美元。同时，诺基亚计划在 2012 年底之前裁员 4000 人，主要涉及芬兰、丹麦和英国，并在 2013 年之前节省 18%的商业研发成本。

软件专业服务外包(Software Related Service，SRS)是指提供与软件关联的各类专业服务，包括低端软件产品支持与维护和高端的各类软件专业服务。高端的专业服务包括 IT 咨询服务、开发与集成服务、培训和教育服务、管理服务等。

IT 关联服务(IT Enabled Service，ITES)是最早由印度官方提出的一种软件产业，后来逐渐被其他一些国家所接受，它是软件与服务业的一种业务流程外包服务。跨国的 ITES 随着全球化、网络化发展而衍生出来，是指借助 IT 基础设施提供 BPO 服务。印度 ITES 包含的领域有：电话受理中心；办公业务、财务、其他辅助业务；工资管理；保险索赔业务；法律数据库；数字内容开发/动画制作；后勤管理等。

◆ 经典案例 ◆

IBM Global Business Service(GBS)是 IBM 集团下属的一家子公司。在 20 世纪 80 年代末，包括柯达在内的一些大公司要求 IBM 接管他们的 IT 部门，实行外包。在这种情况下，GBS 的前身 Integrated Systems Solutions Corporation(ISSC)应运而生。当时 IBM 认为不能让客户以为自己的主营业务有所改变，于是将 ISSC 划分为子公司。

1996 年，ISSC 与其他服务部门整合成 GBS，营业额达到公司总收入的 1/4。2000 年，GBS 占有 IBM 销售总收入 880 亿美元中的 330 亿美元，部门员工数量为 15 万人，几乎为 IBM 总员工数的一半。中国 GBS 成立于 1999 年，目前在大连、上海、深圳和成都开展运营。其中，大连 GBS 成立于 2003 年，目前为全球特别是日韩客户提供应用软件服务，并作为 IBM 在亚洲业务流程外包业务的战略中心，提供人力资源、财务、资金清算、采购以及信用卡处理等业务流程外包业务。

(3) 按照地域范围划分，软件外包分为在岸外包和离岸外包，或是国内外包和国际外包。国内软件外包是传统的软件外包服务模式。在当今全球经济一体化的冲击下，国际软件外包规模不断扩大，已经成为一种重要的发展趋势。尽管我国在软件产品开发领域的竞争力与印度相仿，但印度软件外包市场以承接国际软件外包为主，是世界上承接国际软件外包起步较早、承接量最大的软件外包承接国，基本上垄断了美国的软件外包业务，如印度的 TATA、Infosys 等企业已经在美国市场上和 IBM、HP 等大型公司展开正面竞争。我国的软件服务外包市场则以承接国内软件外包为主。随着近几年的发展，国内也诞生了一批以软件开发或软件服务为主的新公司，承接外包项目的力度不断提升，东软和神州数码就是其中的典型代表。

3. 软件外包的一般流程

软件外包活动和其他活动一样，具有自身完整的业务流程。发包方每次启动新的外包活动，都需要经过这样一个完整的过程，如表2-2所示。

表 2-2　软件外包的流程

流　程	内　容
目标设计	预先设定外包目的、范围和形式
分析与调整	分析企业在管理、组织、系统上的能力，对企业在能力上的不适应进行调整；进行财务分析和风险分析
供应服务商	发出计划征询书，招标，选择合适的服务商
谈判及合同设计	讨论风险防范、管理和控制机制设计、战略性设计、服务指标、定价，然后将讨论结果反映到合同的设计中
实施	信息技术活动由内部转向外部服务商
运作	管理与服务商的关系，谈判和实施在外包关系中需要保持或改变的内容
收尾	在合同的末期与新(旧)服务商商讨，继续外包或者更换服务商，或者将外包的活动重新收回内部

4. 软件外包行业的现状及发展趋势

1) 国际软件外包的地缘分布

作为国际软件市场分工的主要方式，国际软件外包市场自20世纪90年代开始至今，已经形成以美国、欧洲、日本三大区域为主要发包方，以印度、爱尔兰、中国等国家和地区为主要接包方的市场供求格局。其中，美国的离岸外包市场主要被印度占据，日本离岸外包市场主要被中国占据，欧洲离岸外包市场主要为爱尔兰等国家所消化。

2) 国际软件外包的发展趋势

国际软件外包发展趋势主要体现在以下两个方面：

首先是不断创新的业务模式。国际软件外包的业务模式从最初的海外供货模式发展到现在的项目外包、离岸开发中心以及全球交付等多种业务模式并存的状态，是发包方和接包方不断深化外包合同，完善外包合同风险保障机制，提高外包合同效率的结果。随着国际软件外包的迅速发展，发包方和接包方的客户经验不断增加，双方为了获取更大的利益，都不断地对国际软件外包的业务模式进行创新，以选择更加有利于自己的业务模式。国际软件外包的迅猛发展以及不断创新的业务模式共同推动全球软件外包的不断发展。

其次是工业化和产品化特点增强。随着信息技术的普及和各国对发展外包重视程度的提高，越来越多的国家和地区参与了全球外包市场的争夺，直接导致外包市场的进入门槛降低，外包合同价值随之降低。供应商为了使外包服务更简单、更具有可重复性和可操作性，推出更少定制、更加标准化的外包服务，从而使服务领域的外包呈现出工业化或产品化的趋势。由于整个服务外包领域的工业化和产品化的特点，国际软件外包领域也不可避免会出现这样一种现象：一些大型 IT 外包合同数量减少，合同期限缩短；许多大的外包项目被分割成很多小的项目，由不同的专业接包方承包。虽然专业化增强提高了效率，但随之也出现很多诸如谈判成本增加、管理成本上升等问题，整个大的外包项目总体效率的提高还有赖于更加专业的接包方。

3) 中国软件外包的现状及发展趋势

受益于中国政府刺激经济增长的一系列方案及中国内需市场的扩大，国际厂商与国内软件外包企业战略合作的加深，以及中国企业在产业结构升级过程中外包意识的提升等因素的影响，中国软件外包行业得到快速发展。据相关数据显示，我国软件外包服务出口从 2007 年的 10 亿美元增长到 2016 年的约 127 亿美元，年均复合增长率达 32.63%。2007 年至 2016 年我国软件外包服务出口情况如图 2-3 所示。

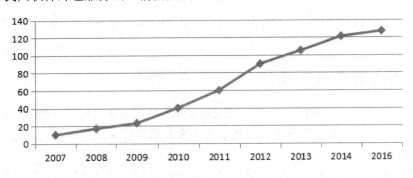

图 2-3　2007—2016 年我国软件外包服务出口金额(亿美元)

在中国软件行业平均利润率逐年下滑的大背景下，软件外包服务市场成为炙手可热的市场焦点，它在中国市场仍然属于新兴业务，其充足的成长空间吸引了越来越多的新进入者。市场远未成熟，竞争格局尚未明朗。据有关研究表明，中国软件外包市场有以下发展趋势：

(1) 由简单的编码向大型整体外包项目发展。随着中国软件外包服务商在日本市场建立起来的信誉和品牌，中国企业在日本所接的软件外包订单规模正在逐步扩大，尤其是水平不断提高，日本客户正逐步把一些技术含量高的大型项目外包到中国。一些领先的国内厂商已经具备了承接大型软件外包项目的能力。

(2) 项目利润率逐渐提高。随着欧美软件外包市场的开拓、中国软件外包服务商所承接项目水平的提高，中国软件外包商的利润率正在逐步提高。服务外包园区将整合各类行业资源、创新服务及发展模式，由原来单纯的管理服务机构发展成为集园区开发、产业投资和增值服务等多项功能为一体的新型园区，从服务商向综合投资商转变，以获取更大的利润。

(3) 多样化渠道构建多层次合作平台。为开拓更多的市场空间，中国软件外包商正在根据日本外包市场和欧美市场不同特点寻找多种形式的市场渠道。云平台将成为园区公共服务平台的核心。借助云平台，外包园区得以进一步丰富并完善其资源及服务体系，为企业提供的不再是单一而且固化的产品和服务，而是基于云端资源的个性化解决方案，深入企业发展环节，打造嵌入式服务体系。同时，企业可以更快速地完成信息部署、整合资源，持续健康发展。

(4) 项目质量和准时交付成为用户的核心需求。随着软件外包服务市场的成熟，尤其是软件企业经验的积累，中国软件外包市场将更加规范，项目质量和准时交付将成为客户的核心需求。

(5) 离岸软件市场保持稳定增长。在国际市场中，美国、日本、欧洲等发达国家一直占据着软件外包产业的主导地位，这些软件传统发包国企业在中国市场加大了外包项目的投放。2014 年 8 月 1 日消息，市场研究机构 IDC 日前发布《中国离岸软件开发市场2014—2018 年预测与分析》，报告显示，2013 年中国离岸软件开发市场规模达 59.3 亿美元，同比增长 17.4%。此外，IDC 预计 2014 年至 2018 年该市场将以 17.3%的年复合增长率加速发展。

2.2 业务流程外包

业务流程外包始于 20 世纪 90 年代，目前成为外包服务新的发展趋势，未来几年将成为外包发展的主要内容。

2.2.1 业务流程外包的概念

业务流程外包 BPO(Business Process Outsourcing)是指企业通过长期合同的方式，将公司一些重复的非核心或核心业务流程外包给外部专业服务提供商，以达到降低成本、增强企业竞争力的目的。

业务流程可以直接为客户创造价值，也可以直接参与终端消费品的实现，还可以通过组件等中间品的形式参与终端消费品的实现。业务流程实现最终消费品的方式是层次结构化的，它们往往先生成基本的组件，再合成较大的组件，最后实现终端消费品。因此，市场上呈现哪一层次的业务外包，取决于流程、组件、产品进行外包时的交易效率。交易效率越高，市场上该种形式的外包越普遍。同有形产品和知识产品的外包不同，业务流程外包的特性可以归纳如下：

1. 不能存储，生产和消耗同时进行

对业务流程外包而言，过程就是产品，不能像零部件或生产成品那样可以存库。业务不能存储，如果没有用户需求，业务流程外包提供商的能力只能白白流失。

2. 跟其他流程同步或协调

为了完成既定的功能，往往需要多个业务流程的参与和协调。因此，外包的业务流程经常需要同企业自己的或同来自其他外包提供商的业务流程同步和协调。

3. 用户参与业务流程过程

业务流程通过对用户或用户物品的直接作用实现其价值。例如，物流业务外包，就是作用于企业的资产，从而实现把这些资产从一个地点转移到另一个地点的目标。

4. 没有产权转移

在有形产品或知识产品的交易过程中，物品的产权会从提供方转移给购买方。在业务流程外包过程中，并不转移可以赋予产权的实物产品或知识产品，因此没有产权转移。

5. 业务流程发生地点不固定

对于实物产品和知识产品，外包产品的生产活动主要发生在供应商的厂房里；而对于业务流程，生产活动可能发生在提供商企业，也可能发生在采购商企业，生产场所往往不固定。

6. 衡量产出困难

业务流程是一种过程，具有无形性和易逝性，对它们的追踪和度量都很困难，而且，外购的业务流程往往需要用户的参与，以及同其他流程的配合，用户在提供过程中可以发挥积极作用。例如，培训效果在很大程度上取决于被培训对象的自身努力，因此，很难将最终绩效归因于外包的业务流程或其他因素。

2.2.2　BPO 的主要业务类型

对于具体的 BPO 服务来说，其复杂程度不尽相同，既有数据输入或开列账单等基本的管理职能，又有需要具备决策和解决问题能力的较为复杂的事物。一般而言，BPO 业务类型包括六大类：客户交互服务、后勤事务处理、IT 软件运作、财务会计服务、人力资源服务和知识服务。具体业务如图 2-4 所示。

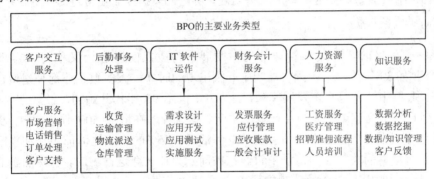

图 2-4　BPO 的业务类型

1. 客户关系管理外包

客户关系管理(Customer Relationship Management，CRM)是以客户为中心的经营策略，是现代经营管理模式中，为优化长期价值而选择和管理客户的经营战略。客户关系管理是一个不断加强与顾客交流，不断了解顾客需求，并不断对产品及服务进行改进和提高以满足顾客需求的连续过程。

客户关系管理起源于 20 世纪 80 年代初提出的"接触管理"模式，即企业在市场中通过专门收集、整理客户与企业联系的所有信息实现对客户管理的目的。20 世纪 90 年代初，客户关系管理进一步演变为借助电话服务中心与客户资料援助的客户管理方式。进入 21 世纪，在信息网络化的强大推动下，客户关系管理不断成熟并趋于完善，其经营模式也逐渐由传统型向现代型转变，外包商无需了解发包企业的具体经营战略，只需要代表发包方向客户提交产品和服务，一种建立在全新理念基础上的外包合作关系正式形成。客户关系管理外包就是在这样的背景下发展起来的。

客户关系管理外包(CRMO)是指由服务提供商为企业搭建客户关系管理信息化所需要的所有网络、硬件和软件等运行平台，并负责所有前期工程的实施、后期的软件维护和专门的人员操作等一系列服务的商业模式。其涉及的业务领域广泛，经常外包的有呼叫中心、电子邮件业务等。客户关系管理外包可以避免企业先行支付高昂的 IT 基础自建成本和后期运行发生的软件维护、软件升级、人员操作等各项成本，通过借助专业化的外部资源，企业可以实现客户关系管理的最佳应用效果。

 知识拓展

　　亚马逊作为世界上最大的网上图书销售商，大家都比较熟悉。虽然做的是平淡无奇的买卖，但却善于认真分析网上客户资料并为己所用，在网站浩如烟海的书籍中，顾客可以很快找到自己所需要的，顾客在亚马逊购书以后，其销售系统会准确记录下顾客购买过的和浏览过的书目。当顾客再次进入亚马逊，系统会马上识别出顾客的身份并根据顾客喜好推荐有关书目。优秀的客户关系管理模式和效果使亚马逊成功赢得了 65%的回头客。而这一切客户关系管理业务并不是亚马逊公司自己完成的，而是将这块业务外包给了北爱尔兰的一家电子邮件公司，这家公司代替亚马逊解答世界各地客户提出的有关购书、发送与售后服务问题，由此大大扩张了亚马逊的业务，并且极大地提高了服务声誉。

　　呼叫中心是目前客户关系管理外包中发展最为成熟的内容，又称为"客户服务中心"，至今已有 30 年的发展历程。呼叫中心刚出现的时候，大多数企业都是建造自用型的呼叫中心。呼叫中心外包真正发展起来，是从 20 世纪 90 年代开始的，经过 20 年的迅速发展，外包已经成为整个呼叫中心产业的主流。据统计，在世界 500 强企业中，90%的企业利用外包呼叫中心从事至少一项主要的商务活动；85%的企业比以前更加注重应用外包呼叫中心从事更多的关键性的市场销售。在被问到为什么会这样做时，90%的企业表示，越是利用外包呼叫中心的企业就越能增加竞争力。一项研究结果表明，仅仅是增加 5%的客户保持率，就会带来 125%的收益。所以在业界有这样一句话："做你最擅长的，其余的交给外包呼叫中心。"

　　目前，呼叫中心已经形成了一定的规模，并且应用到多个行业之中。经过 30 多年的发展，呼叫中心在发达国家已经转变成为一个与零售业、电信业、娱乐业、旅游业等并行的大产业。随着社会信息化先进技术的不断推动，中国的呼叫中心市场逐年扩张，但市场饱和度还有待提高。根据前瞻产业研究院发布的《呼叫中心产业市场竞争格局与领先企业分析报告》统计显示，2013 年全球呼叫中心行业收入达到 2 420 亿美元，同比增长 7.1%，预计 2020 年，全球呼叫中心行业收入将达到 3 700 亿美元，行业规模年均增速超过 6%。

呼叫中心外包

经典案例

　　美国密苏里州开普吉拉多 55 号州际公路附近有一家麦当劳餐厅，而餐厅的拥有人共有 12 家麦当劳连锁店，其中 4 家的订餐业务发包给了远在 1400 多公里以外的科罗拉多州的一家呼叫中心。就这样，呼叫中心职员通过互联网和密苏里州的顾客进行沟通，并将顾客的点餐用照片和订单方式互动确认，一旦订餐完毕，呼叫中心就立刻把顾客订单发送给千里之外的餐厅，保证顾客能按时取餐。有意思的是，绝大部分在开普吉拉多订餐的顾客不会知道，他们的要求以网络信息的方式跨越了互不相连的两个州。

2．物流外包

物流外包是指生产或销售企业为集中资源和精力在自己的核心业务上，增强企业的核心竞争能力，把自己不擅长或是没有比较优势的物流业务部分或全部以合同的方式委托给专业的第三方物流公司运作。物流外包是一种长期的、战略的、相互渗透的、互利互惠的业务委托和合约执行方式。

企业物流外包所推崇的理念是：如果我们在产业价值链的某一环节上不是世界上最好的，如果这又不是我们的核心竞争优势，如果这种活动不至于把我们同客户分开，那我们应当把它外包给世界上最好的专业企业去做。即：首先确定企业的核心竞争优势，并把企业内部的技能和资源集中在那些具有核心竞争优势的活动上，然后将剩余的其他企业活动外包给最好的专业企业。从这样的理念可知，企业物流外包的目的就是以供应链为腹地，跨越企业边界合理配置资源，提高企业核心竞争力。其推动力来自竞争和供应链的发展，因为 21 世纪的竞争不是企业与企业之间的竞争，而是供应链与供应链之间的竞争，这就是企业物流外包的基本推动力。企业物流外包不单是业务形式的变化，还有更深层的原因。从发展核心竞争力的角度看，企业物流外包是一个相当紧迫的问题。物流外包有利于企业集中精力发展核心业务，分担风险，加速企业重组，实现规模效益。因为第三方物流具有资源优化配置的功能，能够提供灵活多样的顾客服务，为顾客创造更多的价值，能发挥信息技术优势，因此，物流外包相对于自营物流具有明显的比较优势。

● 经典案例 ●

> 联合利华生产出来的产品，下了生产线以后全部外包给上海友谊物流集团公司，包括储运、盘点、货物的流通加工(如消毒、清洁、礼品和促销包装、贴标签、热塑封口等)，联合利华就可以集中精力来做新产品开发、扩大市场网络等工作。友谊物流公司提供 24 小时发货信息的联网服务，24 个小时随时可以上网查询货物现在所在的地点，友谊物流公司还与联合利华休息时间一致，保持全天候储运，顾客的需求就是工作的出发点，顾客的满意就是工作的终结点。
>
> 友谊为了降低运输的成本，还采用了一种"公交车"的方式，就是用户可以随时装货和卸货，这样可以降低整个物流成本。这种"公交车"方式能够提高满载率，按照客户的分布对物流的路线进行策划。

当前，随着新技术的发展，物流外包的发展趋势主要表现在以下两个方面：

(1) 物流技术高速发展。国外物流企业的技术装备已经达到了相当高的水平，目前已经形成以信息技术为核心，以运输技术、配送技术、装卸搬运技术、自动化仓储技术、库存控制技术、包装技术等专业技术为支撑的现代物流装备技术格局。其发展趋势表现为：信息化——广泛采用无线互联网技术、卫星定位技术、地理信息系统和射频标识技术、条形码技术等；自动化——自动引导小车技术、搬运机器人技术等；智能化——电子识别和电子跟踪技术、智能交通与运输系统；集成化——信息化、机械化、自动化和智能化于一体。其中，高新技术在物流运输业的应用与发展表现尤为突出。

(2) 基于电子商务的物流需求强劲。电子商务的迅速发展，促使了电子物流的兴起。企业通过互联网加强了企业内部、企业与供应商、企业与消费者、企业与政府部门的联系沟通、相互协调、相互合作。消费者可以直接在网上获取产品或服务信息，实现网上购物。这种网上的"直通方式"使企业能迅速、准确、全面地了解需求信息，实现基于客户订货的生产模式和物流服务。

3. 财务外包

财务管理外包(Financial Management Outsourcing，FMO)是指企业将财务管理过程中的某些事项或流程外包给外部专业机构代为操作和执行的一种财务管理模式。财务外包的主要内容包括交易管理、财务管理、总账归纳、资产管理、风险管理、税务管理等操作，形式可分为传统财务外包和现代网络财务外包。

在企业的各项管理决策中，财务决策越来越重要，而且财务操作的流程也日趋精细化，从而丰富了财务外包的内容。最初的外包主要是基本数据处理活动，例如应付账款、应收账款、薪金账册管理、银行存款等。经过多年的发展，现在已经扩展到企业决策层这一至关重要的领域。例如管理会计、财务预算等。目前财务外包的内容已经越来越丰富，涵盖了税务外包、职工薪酬外包、财务报告外包、应收账款外包、招待费和差旅费外包等各个方面。新建企业、业务较少的企业以及业务季节性较强的企业，一般比较适合实施财务外包：一是可以减少投资成本、避免维护成本；二是可以提高企业的工作效率、规避风险；三是可以优化企业内部资源，并通过与企业外部的合作伙伴建立战略联盟关系，提高企业的执行力。

◆ 经典案例 ◆

英国石油公司(British Petrol Amoco，BP)作为世界上最大的石油和石化集团公司之一，是最早从财务外包中受惠的企业。早在十几年前，BP公司就将英国北海钻油工程项目的会计处理业务转包给全球著名的管理与信息技术咨询公司——埃森哲公司，此举当时在业内引起了很大的轰动，毕竟财务管理在某些人看来还属于公司的核心机密。最终，埃森哲公司帮助BP公司大大提高了该项目的财务管理效率，还实现了成本减半。

4. 人力资源外包

人力资源外包(Human Resources Outsourcing，HRO)，指企业根据需要将某一项或几项人力资源管理工作或职能外包出去，交由其他企业或组织进行管理，以降低人力成本，实现效率最大化。总体而言，人力资源管理外包将渗透到企业内部的所有人事业务，包括人力资源规划、制度设计与创新、流程整合、员工满意度调查、薪资调查及方案设计、培训工作、劳动仲裁、员工关系、企业文化设计等方方面面。

实施人力资源外包的优势主要体现在以下四个方面：

(1) 减少投入，降低开支。在业务运营中，可以通过人力资源外包把季节性、突发性用工等人力需求委托给外部人力资源服务提供商，能够节省劳动健康保险等费用。

(2) 集中优势资源，提升核心竞争力。企业转交给外部专业服务提供商的业务可以包括招聘员工、员工培训、薪酬发放、人事档案管理和激励机制方案的制订等外围工作，以便企业集中优势力量和资源，发展并提升其核心竞争力，取得长足发展。

(3) 规范管理制度。利用服务提供商的专业经验，可以帮助企业制定岗位规范、分配模式、员工考勤等新型管理模式。

(4) 吸纳和留用英才。优秀的服务提供商通常有庞大的人力资源信息网络和优秀的人力资源管理专家，他们可以为企业提供量身定制的阶段性培训计划，提升员工满意度，降低员工流失率。

◆ 经典案例 ◆

宝洁公司的外包策略

要么去 IBM，要么就彻底离开宝洁——2004 年 1 月 1 日前，近 800 名宝洁公司人力资源部员工面临 "最后的抉择"，缘由是 2003 年 9 月，宝洁与 IBM 签署的一份 "协议"。这是一项为期 10 年，价值约 5 亿美元的全球协议，IBM 业务咨询服务事业部将为宝洁公司提供人力资源外包服务。IBM 将为近 80 个国家的近 9.8 万名宝洁员工提供支持，IBM 提供的服务包括：工资管理、津贴管理、补偿计划、移居国外和相关的安置服务、差旅和相关费用的管理以及人力资源数据管理。IBM 还将利用宝洁公司现有的处于领先地位的全球 SAP 系统和员工门户网站，为宝洁公司的人力资源系统提供应用开发和管理服务。协议中明确规定，宝洁人力资源部门约 800 名职员将被抽调到 IBM 人力资源业务外包团队，将与 IBM 业务咨询服务事业部的人力资源小组一起，构成世界领先的人力资源专业服务组织。宝洁公司发言人称，公司之所以将这些商业功能以低价外包给 IBM，是因为公司将集中精力专注于产品的配送与公司资源的重组上，公司将把更充足的精力放在开发核心业务上。

IBM 业务咨询服务事业部负责人说："像宝洁这样的领先公司正在越来越多地运用业务外包服务，来推动企业实现更高的战略价值，这将使它们变得更加灵活和具备更强的适应能力，同时能够使员工将精力集中在公司的核心竞争力上。对 IBM 来说，这一协议显著增强了我们的全球人力资源业务转型外包服务的能力。目前正是很多公司考虑全面采用人力资源外包的时候，此次和宝洁签约，巩固了我们的领先地位。" 可以说，外包将合作双方的长处结合在一起，打造了一幅 "双赢" 的蓝图。

20 世纪 80 年代以来，中国的人力资源服务业发展规模和水平不断提升。人力资源外包从最初的招聘服务、人事代理发展到包括培训服务、劳务派遣、就业指导、人力测评、管理咨询和人力资源服务外包等多种业务，形成了较为完善的服务产业链。中国人力资源外包的发展前景良好，具体来说有以下三个特点：

(1) 行业竞争激烈，发展空间巨大。我国有近 5 万多家各类人力资源服务商，价格战成为市场竞争的常见手段。目前，国外 HR 人员与员工的比例通常为 1∶100，而在国内这个比例却在 1∶30 左右。美国大概有 85% 的企业将人力资源工作外包出去，而我国只有不到 5% 的企事业单位采取外包服务。据测算，中国未来人力资源外包年增长率在 20% 以上，增长空间巨大。

(2) 形成产业链，提供全方位服务。我国的人力资源外包已经从单一服务向全方位服务转变，涉足培训服务、管理咨询、业务外包、调查研究等更多领域。服务对象也从中低端向中高级人才发展，开始注重派遣人才的培养。人力资源外包产业逐渐走向成熟，有的人力资源服务商已经形成了系统的资源链，可为客户提供一条龙的服务。

(3) 人力资源外包服务行业的信息化技术深入发展。其中关键的是信息化已紧密融入人力资源外包，发展成为一项服务。如今信息技术被广泛应用于人力资源管理的各个环节，如招聘流程外包、员工基本资料信息电子档案化，员工劳动合同电子档案化，员工工资计算、编制与发放，员工社保缴纳、增减与转移，员工技能培训管理、员工绩效管理等。

2.2.3　BPO 的业务特点

BPO 有许多鲜明的特点，有利于加快企业的发展，有可能成为"21 世纪公司发展的新模式"。

1．BPO 能有效改善对核心业务的支持作用，并重点突出对核心业务的管理

公司业务可划分为核心业务和辅助业务，BPO 运作的主要对象是对整体业务起支撑作用的辅助业务，比如运作系统、财务等。通过将这些辅助业务外包给外部专业公司来操作，一方面，公司管理层可以将更多的时间和精力集中于核心业务上，突出对核心业务的重点管理；另一方面，在辅助业务管理上，作为业务承接方的外部专业化公司，对其承接的项目的服务等级、成本构成、质量检测等有着明确的标准和承诺，因此，公司就可根据合同的履行情况对辅助业务实行成本—质量控制，可以达到控制成本和提高业务质量的目的，增加整体盈利。

2．BPO 进入门槛较高

BPO 需要具备恰当的互联网基础设施和介入条件，因此对该地区信息基础设施条件有较高的要求，相对于加工贸易来说，BPO 的发展存在着较高的进入门槛，所以 BPO 业务主要集中在一些发达国家和新兴市场国家之间，不发达的地区从中所得甚少，比如非洲所占份额很小。

3．BPO 资源损耗低、附加值高、对环境污染小

首先，BPO 主要集中于服务业中的智力密集型行业，例如软件开发、银行、保险、人力资源、管理等。发包方为了集中核心竞争力，而把相对低端的业务外包出去。即便如此，BPO 作为现代服务业的有机构成，依然具有较高的技术含量。其次，作为一种服务业，BPO 需要承包方与发包方进行大量的业务沟通和交流，有更强的知识外溢效应。例如，20 世纪 90 年代后期印度的软件外包公司为美国软件公司解决千年虫问题，从而掌握了大量美国软件公司的源代码程序，除了加深了企业间合作的深度，也使印度企业获得了知识外溢的效益。再次，传统的制造工业，发展中国家为了发挥自身的人力资源优势和增加就业，往往在吸引外资的过程中付出了牺牲环境的代价，而 BPO 作为一种新兴的服务模式，并不需要消耗自然资源，对生态环境几乎不会造成任何影响。比如，美国的 GE 集团在印度聘用了多达 2 万人处理该集团从财务会计到电话营销的业务，工作主要通过国际互联网来完成，除了电能消耗外，几乎不会对当地生态产生任何影响。

4．BPO 在提高外包业务质量的同时，也将这一领域改变为具有创造性的领域

在公司内部，辅助业务常被视为"日常性工作"，是一笔"经常性费用"。当由外部专业化公司的雇员们接手这些业务后，这些业务的性质不再是"日常性工作"，而是"新的就业机会"。他们能以一种充满激情的态度，富有创造性地去完成这些工作。此外，外部

专业化公司常常是所从事业务领域中的技术领先者，他们能对所承包的业务施以优化设计、科学运作与管理，并跟踪最新技术发展，不断更新公司的系统。

5. BPO 重视人力资源管理

BPO 企业的产品质量取决于员工的业务水平和积极性，生产设备和资本处于相对次要的位置。以技术含量较低的呼叫中心(Callcenter)为例，硬件设施主要是基本的通信设备，而服务质量则取决于工作人员的外语水平和态度。因此，服务外包企业一般都对员工培训有较大的投入，而对员工积极性的重视也使得服务外包型企业更具有人文关怀的激励。

2.3　知识流程外包

21 世纪初期，外包已经进入成熟期，BPO 的发展也趋向成熟。随着业务竞争的激烈、发包商的苛求、接包商的发展等，服务外包行业需要进行战略升级，服务外包已逐渐从"最基础的技术层面外包业务"转向"高层次的服务流程外包业务"。业务流程的复杂性日益增加，许多企业不仅将低端业务转移出去，还将金融分析、研发等技术含量高、附加值大的业务外包，服务外包的焦点开始转向价值链的高端——企业具有竞争优势的核心业务，即知识流程外包。

2.3.1　知识流程外包的概念

知识流程外包(Knowledge Process Outsourcing，KPO)是指服务提供商以技术专长而非流程专长为客户创造价值，是比业务流程外包更为高端的知识工作的外包，包括研究、设计、分析、咨询、策划、制定规章制度等服务。这种服务出现在 20 世纪 90 年代后期，是服务外包领域发展变化的阶段性产物。这种以高技术、知识密集型为特征的外包活动被比较普遍接受的定义为：企业将自己业务中的知识创新和研发等高技术含量的环节转移给其他公司完成，以提高资源配置效率的生产经营形式和战略管理模式。总的来说，知识流程外包是服务外包更高级的发展阶段，是信息技术外包、业务流程外包发展的延续。它具有以下主要特征：

(1) 通过业务专长来为客户创造价值。通过承包其知识领域的流程，KPO 向客户传递较高的价值；KPO 将业务从简单的"标准过程"执行演变为高级分析技术与准确判断相结合的过程。

(2) 关注焦点在于"智力套利"。KPO 提供商为客户提供价值增值的服务，需要利用广泛的领域知识，需要较高的专业能力和创新能力，经过综合的分析过程，做出判断与决策。

(3) 需要高技能的专业人才。KPO 涉及知识密集型活动，需要专业知识人才。

(4) 涉及复杂的流程。KPO 面向基于判断的高度复杂、不确定性的流程；其对象处于产业链的高端，呈现出多元化的特征，所处环境通常具有不确定性并经常受到冲击。

2.3.2　KPO 的主要业务领域

目前，KPO 在世界范围内成功应用的领域主要有：知识产权研究；股票、金融和保险研究；数据的检索、分析整合和管理；人力资源管理和信息服务；律师助理业务和法律文书处理服务；网络管理和决策辅助系统等领域。

━━━◆ **经典案例** ◆━━━

知识流程外包所涉及的领域可以说是五花八门，下面这个医疗诊断和分析外包的实例来自托马斯·弗里德曼所著的《世界是平的》。书中提到，在美国很多小规模的医院里，很多放射科大夫是将计算机轴向断层扫描(简称 CAT)或者磁共振成像(简称 MRI)的读片工作外包给地球另一端的印度或者澳大利亚医生。这样，当美国的医院下班以后，远在万里之外的印度或者澳大利亚正好是白天开始，他们可以对通过网络传输过来的 CAT 和 MRI 影像文件进行分析诊断，并保证下班前发回他们的诊断信息，正好赶上美国的大夫在新的一天早上刚好看到。

1. KPO 的主要业务类型

KPO 的业务类型涵盖的范围很广，整体上可以分为研究类、分析类和其他类，具体的业务类型如表 2-3 所示。

表 2-3　知识流程外包公司的实例业务类型

业务类型	业务内容
研究类	商业研究/商业智能(分类市场研究，市场规模研究，竞争策划，商业计划书起草，创新鉴定等) 市场研究(电话调查，网上调查，客户满意度研究，品牌研究，消费者倾向研究，消费者调查等) 股票、金融及保险研究
分析类	数据分析，财务分析，风险分析及数据挖掘等服务 数据管理(数据录入，数据采集，数据清洗，数据集成及管理) 市场进入，联合风险投资 咨询服务，行业及公司研究 跨文化、跨语言服务，供应商谈判
其他类	销售流程外包(SPO) 法律流程外包(LPO) 工程及设计服务 人力资源研究及支持 决策支持系统(DSS)

━━━◆ **经典案例** ◆━━━

知识流程外包理念的开创者——印度易唯思集团

2000 年，公司创始人阿罗克和马克共同创建了这家世界顶级的专业服务公司，向环球企业客户提供知识产权、金融、市场和商业研究服务。其实，早在 1997 年，阿罗克在新德里的印度理工学院就建立了 IBM 印度研究所，当时他的团队主攻电子商务、供应链管理、语音识别、数据挖掘和媒体挖掘等项目，由于科技创新开发需要专利保护，这使得阿罗克意识到，起草和整理专利申请在很多情况下比发明一项科技本身还要昂贵。正是在那段时间里，他发现他所领导的这个身处印度的世界级研发团队所取得的项目成果，会给跨国公司带来巨大的价值。所以三年后，当阿罗克遇到了拥有类似经验的马克，两人一拍即合，易唯思应运而生。如今易唯思集团已经成为知识流程外包服务行业的环球领军供应商，公司为包括世界财富 500 强在内的多领域企业，提供"投资研究(公司和行业研究)、商业研究(新兴市场、现存市场、行业领域、竞争者、客户、创新性和潜在并购趋势等的研究)、市场调研、数据分析、知识产权研究、市场营销和知识技术支持"等极具易唯思核心竞争力的服务内容。

2．知识流程外包的业务流程

在对知识流程外包服务的企业进行案例研究的基础上，根据信息系统战略规划法的部分思想，可以将知识流程外包的内部流程分为三个阶段七个环节，如图 2-5 所示。

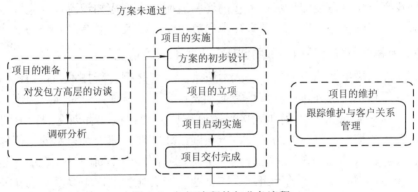

图 2-5　知识流程外包业务流程

2.3.3　KPO 的业务功能

KPO 业务的功能主要体现在以下五个方面：

1．知识流程外包具有促进知识经济发展的功能

有学者指出，知识不会因为使用而有任何的减损，相反，大量使用知识反而会激发更多的新知识。可以说，知识生产的"原料"永不会枯竭，因此知识生产具有永久性和持续性特征。所以，知识流程外包活动中，无论是知识提供者，还是知识接受者，抑或是知识扩散转移者都会在知识流程的各个环节获得知识的积累、学习和知识反馈。知识流程外包的持续性直接影响了知识的效率，影响了知识产品的成本，为人类社会可持续发展注入了动力。因此，发展知识流程外包是丰富知识经济形式、扩大知识经济参与范围、增加知识经济价值和内涵的必然选择。

2．知识流程外包具有支持新兴产业发展的功能

2009 年 12 月 19 日联合国气候大会在达成《哥本哈根协议》后闭幕。"后哥本哈根时代"所倡导的"低碳经济"是以低能耗、低污染、低排放为基础的经济模式。中国经济的主体是第二产业，这就决定了能源消耗的主要部门是工业，而工业生产技术水平落后，又加重了中国经济的高碳特征，为了响应世界发展趋势，我们必须转变产业结构，发展低碳的第一产业(如农业、林业、农副产品等)，降低对石化能源的依赖，走有机、生态和高效的新路。发展低碳第三产业，包括生产型服务业和消费型服务业等。服务外包属于绿色产业，低消耗、无污染，对新兴产业的需求也为服务外包的发展提供了契机。特别是知识流程外包本身是知识密集型活动，对能源和自然资源的依赖程度低，其产业成果对自然环境的保护程度高。因此，发展知识流程外包是新兴产业未来的发展方向，也是发展新兴产业的重要路径。

3. 知识流程外包具有培养创新能力、缩小国家间技术水平差距的功能

我国政府明确提出，把提高科技自主创新能力作为推进经济结构调整和提高国家竞争力的重要手段。知识流程外包中，知识生产的组织形式和主体多元化、专业化，甚至小型化和灵活化特征直接影响自主研发的数量和质量；而知识流程外包业中的运转组织通过全球网络、市场化来运营，这又对技术的引进产生了实质性的影响。知识流程外包的市场化活力在吸引外商直接投资、促进国际贸易、鼓励离岸服务等方面直接影响到知识生产效率和技术溢出效率。印度发展知识流程外包的经验表明，在形成知识流程外包核心能力后，将出现逆向外包，这将进一步突出国家技术优势和缩小技术水平差距。

4. 知识流程外包具有吸引、鼓励创新型人才成长的功能

知识流程外包最主要的资源投入是人力资本，特别是拥有新技术、新知识和新思维的创新型人才。而知识流程外包的价值性特征则表现在两个方面：一是知识生产和转移的成本竞争性；二是知识成果嵌入到知识接受者流程后为知识接受者创造的价值和节约的成本。创新型人才的培养不仅需要跨学科、重实践，还需要构建一个自由的价值体系，为其不断学习成长创造软环境。知识流程外包从传统业务部门中不断的分化、不断与时代潮流结合的成长脉络，不断积淀下的跨组织、跨行业、跨文化特征，正逐渐在创新型人才的改造和丰富过程中，搭建起创新型人才成长的舞台。

5. 知识流程外包具有提升区域竞争活力的功能

通过伦敦金融服务业集群、伦敦中小型专业咨询业集群、法国电影电视集群等实例表明，服务业集群发展的一个理由是获取全球网络、客户和知识以及地方知识的需求。同时也证明知识流程外包虽然常利用现代网络技术突破地理上的限制，但其主要活动空间还是呈现地理位置上的聚集现象。这种聚集既依靠产、学、研的知识流程脉络，也需要官、学、商的知识流程运行特征，还需要规模效应，同时也离不开区域传统生产需求的市场拉动。因此，一方面，知识流程外包的差异性成长为区域经济结构提供了知识服务，形成区域知识核心竞争力，并在更大网络范围内为区域经济注入活力，形成新的经济增长点；另一方面，知识流程外包成长所需要的软环境建设、运行基础建设也成为区域建设投资的热点，增加了区域经济投资动力，进而实现区域经济的持续发展。

◆ 经典案例 ◆

商业模式之争——"国际营销外包"

商业模式决定企业未来！"国际营销外包模式"的出现将在很大程度上改变我国制造

出口企业的发展前景。

以厦门易士伯贸易有限公司为例，他们所采取的主动出击的营销策略应该可以给其他企业带来启示。

长久以来，这家公司发展面临困境。一方面，他们的产品目前所面临的市场竞争很激烈，自己的推广策略又不得法，另一方面，像其他外贸企业一样，他们也面临政策调整带来的阵痛。怎么办？企业如何在艰难的情势下，确立市场开发的主动权呢？

这个时候，"国际商业外包"模式的积极倡导者，同时也是第一家在中国大陆提供国际营销外包服务的专业机构，时代第一(TimeFirst)为他们提供了专业细致的服务。

"如果我们的推广信件不能体现自己的特色，不能有自己的竞争优势，就会很大程度地影响我们国外市场的开发与维护，从而处于被动的状况。"主营产品为手工艺品与包袋的易士伯贸易认为，通过与时代第一的合作，他们确立了市场开发的主动权。

该公司一位部门负责人表示，时代第一网站的设计以及维护很好，能专业地体现易士伯贸易产品的特点和信息。时代第一向海外推广的电子邮件的设计能够和网站风格结合起来，充分体现了易士伯贸易新的、主打产品的特色，并且协助他们迅速了解市场反馈的情况，做出优势定位的正确决策。他激动地说，通过国际营销外包服务，已经有客人向他们下了订单。显然通过时代第一的电子邮件设计与推广，使他们国际市场开拓的目标更明确。

厦门易士伯贸易有限公司成了国际营销外包模式的最先受益者。那么它的成功究竟对其他中国企业有哪些启示呢？

主动出击才是硬道理！这是时代第一所提供的电子邮件设计和推广与普通的推广邮件发送平台相比较的最本质差异。

普通的推广邮件发送平台的优势是：它能够主动将企业产品信息发送给海外买家，针对性强、见效快；平台邮件发送功能强大，远远优于普通的邮件发送系统；结合强大的 Oracle 数据库管理买家数据，方便快捷。但是它的劣势也同样明显：邮件发送平台需用户自主操作；邮件单纯套用固定的 50 个模板，没有针对企业的个性化设计；受到平台的负载的限制，邮件每个客户年发送量限制在 18 000 封以内。

而时代第一先进的 E-Postmail 营销解决方案，则是以最主动的方式将供应商的信息以电子营销邮件与行业采购目录形式直接发送到最具针对性的潜在国际买家手中，它可以保证在最短时间内让大量国际专业买家认识到供应商的企业与产品，并积累深刻的印象，从而帮助供应商轻轻松松获得大量询盘，领先抢占海外市场。

2.4　数字内容外包

数字内容外包(Digital Content Outsourcing，DCO)是继信息技术外包、业务流程外包、知识流程外包之后的新一代概念，是从知识流程外包中分离出来的一个类别，在数字内容产品生产的过程中，不仅投入了专业知识、专门技术，还有创意在里面，是一种以创意内容或知识为核心的精神产品。

2.4.1 数字内容外包的概念

数字内容产业的概念普及程度还是比较低的，在国内还是一个刚刚出现的概念。

欧盟《信息社会 2000 计划》中将数字内容产业的主体定义为：那些制造、开发、包装和销售信息产品及其服务的企业。

在台湾《2004 数字内容产业白皮书》中的定义为：将图像、文字、影像、语音等内容，运用信息技术进行数字化并加以整合运用的产品或服务。

在《内容产业论》中的定义为：数字内容产业是依托内容产品数据库，自由利用各种数字化渠道的软件和硬件，通过多种数字化终端，向消费者提供多层次的、多类型的内容产品的企业群。

2003 年《上海市政府工作报告》定义为：依托先进的信息基础设施与各类信息产品行销渠道，向用户提供数字化的图像、字符、影像、语音等信息产品与服务的新兴产业类型，它包括软件、信息化教育、动画、媒体出版、数字音像、数字电视节目、电子游戏等产品与服务，是智力密集型的、高附加值的新兴产业。

总之，对于数字内容的定义，目前的界定和研究还是相对笼统而模糊的，不过综合起来可以总结为利用信息技术，将图像、文字、影像、语言等内容进行整合而形成的产品和服务，具有智力密集型和高附加值的特点。

数字内容作为全球新型快速发展的产业，由于信息技术和自身的不断发展，目前所涵盖的领域还不够确定，按照台湾《2004 数字内容产业白皮书》中的分类，数字内容产业主要分为八大类，如表 2-5 所示。

表 2-5　数字内容产业的分类

类别	所涉具体内容
内容软件	制作、管理、组织与传递数字内容的相关软件、工具或平台
数字影音	数字化拍摄、传送、播放的数字影视及音频内容。包括数字电视、数字电影、数字音乐等
电脑动画	运用计算机生成或协助制作的影像，广泛应用于娱乐与工商用途
数字游戏	以信息平台提供声光娱乐给一般消费大众。包括网络游戏、手机游戏、PC 单机游戏、电视游戏和掌机游戏等
网络服务	提供网络内容、连线、储存、传递、播放等相关服务。包括内容服务、应用服务、平台服务及通信/网络增值服务等
移动内容	运用移动通讯网络为移动终端用户提供的信息、数据及服务
数字出版典藏	包括数字出版、数字典藏、电子数据库等
数字学习	将学习内容数字化后，以计算机等终端设备为辅助工具进行的学习活动。包括数字学习内容制作、工具软件、建置服务、课程服务等

2.4.2　DCO 的主要业务类型

数字内容产业是运用信息技术来制作数字化产品和服务的产业，一般可分为八大领域，包括电脑动画、数字游戏、数字学习、数字影音应用、移动应用服务、网络服务、内容软件以及数字出版典藏，大部分属于创意产业和文化创意产业的范畴。针对行业的发展情况，下面重点讲解一下动漫影视、游戏以及数字出版这三类业务。

1．动漫影视外包

动漫影视产业是指以"创意"为核心，以动画、漫画为主要表现形式，包括动漫图书、报刊、电影、电视、音像制品、舞台剧和基于现代信息传播技术手段的动漫新品种等动漫直接产品的开发、生产、出版、播出、演出和销售，以及与动漫形象有关的服装、玩具、电子游戏等衍生产品的生产和经营。动漫产业被称为 21 世纪知识经济核心产业，是 IT 行业的又一个经济增长点，我国动漫产业近年来保持 40%增长速度。动漫影视外包是指在动漫和影视制作过程中，利用先进的信息技术将部分的数字动漫制作、特效处理、音像剪辑等数字处理和后期制作外包给其他动漫影视制作方。例如，在 2010 年上映的《阿凡达》就是一个影视外包的典型案例，影片中的原型形象是中国制造，电影编剧、导演们幻想出来的人物、武器、交通工具等，绝大多数是由中国人按照设计蓝图变成 1∶1 或者微缩的模型。美国电影大鳄们将影片中的不同环节外包给不同的地方，如在美国写剧本、在中国造模型、在新西兰录音、在法国配乐……，正是这些专业的制作团队协作，才成就了场面宏伟、情节跌宕的大片。

动漫影视作为文化产业独具魅力，它具有国际化程度高、消费群体广泛、市场需求量大、产品生命周期长、高附加值等特点。对我国而言，发展动漫影视产业对于繁荣民族文化、丰富人民群众的精神生活具有重要的意义。

以日本动漫外包为例，经过 50 多年的发展，动漫产业已经成为日本国民经济的第六大产业，但是它的发展也是从接美国单子开始的。在 20 世纪 70 年代，由于电视动画片的需求量激增，美国相关的制造成本增加，需要寻找成本更低的生产地区，于是找到了日本，日本从帮美国加工开始逐渐形成了具有自己民族特性的动漫风格。近年来，随着日本人力资源成本的不断提高以及业务国际外包的扩大，日本动漫产业外包给中国、韩国的例子屡见不鲜，日本很多动画片 90%的工作都是在中国完成的。像当年的日本承接美国外包一样，动漫外包无疑也给了中国发展动漫的机会，我们应该充分利用这一机会，借鉴日本的发展模式，营造良好的产业投资环境，加紧培养编创、制作及经营人才，在赢得就业机会的同时，培育原创，形成具有我国特色的动漫风格。

2．游戏外包

数字游戏产业主要包括视频游戏、网络游戏和手机游戏三大类，其中视频游戏和手机游戏集中在欧洲、美国和日本等发达国家，网络游戏则主要分布在中国、韩国及东南亚国家和地区。据预测，到 2018 年，全球数字游戏的销售额将达到 695 亿美元，年均复合增长率为 13%。有报告显示，数字游戏产业的迅猛增长主要受益于智能手机的快速普及，以及持续进行的游戏休闲化演变等。其中，亚太市场将成为游戏产业的领导者，到 2018 年市场规模将占全球的 65%，欧洲占 16%，北美占 13%。目前，国内数字游戏主要集中在网络游戏上，但随着 4G 网络的发展和移动终端的普及，国内手机游戏产业表现出强劲的发展势头。

游戏外包是伴随全球游戏产业发展需要而出现的新兴业务，主要是指将游戏制作过程中的美工和测试环节交给其他公司或者团队来完成。目前，游戏外包项目以美工为主。在游戏的制作中，40%～50%的成本是用在美工工作上的。但是，测试为主的外包项目将会是下一个热点。这是个劳动密集型的外包项目，技术含量低，标准化的流程和质量更易于管理，许多发包方都在调整公司内部结构和工作流程，为大规模发包做准备。

-------- **经典案例** --------

游戏外包公司维塔士：禁得住诱惑

有时候，生意并非来自接受，而是来自拒绝。一家名叫"维塔士"的游戏外包公司就是这样一步步成为中国最大的游戏外包制作商。这家公司从创立时的5个人扩展至现在的1100多人，承接来自微软、任天堂、索尼、育碧等知名游戏发行商的订单。维塔士的生意哲学是"你创作，我制作"，客户做出游戏策划和前期制作，剩下的累活都交给维塔士——这几乎与遍布中国沿海的代工厂是一样的生意。公司CEO兰吉利在2004年创立维塔士时并没有从事利润丰厚的游戏开发，而是将自己的业务严格限制在一个极其狭小的空间内——3D单机游戏外包。

在维塔士之前，国内还没有一家游戏制作公司只做外包服务而不涉足游戏自主开发或运营。要知道来自游戏运营的利润诱惑简直让人无法抗拒——凭借《魔兽世界》一夜暴富的第九城市创始人朱骏曾如此形容其运营状况："我们每天有200万进账，利润在50%以上，全是现金，也没有什么三角账、坏账。"但维塔士坚守只做外包的公司理念，并且只做擅长的3D制作。

2007年，维塔士制作的《极速赛车》获得了极大的成功。2008年下半年，一家公司要求维塔士为他们定做一个跳舞游戏，但这家公司并没有提供完整的设计思路，仅表示：我们要一个跳舞游戏。但这不是维塔士能做的事，公司只在客户完整的创意上进行制作，最终公司拒绝了这个订单。像这样的订单，维塔士每年要推掉四五个。2014年7月，维塔士自豪而高兴地宣布参与制作了《变形金刚4：绝迹重生》，公司团队做了一些变形车、恐龙和若干机器动物，在这部电影中有很多关键的镜头。

3. 数字出版外包

用手机看报，通过互联网或者电子阅读器看书，在驾车时"听小说"——过去我们阅读纸质书的习惯在悄然发生着改变，这预示着数字出版的兴起和一个新阅读时代的来临。在信息化进程的加快以及新媒体的带动下，数字出版已经颇具规模，据统计，2009年我国数字出版产业的产值达799.4亿元，首度超越传统书报刊出版物的生产总值，2010年总产值超过了1000亿元，发展势头强劲。

2010年9月15日，新闻出版总署在《关于加快我国数字出版产业发展的若干意见》上指出，数字出版是指利用数字技术进行内容编辑加工，并通过网络传播数字内容产品的一种新型出版方式，其主要特征为内容生产数字化、管理过程数字化、产品形态数字化和传播渠道网络化。目前数字出版产品形态主要包括电子图书、数字报纸、数字期刊、网络原创文学、网络教育出版物、数据库出版物等。数字出版产品的传播途径主要包括有线互联网、无线通讯网和卫星网络等。由于其海量存储、搜索便捷、传输快速、成本低廉、互动性强、环保低碳等特点，已经成为新闻出版业的战略性新兴产业和出版业发展的主要方向。

随着数字时代的到来，古籍数字化也日益蓬勃发展起来。古籍数字化就是利用现代信息技术将古代文献转化为数字的形式，通过光盘、网络等虚拟介质保存和传播。我国古籍数字化经历了数据库版、光盘版、网络版三个建设阶段。数据库版古籍包括书目数据库和全文数据库两种形式。光盘版古籍一般有图像版、全文版和图文版三种类型。网络版古籍主要是将数字化的古籍资源在网络上有偿或无偿发布，供互联网用户使用，这是目前古籍数字化的主要目标。

我国古籍数字化的道路基本上是通过两条路线来实现的：一条是利用计算机对古籍进行揭示，建立古籍的书目数据库，供读者检索使用；另一条是利用计算机对古籍的内容进行数字化并提供一些相关的知识工具，使读者不仅能通过计算机来阅读古籍，并且能够通过磁盘、光盘和网络进行传播。

从 20 世纪 80 年代起，我国就开始出现了古籍数字化的工作，但是研究和成果甚少，直至进入 90 年代以后，随着我国计算机的普及和网络技术的介入，才有了古籍数字化的雏形。90 年代中期以后，国家图书馆制定了一个庞大的古籍特藏文献数字化计划，如敦煌遗珍、数字方志、永乐大典等。截至 2004 年底，网上可见的中文古籍数据库约 70 多个。

◆ 经典案例 ◆

方正国际助力宁波天一阁实现古籍数字化

背景： 2010 年 12 月 8 日，宁波天一阁博物馆新书库落成庆典及古籍数字化启用仪式在宁波隆重举行。

天一阁是中国现存最早的私家藏书楼，也是亚洲现有最古老的图书馆和世界最早的三大家族图书馆之一。馆内收藏着大量珍贵的文献典籍，传承着中华民族在数千年历史发展过程中创造的重要文明成果，蕴含着中华民族特有的精神价值。

承接方： 方正是国内从事中文字库开发最早最大的专业厂商，方正的超大字库极大地方便了专业辞书和古籍的数字化加工和排印。方正旗下的方正国际软件有限公司一直致力于古籍资源的保护与开发，在古籍整理、修复和数字化加工方面具有丰富的经验，拥有一支 300 人的古籍数字化专业团队，先后承担过国家图书馆地方志数字化、浙江图书馆舆图数字化、宁波天一阁古籍数字化及集美图书馆民国馆藏资源数字化、北师大图书馆民国教材数字化等古籍数字化工程。

方案实施： 此次古籍数字化工程由天一阁博物馆和方正国际软件有限公司历时两年合作完成。作为天一阁古籍数字化加工和古籍发布平台系统的承建方，方正国际在天一阁专家的支持下，针对馆藏古籍资源的特点设计了适应古籍资源开发和应用的模式。在古籍数字化加工方面，采用了先进的古籍 OCR 文字识别引擎，通过逐字折校、聚类通校及语义校对等智能校对技术保证古文字数字化差错率不高于万分之三，这一标准在古籍数字化加工中处于领先水平，同时实现了古籍版式的矢量还原重构，保证成果能够原版原样输出。在古籍发布平台系统方面，率先实现在 WEB 页面上基于超大字符集的文本展示、专业全文检索和文字录入，同时考虑到古籍研究查考的使用需求，开发了全文页与影印页的同屏对照阅读、对照选词、专业导航等功能，并提供繁简互转，自建批注评论等个性化功能，增强了系统的专业性和实用性，充分展示和挖掘了古籍资源的内在价值。

外包效果分析：天一阁新书库的建造和古籍数字化工程的实施是天一阁发展史上新的里程碑。新书库采用恒温恒湿自动化管理系统，一举解决困扰了天一阁400多年的典籍保管问题，而古籍的数字化则真正实现了天一阁"良书惠九州"的夙愿。

此次完成数字化的古籍是天一阁最核心的善本、孤本，包括为世人看重的宋元珍本、明代地方志、科举录、政书等。天一阁数字化古籍的启用标志着这些珍贵古籍从此将通过互联网向全世界开放，无论是广大的古籍研究者和爱好者还是普通市民都能通过网络一睹原版原貌、"原汁原味"的古籍。

天一阁与方正国际的强强联合，发挥我国现存历史最久的私家藏书楼的藏书优势与方正国际古籍数字化经验，从根本上促进古籍原生态的保护与长远利用，为馆藏古籍数字化的发展提供了安全性高、可靠性高的应用服务模式。

天一阁联手方正国际进行的大规模古籍数字化工程将古籍保护、研究利用和古籍资源数字化前沿技术融为一体，打造一套全新的古籍数字化模式，实现了珍惜古本的保护、开发、利用和研究，无疑将成为业界典范。

资料来源: http://do.chinabyte.com/355/11697855.shtml

2.4.3　DCO的业务特点

与信息技术外包、业务流程外包和知识流程外包相比，数字内容外包是以创意为核心、以互联网等信息技术为载体的精神产品的外包，其核心是结合当地的文化，通过提供创意产品的研发、制作，而不是只通过附加专业知识或专业技术为客户创造价值。总体而言，数字内容外包具有以下特点：

1. 绿色、高效、具有文化特色

数字内容产业是高附加值的知识密集型产业，企业的竞争力不依赖于任何自然资源，主要依赖于人力资源——开发人员、软件市场人员和企业管理人员等，属于"三高三低"的现代产业——即高效率、高收益、高增长和低污染、低能耗、低物耗等。同时，数字内容产品或服务不仅是一种消费品，也是一种文化。不同地域文化背景、语言差异、社会制度、思维方式、管理模式及规章制度等方面都会给产品本身带来差异，相当多的产品都带有明显的区域文化特色，所以数字内容产品或服务也是文化的载体。

2. 突出产品的创意性

数字内容产品是以创意为核心的，以互联网等信息技术为载体的精神产品。精神内容是无形的，比如创意、构思等，但当精神内容借助载体表现出来的时候，就形成了商品的具体表现形态。数字内容产品生产的过程中，主要投入要素是技术和创意，从产品形态上来看，它就是一种以创意内容或专业知识为核心的精神产品。

3. 需要高效的传输渠道和信息技术支持

无论是数字内容产品还是数字内容服务，都是建立在数字技术、信息技术、网络技术之上的，信息技术既是数字内容产品和服务存在的前提，也是其发展的必要条件。

有人认为，数字内容产业是 21 世纪的"主导产业"，也有人认为，数字内容产业是新世纪的"暴利行业"。无论哪种说法都表达了这样一种含义：数字内容产业可能成为 21 世纪经济新的增长点。伴随着世界经济全球化进程的加快，这一趋势将逐渐引起各国高度重视。

本 章 小 结

1．信息技术外包是指企业专注于自己的核心业务，而将其 IT 系统的全部或部分外包给专业的信息技术服务公司。常见的信息技术外包涉及信息技术设备的引进和维护、通信网络的管理、数据中心的运作、信息系统的开发和维护、数据备份和灾难恢复、信息技术培训等。

2．云外包的核心是外包企业建立标准化的统一外包服务处理平台，通过标准化、模块化和流程化将服务集成到统一的云平台上，在数据库里进行统一处理，然后根据客户需求，针对企业的个性需求定制部分流程，从而在云外包系统上进行流水线式的操作处理。

3．中国 IT 外包业务以内需为主，离岸外包业务比例远不及印度。不过中国发展 ITO 有些独有优势，比如以庞大的内需市场做后盾，对外部市场有较强的抵抗力；内部制约因素主要是人才短缺，加强 IT 人才的教育培养，就有机会赶超印度。

4．我国的软件外包有几大发展趋势，分别是：由简单的编码向大型整体外包项目发展；项目利润率逐渐提高；多样化渠道构建多层次合作平台；离岸软件市场保持稳定增长等。

5．业务流程外包是指企业通过长期合同的方式，将公司一些重复的非核心或部分核心业务流程外包给外部专业服务提供商，以达到降低成本、增强企业竞争力的目的。业务流程外包有六大特性，比如不能存储、需要流程间的协调等。

6．业务流程外包主要有六大业务类型，包括：客户关系管理外包、物流外包、财务外包和人力资源管理外包等。

7．知识流程外包指服务提供商以技术专长而非流程专长为客户创造价值，是比业务流程外包更为高端的知识工作的外包，包括研究、设计、分析、咨询、策划、制定规章制度等服务。

8．数字内容外包是从知识流程外包中分离出来的一个类别，在数字内容产品生产过程中，不仅投入了专业知识、专门技术，还有创意在里面，是一种以创意内容或知识为核心的精神产品。

9．数字内容产业一般涉及几大领域，包括动画、数字游戏、数字学习、移动应用服务、网络服务、数字出版典藏等，本章重点讲解动漫影视外包、游戏外包及数字出版外包。

本 章 练 习

一、简答题

1．简述信息技术外包的定义、业务类型。

2．简述业务流程外包的业务类型及业务特点。

3. 简述业务流程外包、知识流程外包、数字内容外包的区别与联系。

4. 什么是数字出版，它与电子书有什么关系？举例说明。

二、论述题

1. 论述中印两国 ITO 外包发展现状，中国较印度有哪些发展优势。

2. 针对信息技术外包、业务流程外包、知识流程外包、数字内容外包，根据自己的理解，搜集相关的一个案例并进行分析。

3. 仔细阅读案例导入部分，归纳索尼公司在实施信息技术外包过程中经历的阶段。

第3章 金融服务外包

📖 本章目标

- 了解金融服务外包的定义、分类
- 掌握国内银行、保险、证券等金融机构的业务外包状况
- 掌握财务外包的定义及外包内容
- 了解财务外包的国内外发展状况
- 了解金融服务外包国内外发展现状及未来趋势

📖 重点难点

重点：
1. 金融服务外包的分类
2. 银行、保险、证券等金融机构的业务外包现状
3. 财务外包的定义及包含内容

难点：
1. 金融机构业务外包的发展趋势
2. 财务外包发展的历程及未来趋势
3. 金融服务外包国内外发展现状及趋势

国家开发银行是 1994 年诞生的政策性银行，直到 1999 年才在多省建立起自己的分行。在此之前，其他商业银行的信息化早已起步。1999 年以前的国家开发银行，信息化水平几乎为零。2002 年开启国家开发银行全面信息化建设征程的后台改革计划之初，国家开发银行的信息化水平还是一片混乱：全行业务基本上处于手工或者半手工操作状态；十几个分散的小运行系统各自为政，相互不能共享；系统的分散导致不能为决策部门提供决策依据，领导决策更多的是凭借个人经验。然而在 2004 年 9 月，国家开发银行十年行庆之际宣称，该行的信息化已经建成了一个整体的框架，将按照一流的标准来建设一流的信息化。2005 年 8 月，国家开发银行的核心业务系统已经上线试运行，计划 2006 年上半年，后台的决策管理系统——包括信息风险系统、管理会计系统和资产负债系统将全面上线。国家开发银行率先实现其他银行努力多年希望实现的业务系统与管理系统内外完全信息化。

用短短两年走完别人数十年的路，其中秘诀何在？外包，全部外包。

国家开发银行信息化的第一秘诀就是外包。从来没有哪个金融企业的信息化可以像国家开发银行外包得这么彻底：网络外包给中国电信和中国网通，硬件外包给惠普，核心业务系统和决策管理系统外包给国外软件公司，有关的系统集成和开发则交给了神州数码。从网络到硬件，从业务系统到后台管理系统，统统外包！

从 2004 年年初开始，国家开发银行就享受到外包带来的便利。就以日常的硬件维护来说，惠普派出 5 名现场工程师到总行，每个分行还派 1 名工程师。除承担维护服务以外，在设备选型、设备引进、设备管理等方面也为国家开发银行提供专家咨询或者直接服务。现在国家开发银行无论何地的员工在任何时间打开电脑后发现有问题，都不用再打电话通知银行的科技部，而是直接求助于中国惠普客服中心。而这个请求落实到惠普这边，会转化为一个标准的管理流程，他们会根据问题大小，或者通过电话，或者派当地的工程师，在合同规定的时间里到达现场解决问题。专业的服务人员、第一时间响应，让银行的IT 人员从以往繁琐的维修善后工作中彻底解脱。

资料来源：http://www.itpub.net/thread-322055-1-1.html.

3.1 金融服务外包概述

金融服务业作为社会经济正常运转的血液，其迅速健康的发展越来越受到人们的重视。在金融类服务中，银行业务、保险业务和证券业务始终以稳定的速度不断发展。中国金融服务外包处于发展的初级阶段，但未来发展潜力很大。据麦肯锡研究显示，中国 BPO 市场规模将超过 200 亿元，增长速度超过 20%，未来我国金融服务外包增速将超过全球水平。

3.1.1 金融服务外包的定义

为了实现战略目标及节约成本，全球金融服务业中越来越多的业务活动正在从自行承担转由外包服务商负责，金融服务外包得到迅猛发展。在此背景下，2005 年 2 月，巴塞尔银行监管委员会发表了《金融服务外包》一文,文中对金融服务外包的定义为:金融机构在持续经营的基础上,利用外包商(为公司集团内部的附属实体或公司集团外部实体)来实施原先由自身进行的业务活动。也就是说,金融服务外包不仅包括将业务交给外部机构,还包括将业务交给集团内的其他子公司去完成的情形。

本书对金融服务外包的定义为:银行、保险、证券等金融机构,为集中核心业务,降低成本,把 IT 服务、后台服务和业务流程等非核心业务或部分核心业务,委托给本机构以外的第三方或公司集团内部子公司来完成,或由服务商进一步转移给另一服务商的业务活动。

3.1.2　金融服务外包的分类

1. 根据地理分布状况分类

从发包方和接包方的地理分布状况来划分,金融服务外包可分为在岸外包和离岸外包。

在岸外包是指金融机构服务外包的发包方和接包方在同一个国家,外包工作是在国内完成,目前我国的金融服务外包以在岸外包为主。

离岸外包是指企业为了降低成本、保留核心业务和提高竞争力而将部分业务或流程转移至低成本的国家或地区。也就是金融服务外包的发包方和接包方分属于不同的国家或地区。离岸外包又分为近岸外包和离岸外包。近岸外包,指两国地理位置相近,风土人情、法律、习俗相近,较易沟通,来往方便,有利于业务的转移。从我国承接的离岸金融服务外包区域分布来看,主要承接的是日本、韩国等邻国的近岸外包。

2. 按照金融机构的业务类型划分

按照金融机构的业务类型划分,金融服务外包可以划分为信息技术外包、业务流程外包、知识流程外包、营销外包、资产管理业务外包等。

金融信息技术外包 ITO 包含以下主要业务种类:

(1) 系统操作服务:银行数据、信用卡数据、各类保险数据、保险理赔数据、医疗/体检数据、税务数据、法律数据的处理及整合。

(2) 系统应用服务:信息工程及流程设计、管理信息系统服务、远程维护等。

(3) 基础技术服务:承接技术研发、软件开发设计、基础技术和基础管理平台整合或管理整合。

金融业务流程外包 BPO 包含以下主要业务种类:

(1) 信息录入与处理:将信息扫描或录入、修订、打印、邮寄外包。

(2) 呼叫中心:将客户信息技术桌面支持、客户服务投诉信息服务、电话营销和其他客户信息服务外包。

(3) 财务处理和人力资源管理:将会计核算、财务管理、出具监管报告、人力资源规划、招聘和薪酬管理等外包。

(4) 按揭服务:委托给专门的按揭公司。

(5) 信用卡服务:委托给专门的信用卡公司。

(6) 保单管理:将保单设计和销售之后的全部业务流程外包,其中包括保单出单、保单邮寄、保单变更、保单转换、保单计算、新单续期保费收取、保单期满给付、保单贷款、支取保单收益和退保等。

(7) 理赔：将理赔受理、勘查、数据输入、状态查询、追踪、确认赔付定价和支付赔付等外包。

(8) 代理机构管理：将代理机构佣金流程和客户支持、代理机构桌面技术支持、网络服务支持外包。

(9) 核保：将保单风险评估、保单发行、初期保费处理和缴费外包。

(10) 精算：将精算业务流程整体外包。

(11) 死亡和巨灾等风险管理：将部分死亡风险较高或潜在赔付风险较大产品的保费收入进行分保，将风险外包给再保险公司。

金融知识流程外包主要业务类型包括：市场及相关数据信息分析、监管报告、专项业务流域咨询、投资研究和技术研究、培训、专利申请等。

金融营销外包主要业务类型包括：保险公司委托银行销售保险产品、保险公司委托专属代理机构销售保险产品、基金公司委托专属机构销售基金产品、基金公司委托证券公司和银行销售基金产品、银行和证券公司委托专业营销公司的行为。

金融资产管理业务外包主要业务类型包括：委托第三方资产管理公司运作和管理资产、委托全资或参股的资产管理公司运作和管理等。

3.2 金融机构的外包

金融外包是市场规模最大的垂直行业方向，当前，金融业务主要涵盖银行、保险、证券、基金、期货等领域。金融业务所对应的金融服务外包业务如表 3-1 所示。

表 3-1 金融业务与金融服务外包业务

	类别	基金	证券	保险	银行
金融业务	前台	股票、债券商品、期货交易	自营交易投资银行经纪业务交易	产品销售投资交易资产管理	私人银行、个人银行下企业银行销售，资金运作，外汇交易等
	中台	行业研究风险控制净值计算客户服务中心	宏观研究行业研究经纪业务研发客户服务中心	交易清算产品研发与精算客户服务中心合规与风险控制	产品研发结算合规与风险控制客户服务中心
	后台	网络安全信息维护交易系统清算系统	网络安全信息维护交易系统清算系统	网络安全信息维护报案、评估与理赔信息系统开发维护	网络安全信息维护银行卡审核与发卡信息系统开发维护
金融业务服务外包	高端：信息系统设计、金融信息分析、市场调查与营销				
	中端：信息系统开发与维护、网络安全、客户服务流程管理、交易清算				
	低端：呼叫中心、信息录入与维护				

3.2.1　银行业务外包

1. 银行业务外包概念

随着经济的发展，金融机构开始将事务外包给外部机构进行处理，外包成为金融机构提高自身竞争力的有效途径。由于银行自身的特殊性，银行外包，尤其是商业银行外包更为复杂。

目前，学术界还没有给出关于银行业务外包的专门定义。我们可以根据金融服务外包的定义来分析银行业务外包的含义。巴塞尔银行监管委员会、国际保险监督管理协会、国际证监会组织以及国际清算银行的联合论坛工作组将金融服务外包定义为：受监管实体持续地利用外部供应商来完成以前由自身承担的业务活动。

综上所述，银行业务外包可以这样定义：银行在持续经营的基础上，根据协商的标准、成本等，以合约的方式把原先由自身承担的业务(或事务)利用供应商(银行以外的实体或银行的附属实体)来完成，以实现自身持续发展的一种利益互动、分工协作的战略管理方法。总之，商业银行外包是指商业银行将其部分业务委托给外部机构来处理，以降低管理和经营成本，提高经营效率和竞争力的做法。

服务外包对银行的作用和意义如图 3-1 所示。

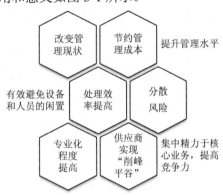

图 3-1　服务外包对于银行的作用和意义

2. 银行外包的业务类型

根据外包所涉及的业务在银行运营中的地位，目前我国商业银行业务外包主要可以分为以下三类。

1) 第一类业务外包

第一类业务具有操作简单、流程化作业的特点，而且对银行业务的利润贡献较少。由于该业务不属于银行的核心业务，对银行核心竞争力的构成影响不大，并且所需资源可以从外部市场获得，所以该类业务采取外包比内部处理更实惠。此类业务包括：

(1) 后勤服务与保障。后勤服务具有通用化、技术含量低的特点，所以在银行业务外包中是首选。员工食宿、卫生保洁、保安看护、水暖维护、邮件收发、通勤服务等属于后勤服务与保障的范围。

(2) 账单打印邮寄、普通业务数据录入、客服呼叫等。这些业务的特点类似后勤服务，虽然具有一定的技术含量，但专业性不强、比较琐碎，而且没有附加值。这类业务也非常适合外包。

(3) 现金押运。在中国银行业加速对外开放过程的推动下，成立专业的押运公司，降低银行运营成本，集中人力和物力从事银行主业，已经成为国内银行的共识。从 2000 年开始，我国银行现金押运业务就开始了由传统模式向现代方式的转变，押运业务外包有了显著的发展，包括四大国有商业银行在内的数十家银行先后采用了押运外包的方式，从而大大提高了商业银行现金流通过程中的抗风险能力。

(4) 信用分析与调查。个人贷款、公司贷款等业务的开展，都需要以银行掌握客户充分的信用信息为前提。以北京银行为例，该行在个人信贷业务、二手房交易、耐用品购买等业务中采取了个人征信外包。其中个人住房按揭业务的征信调查外包给了惠泽信安顾问公司，耐用品信贷外包给了泛亚投资咨询公司。

2) 第二类业务外包

第二类业务采用标准化操作，与客户接触程度较低，如财务会计、信息分析与处理、票据处理、IT 系统运作与维护。目前已经有很多公司可以提供上述项目的服务，而且在提高效率和降低成本方面达到了很高的水平。

(1) 信息技术外包。银行的信息技术外包是指银行以合同的方式委托 IT 服务商向银行提供所需要的部分或者全部的 IT 功能，一般还伴随着银行 IT 资产和人员交由 IT 服务商管理。实施 IT 外包，可以使银行充分利用 IT 服务提供商的专业技能和先进的管理经验，产生成本优势、专业优势和业务优势。银行 IT 外包已经成为银行获得竞争优势的一种重要手段。银行 IT 外包的业务最初只涉及非核心业务，现在已经扩展至核心业务系统、系统运营维护与管理领域。常见的银行 IT 外包涉及银行通信网络的维护与管理、IT 设备的引进和维护、银行数据中心的运作和管理、银行数据备份和灾难恢复、银行 IT 开发和维护、IT 培训等。

◆ 经典案例 ◆

深圳发展银行灾难恢复外包服务

发包方：深圳发展银行是中国第一家面向社会公开发行股票并上市的商业银行。深圳发展银行自建行以来，积极进行产品、服务创新，大胆实现观念机制的更新，在自身规模不断扩大、综合实力不断增强的同时，创造了良好的经济和社会效益，从 1987 年成立初期，资产不过亿元的 6 家农村信用社，发展成为如今在国内外有一定影响力的股份制商业银行，在北京、上海、广州、深圳、杭州、武汉等 22 个经济发达城市设立了约 300 家分支机构，在北京、香港设立代表处，并与境外众多国家和地区的 600 多家银行建立了代理行关系。

接包方：GDS 万国数据公司成立于 2000 年，是中国灾难恢复行业的领军企业，致力于推动中国 IT 外包服务的发展。GDS 公司在国内建立了全国性的网络化高可用性数据中心，向客户提供业务连续管理体系的全面服务，包括高可用性 IT 基础环境服务、灾难恢复规划实施、运行外包服务、数据中心平台服务等。

项目背景：2001 年，深圳发展银行的新一代综合业务系统正式启用。此系统采取数据集中存放、集中处理的大集中先进模式替代原有的多分区多中心、数据分散式存储和处理的方式。新模式对于加强银行账务监管、数据共享、新业务的开发和降低计算中心的运营成本有极大的好处，是全国各商业银行数据处理的发展方向。然而这种大集中模式对系统稳定性提出了更高的要求：一旦总行电脑中心灾难发生，受到影响的将是全国范围的全部分支机构和几乎所有业务，这必将对银行造成巨大的经济损失、客户流失、声誉受损，甚至有可能引起社会的不安定。

深圳发展银行对于灾难备份系统有着多年的准备和研究，并积累了丰富的经验。经过详细的考察和方案论证，最终选定与万国数据服务有限公司(GDS)合作，使用 GDS 灾难备份中心提供的专业灾难备份服务。

解决方案：GDS 公司派出了由银行业务专家、灾难备份服务顾问，以及行业软件、系统、硬件、网络、资源环境等专业技术人员组成的服务队伍，通过对银行的核心业务系统进行业务分析及数据分析，评估灾难风险，设计灾难备份系统，选择合适的技术产品并加以实施。在灾备服务期间，GDS 公司定期对灾备计划进行审核和更新，并通过灾备演练保证其可操作性。

针对深圳发展银行的要求，GDS 公司制定了相应的灾难恢复方案，其系统设计利用高可靠性、与平台无关的磁盘镜像存储技术，通过可靠的高速通讯线路为银行在异地保留一份重要的业务数据备份。

GDS 灾难备份中心根据深圳发展银行的需求配置相应的主机系统及外围设备，并建立到达客户业务网点的备份通讯网络。一旦灾难发生，通过网络的自动切换，GDS 灾难备份中心将接替客户数据中心运行，保障客户的业务持续运行。

成果：深圳发展银行从 2002 年 5 月新系统全部上线时便开始享受灾难备份服务，新系统运行一直稳定可靠，并通过网络切换测试与年度演练切换测试。与自建备份中心相比，深圳发展银行提前两年启动了仅有一个数据中心的全行大集中。

(2) 人力资源外包。将人力资源外包给劳务服务公司也是国际银行业普遍流行的外包形式。由于目前国内商业银行人力资源部门还不十分健全、成本高、效率低。要改变这种状况，可以通过人力资源外包来实现，不但可以获得专业化的优势，而且也会给银行的人力资源系统注入新鲜血液。相应地，员工培训和工资的发放也可以外包出去。从实际情况来看，在银行业普遍存在的劳务派遣，只是人力资源外包的一部分，还不是完全意义上的人力资源外包。

(3) 内部审计外包。内部审计外包是将内部审计业务全部或部分外包给具备专业资格的外部服务提供者来实施。从银行角度看，将内部审计业务外包是一种日益受到重视的商业战略。把某些项目的内部审计外包出去，不但可以降低成本费用，更重要的是避免了内部审计人员技术水平不高、审计制度不完善而带来的风险。

随着银行业竞争日趋激烈，市场环境变得更加复杂，迫使商业银行在业务经营中更加重视内控的有效性、不断提高风险管理水平，所以银行对内部审计部门的要求也越来越高。结合国外商业银行以及我国银行业审计外包的实践来看，银行审计业务外包主要有四种形式：外聘、咨询、全包和合作。

❧ **外聘：**即聘用拥有某一学科或领域的专业知识、技能和经验的外部人员来提供服务。

◇ 咨询：以顾问、协调、建议和培训等方式为客户增加价值，并指导客户改进治理、风险管理以及过程控制。

◇ 全包：一般由发包银行的董事会或审计委员会负责对外包公司进行监督。

◇ 合作：即内部审计人员和外部审计人员合作进行审计。但两者承担不同的责任。

3）第三类业务外包

第三类业务的特点是与客户高度接触，此类业务的开展经常需要后台提供技术支持，属于银行业务的"最前线"，这类业务竞争往往非常激烈。

（1）银行信用卡外包。银行信用卡外包是银行服务外包一个重要的领域。经过近几年的"跑马圈地"，我国信用卡市场已经十分庞大，成为众多商业银行的重要业务，各家银行纷纷把信用卡当成扩展利润的主要渠道。因为信用卡业务的发展，不仅有利于存款量的增长，而且也可以作为其他业务的平台从而扩大信贷等资产业务。目前，发达国家的银行卡业务流程外包已经涵盖了银行卡的各个环节，发卡机构可以集中精力从事产品研发和账户管理等核心环节，自身无需进行繁琐的业务处理。收单、卡片制作和发送、账单催收、系统维护开发等业务均委托给专业的外包服务公司。据统计，美国商业银行的银行卡处理工作外包，可以节省20%的成本，效率提高40%。

我国银行业一直尝试银行卡外包业务，目前已有"全生命周期"的银行卡业务流程外包服务。全方位的"一站式"服务，提供从申办筹建、设计产品、市场营销、交易处理和客户服务，甚至可以提供数据分析和市场定位服务，尤其对缺乏资金和产品开发能力的中小型金融机构有很强的吸引力。目前国内的银行卡外包服务机构，既可以提供银行卡的受理业务的外包，例如营销、收单等，也可以提供发卡业务的外包。随着信用卡市场的扩大，国内银行卡后台外包业务的规模也在不断扩大。

◆ 经典案例 ◆

华道助客户挑战信用卡即时发卡极限

发包方： 某国有股份制商业银行

接包方： 华道数据

背景： 某国有商业银行信用卡中心自成立以来，坚持服务创造价值的理念，一直致力于为持卡人提供更完美的服务，倾力打造其信用卡产品。但是信用卡市场经历了高速的成长期后，大量睡眠卡、死卡的存在也一定程度上加重了各银行的负担，提高信用卡激活量对发卡银行来说意义重大；此外，信用卡同质化竞争日益白热化，如何获取高质量的客户渠道成了各家卡中心亟须突破的一道瓶颈。在此背景下，该银行将目光聚焦在信用卡申请环节的"快"上，欲推出即时发卡业务。

实施方案： 华道数据凭借其在 BPO 行业的雄厚实力以及在信用卡发卡环节卓越的流程优化能力，获得该行信赖，承接了其即时发卡方案中从数据采集到电话征信一系列流程处理业务，尤其以数据即时处理、3 分钟内录入回传的能力支持客户达成了即时发卡的目标。发卡业务流程如图 3-2 所示。

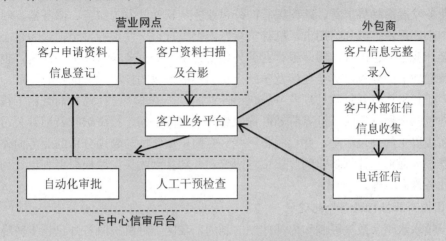

图 3-2　华道数据信用卡发卡业务流程

成效: 在即时发卡模式下，信用卡申请人只需在营业网点柜台填写申请表，柜台人员现场即可发卡。经激活的卡片具有借记卡功能。实时发卡模式简化了信用卡繁琐的申领手续，大大缩短了申请人的等待过程，显著提高了发卡效率。发卡行随之对提出信用额度申请的客户进行资质审核，匹配一定信用额度。自申请人提交电子版申请资料至卡中心信审后台完成审核，整个过程可以控制在 20 分钟以内。从市场反响来看，这种业务模式非常成功，是一次完整的商业模式的创新，能带来业务模式的革新和有市场需要的、可持续的业务创新。同时，该业务的创新模式也为解决国内信用卡市场的产品同质化及赢利模式单一化的问题开辟了一条新的道路。

(2) 不良贷款处理。长城、华融、信达、东方作为国内四大资产管理公司，可以看作是我国四大国有商业银行的外包商，因为前者接受并处理了后者的不良资产，这一过程跟外包十分相似。如果商业银行自己处理不良贷款，即使成本费用可以接受，可是最后的效果一般也是不尽如人意。商业银行通过将不良资产"打包"，采用招标方式外包给资产管理公司等专业机构，可以最大限度地回收成本，获得满意的效果。

(3) 资产业务外包。把一些贷款项目进行标准化处理然后外包出去，这也是目前国际银行业的主要外包形式之一，如常见的按揭贷款业务。美国银行业中，80%的按揭贷款业务由外包商完成，极大地促进了按揭贷款市场的繁荣。而国内商业银行在该类业务方面还很少涉及，但也有部分实力雄厚的银行开始了尝试。例如，重庆融众担保公司就承接了中信银行重庆分行的一些个人贷款业务，并且发展迅速。我国银行可以自己开发出适合我国市场环境的标准化贷款业务，然后外包出去。

3. 银行业务外包发展现状

1) 国外商业银行服务外包发展状况

最早的金融服务外包要追溯到 20 世纪 70 年代，当时，证券行业的金融机构为了降低成本，将一些准事务性业务，如打印及存储记录等进行外包。随着技术升级和成本节约双重因素的推动，20 世纪 80 年代与 90 年代，外包交易的规模已经相当可观并涉及整个 IT 部门。这成为业务流程外包的开端。

从业务发展的趋势上看，跨国银行的外包业务从软件开发与服务、服务器、呼叫中心和数据中心，逐步扩展到信用卡、抵押贷款及网上银行，一些银行甚至把最为核心的会计系统和会计业务外包出去。国际银行业务外包实践中，既有非核心业务的外包，也有核心业务支持性环节的外包，甚至还涉及传统上认为不能外包的核心业务的核心环节。例如德国的很多信贷机构将其贷款处理业务外包给专业的、不受本国法律监管而且精于按揭贷款业务的外包商来做。目前，世界前 800 家大银行、保险公司、投资银行及证券公司都已经开始了初级以上的外包活动，并已经将一些具有简单重复性与繁琐分析的业务向外转移。例如，摩根大通银行计划将它的股票市场研究业务转移到孟买；摩根斯坦利也计划将其证券研究业务推向海外。

2) 国内商业银行服务外包现状

由于技术水平、政策限制和内部体制的制约，我国金融机构服务外包起步较晚。2001 年我国正式加入 WTO 后，由于国外同行业激烈的竞争，国内银行业更加关注自己的核心业务，他们才把部分金融服务外包给专业的外包商，从而实现了降低经营成本、强化和提高核心竞争力的目的。但外包主要集中于 IT 相关业务上，以 IT 系统外包为例，目前在国际银行业的 IT 投入中：硬件占 30%，软件占 30%，服务占 40%。对于我国的银行业来说，根据统计数据显示，2015 年，我国银行业整体 IT 投资规模为 831.06 亿元，较 2014 年的 742.56 亿元同比增长了 11.9%。在整体 IT 投资规模实现增长的背景下，各类产品的占比正在发生变化：随着银行 IT 基础设施建设的完成，硬件投资正呈现逐步下降的趋势，与之相比，服务方面的投资占比则呈现继续上升趋势。但就目前而言，硬件仍然占据较大比重，服务次之，软件的占比最低。

据统计，2015 年我国银行业 IT 投资中硬件方面的投资占到投资总量的 54.7%，较 2014 年下降了 0.6 个百分点；服务方面为 36.2%，较 2014 年上升了 0.4 个百分点；软件方面为 9.1%，与 2014 年相比无明显差异。2015 年我国银行业 IT 投资产品分布如图 3-3 所示。

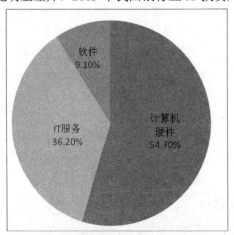

图 3-3　2015 年我国银行业 IT 投资产品分布图

随着国内金融市场的开放，中国的银行业开始与世界接轨，部分银行开始涉足业务流程外包。目前，人力资源管理、后台处理、信用卡销售、理财业务宣传、市场开拓、贷前贷后调查等业务出现了外包的趋势。比如，北京、上海等地的银行在对操作层面的员工使用上出现了人事代理，也就是银行向人事代理中介机构付费，由中介机构负责按要求向银行选派员工。上海则出现了专门为银行做销售的公司，他们经过银行的专业培训，专门从事信用卡、基金产品、理财产品的销售活动。青岛的银行将部分贷前调查外包给专业调查公司，把信贷手续办理外包给律师事务所，把贷后检查外包给担保公司和会计师事务所。

4. 银行业务外包发展趋势

我国银行业务外包发展趋势可以总结为：ITO、BPO 欣欣向荣，KPO 风起云涌。

银行业的服务外包主要集中在 IT 外包和业务流程外包 BPO 上，而在知识流程外包 KPO 方面涉及的范围还比较窄。

银行业的外包首先从 ITO 开始，至今仍集中于 IT 业务。国际信息产业研究机构 IDC 研究表明，2017 年中国银行业 IT 市场规模首次突破千亿大关，在银行业 IT 投资中，计算机硬件、IT 服务和软件三分天下。预计到 2022 年，中国银行业整体 IT 市场规模将达到 1513.9 亿元，2018—2022 年年均复合增长率为 8.1%。常见的银行 IT 外包涉及银行通信网络管理、银行信息系统管理、应用系统开发和维护、系统备份和灾难恢复等。竞争的巨大压力、客户需求的不断变化使得银行对 IT 技术的依赖性日趋增强。如今银行的数据处理环境不仅包括核心业务处理系统，而且包括自助服务、呼叫中心、网上银行等新型业务处理系统以及数据分析系统、办公自动化系统等。外包平均占据了银行近 30% 的 IT 花费。

其次是 BPO。它所关注的是支持银行内部的运作和客户的后端服务，通过进行业务流程的优化组合，提高整个业务的生产效率和竞争力，在更大的范围内获得利润。常见的银行业务流程外包包括运营流程业务外包和专业性服务外包等业务外包模式。其中，运营流程业务外包是指将银行某个业务的整个运行过程外包，目前主要包括信用卡外包、人力资源外包、营销外包、公司财务外包、网络定制外包等形式。其中，信用卡外包是银行外包最重要的一个领域，也是目前发展最成熟的一个领域，2003 年，中国的信用卡仅发行 100 万张，截至 2015 年年末，中国信用卡累计发行 4.32 亿张，信用卡业务的广泛外包是促使信用卡发卡量如此高速发展的主要推手。专业性服务外包是指将银行内部服务性的工作内容外包，通过外部服务商为自己提供专业化服务的外包模式，主要包括法律事务、税务顾问、人民币票据传递业务、本外币现金取送业务、安全警备设施维护、银行金库监视系统服务等。

最后是 KPO。随着世界银行业的发展，越来越需要各个层面上更加专业的知识，银行业务的不断创新使得银行光靠自身的研究开发已不足以在竞争中取胜，于是很多银行，尤其是中小银行将研发环节外包给专门的研发中心，银行 KPO 应运而生。通过 KPO，高校和科研机构可以发挥自身优势，为银行提供知识处理外包服务。

鼎韬认为，随着外资银行业的进入以及中国银行业市场的开放，银行业的竞争不断加剧，IT 外包必然是大势所趋。国家政策性银行(国家开发银行、农业发展银行和进出口银行)和全国性股份制银行将是中国银行业近年来采取 IT 外包最活跃的部分。同时，随着中国 BPO 市场的迅速活跃，金融 BPO 将会占据与 ITO 同等重要的地位，KPO 也将会成为银行业的发展趋势。

知识拓展

鼎韬是一家专注于服务外包行业,集研究、门户和服务于一体的国际化咨询公司,成立于 2006 年 10 月,由海内外多名外包、咨询、市场和行业专家联合创立。总部设在天津滨海新区,同时在上海、澳大利亚、北美和欧洲等地设有 8 个代表处和 35 家合作机构。公司提供的服务主要包括以下四种:

其一是门户。鼎韬运营的中国外包网(www.chnsourcing.com.cn)是中国首家也是唯一一家针对全球离岸服务外包行业的门户网站和电子交易平台,是海外发包方进入中国市场的门户以及中国外包行业信息发布和项目交易的平台。

其二是咨询。鼎韬的优势在于其强大的国际和国内背景,以及将西方现代管理理论和经验与中国市场与环境相结合的核心能力。同国际知名管理咨询企业相比,鼎韬对中国企业的理解更深入、更全面,拥有更丰富的本土企业经营管理的实践经验,因而能提供更实用的和更有效的专业咨询服务。

其三是研究。鼎韬目前已经拥有"TOP 系列评选""十大系列报告""鼎韬观点"和"鼎韬产业深度研究"等四大研究品牌系列。

其四是服务解决方案。基于鼎韬的行业研究、咨询能力和经验,鼎韬不断为客户提供更加有效的外包服务。目前主要包括为中国地方政府和园区提供的全面服务外包产业发展解决方案,为服务外包企业提供的企业服务解决方案,以及政府/企业网站运营解决方案等外包服务。

3.2.2 保险业务外包

1. 保险业务外包概念

随着近几年保险业的快速发展,外包已越来越多地渗入到保险公司的经营中,例如:平安、太平洋等保险集团逐步把各子公司的后援服务功能

保险业务

剥离、集中起来,甚至成立了专门的子公司,统一为集团内其他公司提供后援服务;医疗健康保险的客服、理赔等部分工作交由具备丰富经验和资源的第三方管理机构来完成。

保险业务外包是指保险机构持续利用外包服务提供商(集团内的附属实体或集团以外的实体)来完成以前由自身承担的业务活动。在近几年的保险市场发展和保险公司经营中,已经出现了许多保险外包的做法,比较典型的外包有:理赔勘察流程中全部或部分工作委托给保险公估机构办理;保险营销人员的培训工作全部或部分外包给专门的培训机构开展等。从全局角度看,保险业务外包还包括以下内容:保险集团公司跨产品线建设的后援中心和设立资产管理公司,这属于公司内的外包;通过保险代理和经纪公司以及兼业代理机构销售保险产品,这是行业内的外包;第三方管理机构参与医疗健康保险的客服、理赔工作流程以及对客户资源进行管理,这属于外部外包。不知不觉中,外包已经渗透到保险业

的方方面面、各个角落，为保险公司的经营运作和保险业履行社会责任发挥了积极作用。

◆ 经典案例 ◆

安诚保险公司七大部门外包

2007 年 1 月 9 日，中国保监会批准安诚财产保险股份有限公司开业。公司主营财产损失保险、责任保险、信用保险和保证保险、短期健康保险和意外伤害保险等业务。安诚保险的第一大股东重庆城投同时是重庆商业银行和重庆安澜保险经纪公司的股东。

公司除业务上专注于安全责任险以外，安诚保险的另一特色是部门外包的管理模式。"我们的七大部门都将外包。"安诚保险内部一位知情人士称其原因是，"现在中介很发达，他们更专业，可以比我们做得更好。(我们)可以借助外部力量，没有必要在公司把什么部门都设齐。"

该人士以人力资源举例称："以前我在一个保险公司工作，就因为没有去机场迎接来考核我的人，结果惹来不必要的麻烦。"

为此，安诚保险将人力资源外包给一家公司，公司人员的引进和考核等都由该公司负责。"我们把职位描述和考核标准写给外包公司，由他们为我们招人和考核。谁行谁不行，外包公司说了算。"

同时，保险营销、IT 等其他六大部门也将被外包。

保险营销外包方面，安诚保险可借助安澜保险经纪的力量。安澜保险经纪于 2004 年12 月经中国保监会批准成立，注册资金 737 万元，是重庆市第一家保险经纪公司。截至2006 年第三季度，安澜保险经纪完成保费 1164.68 万元。

外界人士认为，在有着共同大股东重庆城投的前提下，安诚保险和安澜保险经纪的合作将更协调。

安诚保险将 IT 部门外包给一家当地软件公司。"他们将负责 IT 的安装、维护等工作。"前述知情人士说。如此一来，每年将节省数百万元的开支。

案例来源 http://www.china-insurance.com/news-center/newslist.asp?id=94873

2. 保险业务外包的动因

目前中国保险业服务外包发展实际上才刚刚开始，但是随着保险业的迅速发展，或者结构转型，服务外包规模会越来越大。根据 Insurance Net Working News 调查，保险公司实施外包战略最重要的是降低成本，有 40%的被调查公司选择了这一因素，如图 3-4 所示。保险业务外包的发展动机主要有以下六个因素：

(1) 金融混业经营的趋势。以平安保险为例，平安集团收购了深圳发展银行，集团内在整合保险银行等业务时，给客户一张卡就可以满足客户多方面的需求。平安随着上海金融中心的建设，市场逐步扩大，当它不能处理这么大的业务量时，外包需求就会释放出来。

(2) 中国保险市场越来越国际化。随着国际上知名保险公司进驻国内市场，他们熟知最先进的外包经验，我国本土保险公司通过借鉴，不断地释放外包需求。

(3) 保险公司业务的转型。业务转型会呈现三种明显的特征，财产险会转型为全面风险管理，寿险会为客户提供更多的理财服务，健康险会成为一个独立的产业。这些业务的转型，特别是健康险，80%的业务量来自理赔，所以保险理赔方面的服务外包需求会大量释放出来。

(4) 金融创新。由于技术变革速度加快，产品生命周期不断缩短，新产品层出不穷，导致企业竞争加剧，市场竞争焦点已由成本竞争转向服务质量、产品性能乃至新产品开发速度的竞争。在这种急剧变化的市场环境下，创新成为企业保持竞争优势的永恒主题。面对变换的市场，若不能及时做出调整，没有及时创新，必然被市场所淘汰；而外包有利于保险公司集中于核心业务，对市场做出快速反应，加快创新速度。

(5) 监管方面的转型。我国的主要部委包括保监会在内都在积极推动保险行业金融服务外包的发展。

(6) 市场竞争。进行服务外包，不仅有效节省成本，而且有利于专注核心业务，提高竞争力。

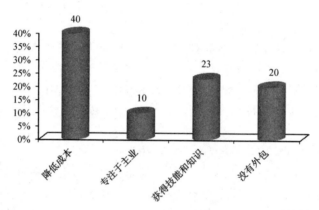

图 3-4　保险业外包的动因

3. 保险业务外包类型

1) 保险 IT 外包

保险 IT 外包是指保险公司聘用一个外部组织，例如专业软件开发公司、系统集成公司等 IT 服务的提供商、承包商，将新系统的开发、非核心的后台业务、信息系统的维护等对外承包给专业性服务公司，后者为保险公司提供更加标准的 IT 服务的一种管理策略。保险业 IT 外包一般还伴随着保险公司的 IT 资产和技术人员交由 IT 供应商管理。

目前，我国的保险业 IT 外包主要表现为信息技术外包与自主设立信息技术中心并存。大型保险公司，如中国人寿、中国人保和中国平安，都建立了数据研发中心，进行大规模的系统集成和整合，开始独立设计和开发部分核心运营系统。中小型的保险公司因无法支持巨大的软件开发和维护投入，以及庞大的系统建设开支，一般采用先购买应用软件，再构建 IT 体系的发展战略，通常将系统开发及应用软件等外包给 IT 服务提供商。如：太平洋保险和天安保险将业务管理系统的开发与应用外包给 CSC 公司；光大永明保险公司将 IT 运维外包给神州数码公司。

根据信息技术与业务关联度的高低，可以把保险信息系统与服务划分为两类：核心信息系统，它与保险业务关联度高，对企业创造价值起着关键作用；非核心信息系统和后台业务，例如部分应用软件、呼叫中心等，它们与保险业务关联程度低，对企业创造价值有用但并非关键。各种类型的保险公司可以根据自身情况，对核心系统和非核心系统进行外包选择，具体如表 3-2 所示。

表 3-2　我国保险公司 IT 外包策略选择

保险公司类型	业 务 类 型	战 略 选 择
国有保险公司	核心信息系统	择优外包
	非核心系统、后台业务及维护	外包
股份制保险公司	核心信息系统	内制
	非核心系统、后台业务及维护	外包
新兴保险公司	核心信息系统	择优外包
	非核心系统、后台业务及维护	外包

考虑到保险公司是信息密集型企业，也是管理密集型企业，其核心的信息系统在企业核心竞争力形成中的作用非常重大，单纯的外包不是长久之计，最理想的方法是外包给战略承包商。例如，保险公司可以选择优质的软件供应商成立合作企业或合资企业甚至是控股企业，与战略承包商建立共同的目标，共同分享合作成果。

2) 保险业的 BPO

全球保险业在金融行业中较晚开始采用外包，传统上也较少采用外包。然而，随着利润空间的缩小、赔付压力的提升、竞争的不断加剧，保险企业需要降低成本、改进服务质量，并通过重新设计业务流程以获得更高的商业价值，保险业的 BPO 应运而生。

目前，保险 BPO 规模虽然很小，但增速可观，包括了核心业务流程和非核心业务流程外包，已成为全球服务外包市场上发展最快的业务。保险业务流程外包已有由低端向高端转变的发展趋势，财务分析、数据挖掘及研究、承包、理赔和保单管理等高端业务流程外包持续增长。对产品开发、分析和产品定价等高端业务进行流程外包的趋势也日趋明显。保险 BPO 的主要业务类型包括以下几种：

(1) 理赔勘察外包。理赔是保险公司风险控制最重要的一环，财产保险公司一般将外部理赔操作外包给保险公估公司，也有个别公司将某些险种的整个理赔流程都外包给保险公估公司。在我国，保险业通过外包给保险公估公司完成的理赔定损占全部理赔定损的比例超过百分之十，而且还在快速增长。公估公司作为第三方，站在公正、独立的立场上，做出公平、公正、客观的评估，不仅有利于获得客户的信任与产业扩张，也有利于保险公司控制成本，减少勘察人员和管理费用支出。目前，我国的华安保险公司将其全部理赔业务外包给了当地的公估公司；太平洋财险将深圳分公司和福建分公司的车险业务外包给了公估公司。我国也承接了海外保险公司境内理赔业务的外包：中国人保提供了日本东京火灾保险公司的境内理赔外包服务；中国人寿为海外一家著名保险集团提供在中国跨境理赔外包服务。

(2) 保单管理流程外包。由于保单管理不直接与客户接触，只需以较低的成本提供服务，所以它是保险 BPO 的主要业务类型。它将保单的整个生命周期，即从保单设计到销售之后的全部业务流程外包，包括保单出单、保单邮寄、保单变更、保单复效、保单转换、保单计算、新单和续期保费收取、保单期满给付、保单贷款、支取保单收益和退保等。保单管理外包市场增长最快的是美国和英国，其中又以健康险和寿险保单管理 BPO 发展迅速。美国国际集团将保单管理流程外包给了 RIS 公司。英国的 Pearl Group 将不再销售新单，而将寿险和养老金保单管理流程外包给印度服务外包提供商 TCS 的英国分支机构 Diligenta。

（3）营销业务外包。目前，我国许多保险公司将营销业务外包给银行或邮政机构，如建行与新华保险、太平洋人寿的合作；浦发、工行与中国人寿的合作。我国银保合作起步较晚，但发展迅速。来自保监会的统计数据显示，2010 年上半年全国人身险保费收入 5 980.71 亿元，其中来自银保渠道(含邮政)的保费为 2 599.09 亿元，占比 43%。虽然银监会对于银保方面的监管和限定越来越严格，但是如果正确认识到监管部门提出的风险，提高服务质量，银保这个领域还是可以蓬勃发展的。因为银保在销售上有很大的优势，售前以银行服务为主，可以有效地做好客户的筛选和宣传；售中有专业的理财经理或者银保专员进行销售，对客户传达正确的保险理念；售后可以做到银行牵头、保险公司配合，加强了客户对于保险产品的可信度。同时，随着保险营销模式的创新，电话营销和网络营销日益兴起，电话营销外包业发展迅速，通过电话、传真、E-mail、邮寄等多种方式，完成保险的销售、签单、核保、转账、递送保单等服务。中美大都会、太平人寿、泰康人寿和新华人寿等都以软、硬件系统租用的方式与外包呼叫中心签订了电话营销外包的合同。

◆ 经典案例 ◆

九五与太平人寿首度合作，尝试寿险电话行销模式

九五资讯产业有限公司的呼出团队与中国太平人寿保险公司北京分公司合作，尝试以电话销售的模式推销寿险，获得了令人惊喜的业绩。九五资讯派出一支 10 人的呼出队伍，接受了为期两天由太平人寿提供的寿险专业知识培训，通过 2 周时间对北京的老客户进行了电话销售，取得了很高的客户满意度和较高的成交率。

这是九五在保险领域进行电话销售保单的首次尝试，也是太平人寿保险公司第一次与专业呼叫中心外包运营商合作、利用第三方进行寿险销售。通过此次合作，九五的呼出团队积累了寿险销售的成功经验，为 2004 年度公司在保险领域的业务开拓提供了成功案例。太平人寿的负责人表示对此次合作非常满意。通过与九五的合作，太平人寿开拓了寿险销售的新渠道，为今后电话销售提供了很好的数据支持，并且可以为该公司其他项目的运作提供借鉴。太平人寿希望与九五长期合作，以全新的电话销售模式争夺保险业的市场份额。

（4）资产管理业务外包。我国恢复保险业后，保险公司的投资可以划分为四个阶段。最开始是无投资阶段，其资金大多数只是存入银行；随着保险业的发展，保险公司的资产运用有了自己的方向，但是由于专业原因造成了无序、盲目的投资，这时形成的不良资产也比较多。到了 1995 年，随着监管部门的关注和政府的扶持，保险机构可以进行同业拆借和购买央企债券等投资项目。后来，随着保险公司业务的发展，更多的保险机构先后设立了资产管理公司，以代理本公司的资金运用业务。2006 年开始，我国保监会允许符合条件的保险资产管理公司托管第三方资金，因此国内许多尚不具备设立资产管理公司条件的中小型保险公司，将保险资金运用业务外包给专业的资产管理公司；中国人寿、中国平安等大型保险公司将自身的外币资产管理外包给国际大银行进行运作。同时，海外保险资金也开始委托中资保险资产管理公司进行运作，如澳洲最大的保险集团 AMP，将部分非

保险类资金外包给中国人寿资产管理公司代为运作。

4. 我国保险外包发展趋势

我国保险业从 1979 年恢复经营以来，保费收入年均增长超过 20%，成为国民经济中发展最快的行业之一。保监会发布的 2016 年保险运行情况数据显示，2016 年全行业实现原保险保费收入 3.1 万亿元，同比增长 27.5%，增速创 2008 年以来的新高。

2014 年《国务院关于加快发展现代保险服务业的若干意见》公布，该《意见》提出到 2020 年末我国保险深度(保费收入/国内生产总值)达到 5%，保险密度(保费收入/总人口)达到每人 3500 元，而目前这个数字分别为 3%和 1266 元，分别为世界平均水平的二分之一和五分之一，与发达国家相比更是相差甚远。同时，我国保险赔偿占灾害损失比例不足5%，而全球水平则超过 30%，这一系列数据表明，我国虽然是保险大国，但还不是保险强国。与此相对应，我国保险业服务外包发展也刚刚开始，因时间不足，经验欠缺，目前国内服务提供商只能提供信息技术、营销和资产管理等外包服务，还没涉及精算、产品开发、研究分析等高端业务，但随着保险业的迅速发展，保险行业的 KPO 将得到广泛应用。

保险业的 IT 外包主要集中在保险业的 IT 系统建设规划上，与此同时，随着电子商务模式的不断创新，将会扩大保险业对 IT 外包服务的需求。网上保险超市、网上金融超市、网上风险市场等从客户角度出发的新兴电子商务模式应运而生。各保险公司的网络营销除了利用自身网站以外，将越来越关注或利用由专业技术服务公司搭建的各类综合性电子商务平台，相应地，IT 外包服务费将成为保险公司网络营销的重要支出。此外，保险行业正在持续拓展其产品服务，为了提高客户满意度和市场竞争力，保险企业需要更有效的商业流程以获取新客户，保留现有客户，改善客户服务，减少运营成本，并在整个组织内管理信息。为此，保险企业必须能够快速而灵活地进行文档信息处理，并最大限度削减成本，于是保险行业的业务流程外包(BPO)应运而生。其业务范围从最初的保单打印、客户服务通知书邮寄、保单信息录入等业务发展到客户互动服务、保险索赔处理等业务。在KPO 方面，随着保险业迅速的发展以及结构转型，服务外包市场会越来越大，保险行业的 KPO 业务如保险精算、保费调整将会得到更加广泛的应用。

有机构预测，中国保险市场将成为全球最大的保险市场，它的资产规模在未来 15 年将达到 60 万亿~80 万亿。在这么大规模增长的同时，保险业有一个结构的调整和流程的再造，会释放巨大的外包需求，其中，ITO 仍将是主导，BPO 和 KPO 齐头并进。

3.2.3　证券行业的服务外包

我国证券市场从 1990 年上海证券交易所成立至今已经有二十多年的历史。从 1984 年，新中国第一支股票飞乐音响发行，到 2016 年年末，沪深两市共有上市公司 3052 家，总市值为 50.77 万亿元，以 2016 年年末我国国内生产总值为 74.4 万亿元计算，证券市场总市值占到 GDP 的比重达到 62.8%，即我国的证券化率已经达到了一定水平，证券行业在国民经济中的地位举足轻重。而作为证券市场的专业服务机构——证券公司的发展也呈现出非常迅速的态势，但是就盈利情况，证券公司的情况较银行存在很大的差距。以 2011 年为例，行业平均利润水平相差近三成。其中有经济环境的因素，但也与行业在业务外包方面的发展有一定的内在关系。

证券公司业务

1. 证券业的服务外包

2005 年中国证监会推出了股权分置改革，国内资本市场的规模迅速扩大，各大证券公司为了适应业务和监管的要求，在证券运营系统方面投入了巨额的资金，建立了庞大的信息系统，涵盖了经纪业务、投资顾问业务、资产管理、融资融券、期货 IB、CRM 管理系统、OA 办公系统、交易柜台系统、手机炒股系统、合规审计系统、风险管理系统、财务管理系统、清算系统等，耗资巨大且每年的折旧摊销和升级维护成本居高不下。证券公司无论规模大小，都在极力追求"麻雀虽小，五脏俱全"的架构。2006 年和 2007 年的超级牛市令证券公司的盈利水平出现史无前例的增长，在行情和市场需求的双重推动下，证券公司对信息系统和运营体系的投入也超常规的扩张。2007 年下半年，美国次贷危机引发的全球金融危机全面爆发之后，国内资本市场也受到严重影响，股票指数逐级下跌，市场交投不断萎缩，同时也波及证券公司的经营业绩。随着市场、成本、人才、规模等多方面因素的变化和影响，证券公司的利润空间受到佣金率下降和成本上升两方面的挤压，使得这种求全求大的架构难以维系。面对这样的局面，国内的证券公司在业务外包方面有了积极的进展。许多券商外包业务除遍及经纪、投行、研究、资管等多业务链条外，更趋向于将业务外包覆盖到全业务链条上的多个环节。

2. 证券业服务外包的业务类型

(1) 证券业的 ITO。从已有的业务外包案例来看，目前国内证券公司的业务外包仍然以 ITO 即信息技术外包为主。在 2006 年—2007 年的大牛市中，各证券公司因业务需要加大了 IT 系统方面的建设和投入，绝大多数的证券公司投入了几千万乃至上亿的资金进行系统改造，此后，为了防范交易风险，又持续不断地对信息系统进行扩容和升级。以大券商为例，硬件系统日常使用率通常只有 20%～30%，资源空置问题凸显。由于证券行业的监管及业务发展需要，每年不断地有新的业务增加，比如最近几年开展的融资融券业务、非现场开户业务，证券公司必须根据这些新业务的需要上线新的业务系统，使得 IT 的投入不断加大，规模叠加，成本居高不下。所以 IT 外包的先行是现状的需求，也是证券公司的必然选择。

 知识拓展

恒生电子，证券行业应用软件领头羊。

恒生电子股份有限公司成立于 1995 年 3 月，目前是国内著名的基金、证券、银行行业应用软件开发商，是国家规划布局内重点软件企业、国家火炬计划软件产业基地骨干企业。证券业是恒生电子经营的核心行业之一，恒生电子早在 1995 年就开始为中国证券业提供 IT 系统及软件服务。经过 10 多年的大浪淘沙，恒生电子依然坚守在证券 IT 业，并成长为中国证券 IT 业的领导者，是目前国内唯一能够提供证券 IT 业全面解决方案的厂商。目前，恒生电子的产品应用于业界 80 多家券商、1100 多家证券营业部，柜台交易类软件市场占有率超过 46%。其典型案例是创新类券商——华泰证券集中交易系统。华泰证券集中交易系统是国内在单台主机上最大、最具有真正意义的集中交易案例，该交易系统在 2006 年 5 月份的行情中经受住了成交笔数急剧放大的考验，其稳定性得到了充分检验。

(2) 经纪业务：证券咨询。有消息称："某券商经纪业务准备外包"。此消息受到多家券商负责人的质疑：在现有的金融特许牌照背景和市场环境下，经纪业务整体外包几无可能。然而，经纪业务局部外包的摸索早已开始。从 2010 年开始，经纪业务收入排名行业前五的某大型券商便在内部试行投资咨询服务外包。即拥有研究团队、专业能力较高的投资顾问群的少数大型券商营业部将现有的投资咨询服务打包成产品，提供给公司内部其他营业部，并相应收取费用。深圳、上海等地的券商推出此类服务后受到不少营业部的欢迎。对于许多缺少专业投资顾问、投资咨询能力偏弱的营业部来说，拥有公司旗舰营业部专业咨询服务团队的服务产品，无疑有利于拓展客户、提升客户满意度以及增加收入。

(3) 营销外包。证券公司的理财产品销售一般会借助于银行、基金等第三方来进行，并且他们的占比会达到一半左右。

(4) 投资银行：招股说明书。这涉及券商的核心业务。根据《证券时报》的最新调查，有将近 40% 的证券公司将投行部分业务环节外包出去。传统的基础信息收集，以及招股说明书中的发行人基本情况、历史沿革、业务和技术、募集资金运用、未来发展与规划等章节均外包给其他中介机构或第三方机构。另外，甚至有投行将上市辅导、尽职调查等业务流程外包出去。据了解，投资银行业务外包还体现在一些投资银行边缘业务的外包，如财务顾问、新三板和中小私募债的项目延揽等。据一家投行人士透露："企业融资的诉求一直较为旺盛，券商投行的新领域存在诸多业务机会，除了自身的营业网点之外，也会将项目延揽外包给部分有资源的机构，从而拓展业务范围。"

 知识拓展

> 培训外包是对组织内部管理人员、技术人员、业务操作人员甚至于全体员工的技能培训，委托给专业公司来完成。对于没有经验和资源，但又非常重视提高员工素质的企业，培训外包是一个很实用的选择。
>
> 招商证券下属分公司为了提高管理人员的综合素质，年初制定了一个为新招聘的业务部门经理们开设投资战略和风险管理的职业培训课程。在权衡了能力、费用和效果等诸多因素之后，公司决策部门最终决定以外包的形式委托"尚德机构"来全权完成这个项目。后者作为一家经验丰富、专门从事职业培训的教育机构，尚德公司为客户量身设计了一系列紧凑而有针对性的管理课程，包括金融风暴对亚洲的影响、国际战略投资趋势、风险识别与控制等。

(5) 研究业务：研究咨询与培训。现阶段，要想获得较为理想的证券研究成果，投入可不能寒酸。高素质研究人才的薪酬越来越高，卖方明星分析师动辄数百万，优秀研究团队的成本少则数千万，多则上亿，并非每家券商都能承受。人力成本高的券商研究所正为多途径创收绞尽脑汁，据透露，多家大型研究所有意成为其他券商研究所、投资顾问及其他业务的咨询和培训提供商，有偿提供包括研究报告指导、投资咨询产品、投资顾问和投资人才培训等一系列在内的多项服务。比如申银万国、安信证券等券商研究所时常会接到银行、保险、私募等机构的培训邀请。安信证券研究所一位人士表示："券商的优势在股权投资和金融衍生品工具的运用上，券商对优秀同行培训的需求度应该高于银行、信托。如果能合理运用这种资源，最终有益于更多的投资者。"

(6) 资产管理：投资顾问与综合平台。在不久的将来，擅长不同领域的投资人或将通过券商的资产管理平台为投资者提供综合理财服务。券商的资产管理业务开展创新之后，投资范围大幅度扩容，包括房地产、期货、外汇和艺术品在内的投资领域均将被激活。尤其是国债期货等期货品种大规模上市后，各种金融衍生品在券商资产管理业务上将发挥前所未有的作用。在开发多种产品和满足客户多方面需求时，会出现人才不足的窘境，短时间内仅靠自身的力量在新的投资范围内全面开花发展业务几无可能。未来可以通过部分外包来解决。一批券商有意将业务外包给更加熟悉的业务机构。例如期权和期货可以部分外包给期货公司；房地产投资可以部分引入房地产投资机构；银行人员对于融资类业务天生比券商员工更加敏感等。随着金融服务的多样化，今后券商资产管理业务能够提供的服务内容将涵盖财富管理的各个方面。届时券商将借助更多途径实现综合理财的金融蓝图，外包业务将由此更加丰富。

3. 证券业服务外包的发展趋势

从发展趋势来看，我国的证券行业正处在由分散经营、低水平竞争逐渐走向集中的演化阶段。来自行业内外的压力将促进国内证券公司转变经营理念和模式，提高经营水平和能力，提升服务质量和手段，最终形成少数几家具有综合竞争力的大型证券公司，以及在某些细分市场具有竞争优势的中小型证券公司并存的行业格局。证券行业要想做大做强，就得专注于自身的核心业务，而不能"眉毛胡子"一把抓。充当辅助性的后台业务，比如呼叫中心、结算中心势必在不久的将来走向"外包"。伴随信息化的迅速发展，金融后台外包也会出现新的业务，这些业务主要表现为新兴的电子商务业务，如证券销售的电商化，互联网证券交易等。据了解，目前非现场客户占比达到80%以上，所以手机炒股、网络炒股、呼叫中心、短信通知等服务将成为券商服务客户的重要手段，而这些都是业务流程外包的范畴。从目前情况看，呼叫中心几乎每家券商都有，但是真正做到呼叫中心外包的还是比较少。像财务外包、人力资源外包、运营保障等方面更为高端的外包形式，在国内尚没有公开的案例。因此，加强这些方面业务外包研究是当前证券公司提高运营效率、降低成本的重要突破方向。上述服务外包类型中的研究业务和资产管理业务外包属于知识流程外包的范畴，在整个行业内还没有达成足够的共识，仍需要一段时间的市场培育。

总体来看，国外的金融外包以迅雷不及掩耳之势占领着市场，为处于发展初期的国内金融外包产业提供了学习经验。从对外包的需求来看，金融服务外包的内容在逐渐深化，在 ITO 方面市场规模最大，发展速度最快，并且逐步向 BPO 领域延伸，KPO 也将是其未来发展趋势。目前，银行业和保险业的外包市场相对比较成熟，而证券行业的外包服务正处于起步阶段，将是金融服务外包发展的重要领域。

3.3 财务外包

随着国际会计服务咨询业的发展，财务外包得到广泛运用，成为近年来在西方国家发展较快的一种财务管理模式。

3.3.1　财务外包概述

1. 财务外包内涵

财务外包是企业基于有限的资源，将财务管理中的部分或全部流程或事项外包给财务管理专业机构，由代理企业进行操作的一种财务管理模式。简单来说就是企业将财务工作中的一些次要的、非核心业务外包给专业机构代为处理。

企业的财务管理职能分为非核心和核心职能。非核心职能是指简单的核算、记账、报表、税务等操作性的财务工作；核心职能是通过对公司的财务信息进行分析，为公司后期发展提出战略性决策。可以说，财务管理的核心职能是企业的一种核心竞争力。在进行外包的过程中，一般将非核心职能进行外包转移，而核心职能不进行外包。

▶ 经典案例 ◀

背景： 某美资企业，主要经营门窗的生产加工和外销业务，成立于 2002 年。公司财务一直由 6 个专职财务人员负责。公司规模很大，年销售收入 1.2 亿元，但利润很低。经美国总部财务审计，发现公司存在管理混乱、往来账务混乱、内部控制不健全、成本核算不实、纳税申报出错、出口退税延迟导致税金无法挽回等问题。

外包内容及规划： 经过对多家财务公司筛选，公司决定将部分业务进行财务外包。宜久会计师经过对公司业务流程及内部控制制度的了解，制定并实施了以下步骤：

(1) 根据公司业务流程，结合财务管理的特点，重新规划并使用了现代管理软件 ERP 软件，并进行了相关的培训；重新规划了财务工作岗位和职责；重新制定了成本核算流程；使财务管理同企业的业务特点通过 ERP 软件紧密结合。

(2) 重新规划企业内部控制制度，做到授权管理、物资管理、资金管理的及时有效。

(3) 根据企业的财务管理和业务管理的特点，除资金管理、催收账款外的其他财务项目——成本核算、记账报税、往来账款、内部财务监控、税收筹划、出口退税业务全部由宜久财务公司提供服务。

取得的效果：

1. 人员精简，实现了员工保密和财务业务独立性

原来公司财务人员 6 人，按照新的流程规划，财务人员只保留了 2 人，其余业务全部交由宜久财务公司处理，节约了人力成本。同时，因为宜久财务公司员工不隶属于该公司，所以，在各种制度的监控执行和业务的保密性上，更能够保持中立和独立，减少了公司之前的制度不严谨、有制度不执行、信息不通畅等弊端。

2. 专业服务

本次宜久财务公司指派的外包项目小组负责人是具有多年大型生产型财务管理经验的注册税务师，在生产型企业内部控制制度、税收筹划等方面进行了标准设定，为公司提供了标准的专家管理。

3. 外包实现的企业管理增值

本次财务外包规划及培训历经 6 个月，目前执行已经 2 年的时间，为客户创造了直接和间接的经济效益。

直接效益：税收筹划及优惠政策退税 330 万元；成本合理筹划节约流动资金 700 万元；库存管理明晰，盘活资产 520 万元；加强企业往来款账龄分析，盘活资金 1 600 万元；投资分析对比，建议外包加工节约固定资产投资资金 1 000 万元；其他人力资源节约不计。

间接效益：间接创造经济效益 1 500 万元以上。帮助客户实现了通过财务外包加强企业财务管理、节约成本、效益增值的设想。

2. 财务外包的特点

1) 降低企业成本

(1) 首先是降低投资成本。随着现代财务管理的规范化、电算化的发展，企业必须购买相应的财务软硬件，而这些设备设施的购买成本非常昂贵。财务外包后，企业不需要为完成这些财务职能购建相应的软硬件设备，这样可以减少一次性资本投入，节省软件调试费用。

(2) 其次，财务外包使企业避免系统运行所需的日常维护成本和系统的升级成本，不会被财务软件和硬件系统的日常维护工作困扰，从而真正将资源投放在提高企业管理水平及发展企业自身的核心竞争力上来。而且，财务外包可根据实际使用外包服务的情况逐期发生运营费用，从而使企业的运营费用得到均衡。

(3) 最后，财务外包降低了人工成本。企业财务外包避免了维护财务管理应用系统雇佣的 IT 人员和从事外包环节的财务人员的成本，尤其是 IT 人员，其成本往往高于企业整体人员的成本水平。不仅如此，财务外包还可以减少大量的附加成本，包括休假、福利、加班费等。如新加坡航空公司把财务部门的部分财会工作外包给其他公司后，裁退了财务部门和计算机部门的部分员工，财务人工成本节省了约两成。

2) 改善企业管理质量，增强财务透明度

如果让大家都做自己所擅长的事情，那么利益将是最大化的，这一经济学原理是对财务外包提高企业管理能力最好的说明。将财务中的某些流程外包，必然会为管理者节省一些时间，他们可以利用这些时间去关注企业的主营业务，提高管理质量。而且，财务外包打破了财务管理的空间、时间界限，实现财务工作的在线办公，大大提高了工作效率。准确及时的财务信息可以使企业决策更加科学，更为迅速地应对市场的变化。

中国企业赴海外上市，财务信息的问题常遭到海外投资者和监管者的强烈质疑，这已经严重阻碍了中国企业在国际资本市场的融资，影响企业跨国经营战略。财务信息的可靠性和透明度成为投资者更为关注的焦点。实施财务外包有利于解决这一焦点问题，使财务信息更加规范透明：一是承包商专业人员的执业水平和承包商的专业管理能力使会计信息虚假的概率降到最低，从而保证提供的财务信息质量；二是服务商是作为第三方独立存在的，由它们操作的财务信息应该更具可信度，而且服务商一般在业界具有较高的声誉，上市公司通过财务外包产生的信息，监管机构和海外投资者更能认可，能够为企业赢得更好的市场形象；三是随着国内信用体系的建设和完善以及服务商对客户的需求，服务商泄露信息的风险也不会高于企业自行处理财务业务泄露信息的风险。

3) 实现最优资源整合，提升企业竞争力

随着市场经济的发展，在追求价值最大化的驱动下，企业间的竞争也日益增强，促使企业努力提高各方面的比较优势，以便在竞争中获胜。作为一个企业，资金、人员等方面的资源具有一定的限制，提高管理不可能面面俱到、主辅不分。这就使企业不得不将有限的精力专注于自己的核心领域，集中发展和管理核心部门，突出主营业务优势，占据更大的市场份额。财务外包一方面可以突出企业的主业，另一方面可以借用外部机构的专业优势来实现和挖掘外包环节的增值潜力。

财务外包服务提供商的性质决定其掌握着先进的管理理念和技术手段，财务外包不仅使企业获得高质量的服务效果，而且可以使企业的相关人员接触该行业的先进财务管理方法，这对企业人员是一种最直接的培训和技术转移。而且外包服务商还可以给企业提供先进的技术帮助，帮助企业改善管理水平。

4) 更好的管理人力资源

由于财务部门的特殊性，许多岗位不能兼职，只能分设，因此导致一般企业的财务部门人员较多，人员越多，人际关系越复杂，越不利于人事管理。外包后，不仅可以减少大量的相关业务人员，而且也避免了由于员工的工作情绪、伤病事假等带来的工作不连贯，消除了人事经理甚至总经理为管理这些人员花费的时间和精力。

3.3.2　财务外包发展历程

1. 财务外包的发展形式

从发展形式看，财务外包可分为传统的财务外包和现代网络财务外包两种。

传统的财务外包是将企业经营过程中的财务管理活动根据需要分解成总账核算、固定资产管理、工资核算、报表系统、往来账款管理、纳税申报等若干个财务模块，将企业不擅长的或没有优势的部分模块外包给那些在行业里处于领先地位的专业机构，让这些服务机构代为处理执行的财务外包方式。如将财务管理中的资金管理模块外包给金融管理机构，将应收账款模块外包给收账公司。

现代网络财务外包是企业利用提供财务应用服务的网络公司(如 ASP，即应用服务提供商)搭建的网络财务应用平台，通过合同或协议的形式将全部或部分财务系统业务外包给服务商，由服务商通过互联网上的专营网站替代企业执行财务操作流程及财务信息的生产职能，而分析、决策的职能仍由本单位高层财务管理人员执行，同时服务商保证财务信息质量并给予必要的咨询和指导的一种财务外包方式。现代网络财务外包是网络技术普及后传统财务外包发展的高级形式，各项外包财务职能通过网络技术平台形成有机的逻辑联系，这种方式还可以实现整体财务职能的外包，而且效率极高。

从目前情况看，企业的国际财务外包领域逐渐拓展，也已经涉及企业的方方面面，包括进销存业务，比如各类应收、应付管理和库存管理；现金银行业务，包括银行日常业务、现金预测、风险管理、资产负债管理、套期保值、利息分配、信用评级等；会计业务，包括记账、对账、报表编制、会计报告等以及税收和财务分析等相关工作。另一方面，外包业务呈阶梯状上升，逐渐从业务处置型转向决策支持型。也就是外包业务从单纯的强调分割的业务操作，到注重各财务模块的连接，从而为发包方的财务决策提供支持。由于国内财务外包起步比较晚，现在还只是各个模块的分散外包。

2. 财务外包的发展过程

财务外包业务起源于20世纪70年代，其发展过程大致分为三个阶段。

(1) 萌芽阶段：财务外包最早出现在20世纪七八十年代西方一些发达国家。当时财务外包主要是以一些服务领域包含某些财务职能的外包形式存在。回首当时财务外包市场，美国市场发展最为迅速，当时美国财务外包市场涉及的业务包括企业工资管理及发放、票据处理等一系列外包服务。在萌芽阶段，财务外包具有业务类型简单、发展缓慢的特点，企业开展财务外包的动因主要是为了降低企业成本。

(2) 发展阶段：专业的财务外包服务从20世纪90年代才开始真正发展起来，英国石油公司是当时最早实施财务外包的企业。从1991年开始，英国石油公司开始将其下属公司北海油田的绝大部分财务职能交付给埃森哲咨询公司，从数据录入到财务预测都委托给埃森哲咨询公司。从此以后专业财务外包服务迎来了其发展的一大高潮。在这段时间内，国际财务外包服务进入了正式开拓阶段，互联网技术、ERP系统都得到了广泛的应用，这为企业财务外包的发展带来了契机。

(3) 快速发展阶段：从20世纪90年代末至今，网络基础服务的发展核心转为远程跟踪技术和无线技术的变革，应用服务提供商在此背景下诞生并得以发展。通过现代网络财务平台，服务商与企业达成资源与信息的共享，这也大大提高了财务外包服务的效率。在快速发展期，国际财务外包服务得到迅速成长，财务外包服务范围得到迅速扩展。财务外包服务扩展到风险管理与财务分析，财务外包服务对于企业而言已不仅是降低企业成本的重要方式，同时也是促进企业发展的有利工具，是企业战略转变的重要武器。

根据所承接财务外包的业务量，可以把财务外包服务商划分为几个等级，如表3-3所示。第一等级的外包服务商主要集中于美国、法国等国际财务外包公司，其占据整个外包市场71%的份额；第二等级、第三等级的外包供应商发展速度很快，尤其是印度财务外包服务商。

表3-3 国际财务外包服务商等级及地区分布

服务商等级	公司名称及国籍
第一等级	IBM(美国)、Accenture(美国)、ACS(美国)、Cap-gemini(法国)
第二等级	HP(美国)、Infosys BPO(印度)、OPI(美国)、Steria(法国)、TCS(印度)
第三等级	Cognizant(印度)、EXL service(印度)、HCL(印度)、Intelenet(印度)

3.3.3 财务外包的业务类型

在企业的各项管理决策中，财务决策越来越重要，而且财务操作的流程也日趋精细化，从而丰富了财务外包的内容。最初的外包主要是基本数据处理活动，例如应付账款、应收账款、薪金账册管理、银行存款等。经过多年的发展，现在已经扩展到企业决策至关重要的领域，例如管理会计、财务预算等。目前财务外包的内容已经越来越丰富，涵盖了税务外包、职工薪酬外包、财务报告外包、应收账款外包、招待费和差旅费外包等各个方面，主要的财务外包业务类型如图 3-5 所示。

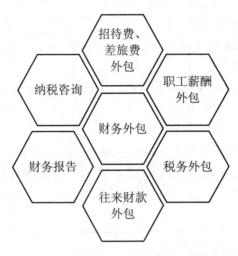

图 3-5　财务外包业务类型

(1) 招待费、差旅费外包。对于企业而言，差旅费和招待费不是小问题，往往占了费用的相当大比例，而且这两种费用的控制比较复杂和繁琐。要想管理好，需要大量的专业人员和十分具体明确的制度。例如，什么级别的员工出差住什么标准的房间，乘坐什么类别和级别的交通工具，什么级别的员工有多大的招待费金额及授权，等等。这些制度均需要详细规定并定期监督检查执行情况，不仅会增加企业管理的复杂性，也会使企业在这些方面上耗费很大精力。因此，将差旅费和招待费外包给专业化的服务商，可以及时反馈费用支出信息，帮助企业监控费用预算执行情况，而且，这些服务商往往与酒店和交通部门采取业务协作的方式，还可以取得较好的价格折扣，降低差旅费和招待费支出。

(2) 职工薪酬外包。薪酬管理一直是企业比较敏感的问题。薪酬制度的制定、政策的有效实施，都关系到每个员工的切身利益。薪酬实行外包，可以很好地解决员工工资保密性问题。员工的工资外包是目前国外最受欢迎的财务外包形式，在美国有五分之一的企业把员工的工资、福利待遇等进行外包。

(3) 税务外包。国内的税务制度十分复杂，合规性要求很高，一旦违规将支付很高的成本，目前国内企业在税务方面对政府依赖性强。企业难以在内部找到足够精通税务的员工，所以国内企业税务外包机会很多。目前国外企业在进行经济交易之前，都以税务优先，需要咨询税务顾问，还经常请税务顾问对公司财务进行健康检查以降低成本。

(4) 往来账款外包。特别是应收账款，应收账款对企业特别是商业流通性企业的财务管理十分重要，如果因管理不善而出现大量拖欠，会给公司造成资金紧张、坏账损失等不良后果，严重的甚至会影响公司的财务基础。应收账款核算、分析及管理需要耗费大量的时间和人力，而且需要的专业化管理能力较高，所以，应收账款外包可以解决公司自身管理能力不足的问题，提高资金运转效率，具有较大的市场前景。

● 经典案例 ●

> **客户：** 美国知名的服装生产商
>
> **业务需求：** 缩短已经接近 80 天的应收款回款期(DSO)。过长的回款期增加了财务成本，对现金流和运营资本都产生了负面影响。
>
> **简柏特的解决方案：** 分析客户的现有流程，提议并实施业务流程改进，缩短了 DSO 周期，优化了现金流。
>
> **商业效益：**
>
> 2003—2010 年 DSO 缩短了 39%(从 79 天缩短到 48 天)；收益稀释降低了 5%；现金流增加了 1080 万美元；利润增加了 110 万美元；2009 年全年的 DSO 减少了 5 天(从 54 天到 48 天)。

 知识拓展

> DSO（Days Sales Outstanding）即销售未清账期，是指一定时期内企业的应收账款的平均回收期，或平均变现期，表示企业从取得应收账款的权利到收回款项、转换为现金所需要的时间。DSO 越小，表示应收账款流通速度越快。

（5）财务报告外包。企业的财务报告是财务信息披露的重要手段，很多监管部门也是通过财务报告及时了解企业的经营情况，而且财务报告内容的真实性、准确性也直接关系到各方利益人。因此，财务报告的编制和财务报告的质量尤为重要，因此，企业可以选择专业服务机构来编制财务报告，有效提高企业财务报告的质量。

● 经典案例 ●

> **发包方：** 中国海洋石油总公司(简称中海油)
>
> **接包方：** 用友软件股份有限公司
>
> **背景介绍：** 成立于 1982 年的中海油，作为一家具有国际竞争力的综合能源公司，主要负责中国海域石油和天然气的合作开采业务。在中海油制定了登陆海内外资本市场战略之后，面临着两大难题：一是如何向国内外 180 多个下属基层机构推行和实施新的财务管理方案，二是如何向海外资本市场投资者提供准确及时的财务报告、审计报告和业务发展预测报告。基于对用友的信任和面向未来的决心，中海油同用友签订了合作开发合同。
>
> **用友提供的服务：** 用友为中海油制订的方案属于主辅货币系统，支持国际化核算，统一集团财务制度，改革报告体系，支持财务分析。采用的系统属于分布式结构，地区内通过局域网络连接，地区外通过卫星网络连接，各地区均设置应用及数据库服务器，通过数据集为集团决策层提供快速准确的信息。
>
> **所取得的成效：** 所提供的系统不但能提供日常查询数据功能，还能保证月底生成财务报表及时送报上级，彻底提高了中海油集团公司的整体财务运营效率。

此外，财务外包内容还包括企业财务预算、财务制度建设等，这些更高层次的业务在国内并不多见。

3.3.4　财务外包发展现状及趋势

当前，全球服务外包市场虽然受到金融危机的冲击，但持续发展的根本趋势没有改变。从中长期看，业务流程外包(BPO)仍将保持较高的发展速度，特别是财务会计外包市场。在 2008 年，虽然受国际金融危机影响，但 FAO(财务与会计外包)市场仍然保持近20%的增长速度，成为全球 BPO 市场的一大亮点。在国际上，财务会计外包已经非常普及，但是我国财务会计外包业务起步较晚，目前开展财务会计外包业务的企业并不十分普遍。外资机构是我国开展财务会计外包业务的先行者，其次是一些大型企业和小企业，呈现出明显的"两头大、中间小"的规律。并且财务外包业务的层次不高，特别是小企业，一般会将会计记账、纳税申报等业务委托专业的会计服务公司，如会计师事务所、会计记账公司、税务师事务所来完成。总而言之，我国的本土企业由于传统的财务观念，对于财务会计外包尚存在一定顾忌。

随着信息技术的发展，服务外包成为世界性趋势，作为服务外包的一种类型，财务外包也将越来越受到全球管理者的重视。中国起步较晚，但发展前景依然十分乐观。

1. 中国外包业务潜力巨大

会计师事务所 KPMG 和 HFS Research 的一项研究表明，2013 年，全球财务和会计业务流程外包服务方面的支出将超过 250 亿美元，至 2017 年，将达到 8%的年复合增长率。随着中国经济与世界经济的融合，国内的财务外包业务也将有很大的发展。国内统计数据显示，虽然全球金融危机导致世界市场低迷，但中国的外包业务却在快速增长。2010年，中国财务外包服务商的收入 59%来自国内买家。国内的财务外包服务行业在积极调整业务，以适应国内买家的需要。国内的国有企业、民营企业、中央及地方政府成为国内财务外包业务的新生客户，市场巨大。

2. 外包的动因将会改变

从财务外包的发展初期乃至现在，公司实行外包都是出于降低成本的考虑，以更低的成本取得更好的服务。如今，有不少具有前瞻性的企业已经不局限于这个目标，外包能够促使公司回顾和再造整个业务流程，使公司执行改革计划，从而提高核心竞争力。成熟的经营者不会仅将外包看作降低商品成本的工具，而是将其视为增强企业活力的方式和进行转变的战略武器。HFS Research 首席执行官 PhilFersht 说："很多企业管理者采用财务业务和会计业务流程外包，仅仅希望能减少成本和缓解风险，这是目光短浅的行为。其实他们同时可以投资更好的技术平台、分析技术，并实施一条创新路线图。他们应该把财务和会计业务流程外包作为一个机遇，为企业的未来投资。"他的意见也表明，为了降低成本而采取的财务外包是比较基础的行为，仅仅是一个战术武器，随着公司的发展，财务外包向更深更高层次发展、延伸，将成为公司的一个战略武器，如果能够把握好这个机遇，公司的核心竞争力会得到显著提升。

3. 外包的运作方式将会改变

目前，公司和外包服务商的关系有传统外包和合作性外包。在传统外包中，服务提供商通过合作提供一系列的服务，通常公司利用外包供应商的标准来使成本最小化，一般不把资产和人员转移给外包提供商。在合作性外包中，企业和外包服务提供商的关系是灵活和合作的，这种关系能提供范围更广的服务。目前是传统外包占主导，少数大型公司会与其他外包服务提供商建立合作关系。

除了这两种运作方式，今后还将会出现第三种外包方式——业务转型外包。这种模式建立在合作性外包的基础上，外包服务提供商和公司建立深度合作关系，成为合作伙伴，通过合作转变业务。两个公司可能共同确定业务外包的范围，甚至以合资企业的形式来管理资金和员工，共同创造公司的业绩。企业将不再满足于外包项目的成功，而是更加关注怎样进一步提高外包绩效，与更加专业的外包提供商进行合作，而不仅仅是接受服务。大的服务提供商拥有可自行支配的相互联系的服务接受网络，能够提供非常全面的服务、全球化的资源和统一的高质量支持。新的外包服务提供方式可以通过一个网络中心为多客户和多行业提供服务。

3.4 国内外金融服务外包发展现状及趋势

20 世纪 90 年代以来，经济金融全球化、一体化进程加快，在全球范围内进行资源优化配置的新一轮国际产业转移迅猛发展。其中，金融服务外包特别是离岸外包以其降低成本、增加收入、提高质量、改进效能等多重优势，成为国际产业转移的重点领域，对金融服务贸易的贡献与日俱增，在金融服务业的地位日趋重要。2011 年，全球服务外包市场规模达到 1.22 万亿美元，其中金融服务外包规模超过 3 000 亿美元，占全球外包总规模的 24.5% 以上。根据前瞻产业研究院的分析，我国金融产业外包市场规模将由 2011 年的 120 亿元增长至 2018 年的 795 亿元，年均复合增长率为 31%。

3.4.1 国外金融服务外包发展特点及趋势

20 世纪 90 年代以来，在金融企业对节约经营成本的需求和网络信息技术的快速发展等因素的驱动下，金融服务外包迅速崛起。金融企业从外包中获得的利益大大提高，金融外包逐渐成为国际服务外包市场的主流，对国际金融业发展提速、效率提升、格局重构等产生广泛而深刻的影响。

1. 国际金融服务外包规模快速增长

20 世纪 90 年代之后，特别是 2000 年以来，全球实施外包的金融机构数量快速增长，实施外包的金融机构数量占金融机构总量的比例从 2003 年的 26%，增长到 2009 年的 80% 以上；全球金融服务外包规模迅速扩大，从 2005 的 1 413 亿美元，增加至 2011 年的超过 3 000 亿美元，年均复合增长率超过 13.4%，超过同期全球服务外包年均复合增长率 5 个百分点；全球金融服务外包地位稳步提升，金融服务外包占全球服务外包规模比重从 2005 年的 22% 升至 2011 年的 24.5% 以上；全球金融服务外包发展潜力巨大。根据

Financial Services Outsourcing(FSO)等机构的研究成果推断，未来较长一段时间，全球金融服务外包市场将以超过 10%的年均增速持续快速增长。

2. 金融服务外包内涵不断深化

金融服务外包的类型主要包括 ITO、BPO 和 KPO，其中，ITO 包括银行的运营系统、网上银行系统、数据备份系统和后台管理系统等；BPO 包括银行开户、账单处理、抵押贷款申请、信用卡申请和发行、ATM 管理、保险理赔和后台业务外包；KPO 以研究和咨询为主，包括金融机构经济金融资料分析、风险分析、投资决策分析、法律和税务顾问等。经过近 30 余年的发展，国际金融服务外包范围迅速扩大，内涵也不断深化，从起步阶段的 ITO 逐步转向 ITO 和 BPO 的并行发展，未来将实现 ITO、BPO 和 KPO 并驾齐驱的格局，呈现从低端业务向更复杂、更核心、更高端业务转变的发展趋势。发包方和接包方之间的关系也日益深化，从简单的雇佣关系转变为战略合作伙伴关系；外包形式从过去的"一对一"外包，转向"一对一"与"一对多"并行的外包。

3. 金融服务外包呈现日趋明显的"离岸化"趋势

在全球化、一体化影响下，越来越多的金融机构选择离岸外包。目前，离岸外包有两种形式：一种是通过与海外不受本国监管的外包供应商签订协议进行外包；另一种是跨国银行直接在海外建立自己的离岸基地(母银行的附属公司)来提供外包服务，从而将利润留在集团内部。有机构预测，未来五年里，美国金融业将有价值 3 560 亿美元、占整个行业成本 15%的业务被离岸外包。目前印度是最大的离岸外包中心，其次是中国、马来西亚和菲律宾等。根据德勤咨询公司和大多数金融咨询机构的研究，2001 年仅有不足 10%的金融机构开展了离岸外包，2004 年这一比例达到 26%，2005 年和 2007 年这一比例分别升至 70%和 75%。金融机构实行离岸外包数量的增加，相对应的金融离岸外包额也在持续增加，从 2005 年的 2 100 亿美元，到 2010 年 4 140 亿美元，五年时间增长了近一倍，增速较快。

4. 金融服务外包领域不断拓展，业务持续创新

在传统外包(如金融机构设施管理外包、打印外包、档案管理外包、信息技术外包、银行 ATM 外包、基金定价与托管外包、保险理赔外包等)继续稳步发展基础上，随着以《巴塞尔协议 III》和欧盟《Solvency II》为代表的银行业和保险业监管新规的实施，增加了对银行业和保险业特别是系统重要性金融机构的偿付能力和资本的要求，加之随着金融全球化日益深化，金融市场不确定性不断加大，金融服务外包无疑成为有效应对这些外包环境变化的重要手段之一。金融服务外包呈现 ITO 持续升级和 BPO、KPO 创新发展趋势，主要体现在以下几个方面：

(1) 云计算在金融行业的使用。云计算是一种依托数据中心，将集中管理的规模化 IT 资源转变为服务，以弹性、按需分配和按使用付费的方式，交付客户使用的管理方式和业务模式。其实质是更加自动化和灵活的外包服务方式，与传统外包模式相比，无论从灵活性、实施周期、成本方面都有着传统外包方式无法比拟的优势，如西班牙银行 BBVA 将金融云服务外包给了谷歌。2011 年 4 月，基金管理和主经纪服务提供商 Conifer Securities 公

司将基于云计算的软件开发业务外包给 InvestCloud。银行、保险公司、投资银行、经纪商、资产管理公司等在未来将通过金融云予以实现订单管理系统、投资组合管理系统、风险管理系统等更为复杂的应用程序。

◆ 经典案例 ◆

澳洲银行与金融云

发包方: 澳洲第二大商业银行西太银行(Westpac Banking Group),全世界品牌排名第44位,品牌评级(A+)高于花旗银行(A)。

背景: 西太银行于 2002 年收购 BT Financial Service Group 公司,于 2008 年初收购南澳银行(BANKSA)和 RAMS 住房贷款公司,2008 年 12 月收购澳洲第五大商业银行——圣乔治银行(St George Bank),并曾规划在 2011 年 8 月重新启动墨尔本银行(Bank of Melbourne)(1997 年被西太银行收购并关闭)。

一系列密集的大规模收购、并购和扩张行为,不仅仅给西太银行带来了业务数量、资产规模和客户数量的增加,更带来了不同的企业文化整合、业务整合、IT 系统整合等管理层面的巨大挑战。如何在短时间内,采用高性价比的方式整合各方资源、提高有效沟通成为银行管理层需要解决的当务之急。电子邮件和工作协同系统高效稳定的运作成为银行业务正常运行的重要保障之一。西太银行原有电子邮件系统为 IBM 的 Lotus Notes,圣乔治银行为 Novell 的 Groupwise,BT Financial Service Group 公司则使用微软的 Exchange。这三个系统分别由不同的部门管理,而这些不同厂商提供的系统兼容性差,导致电子邮件传输效率低下,跨系统工作协同也难以实现,电子文档管理混乱,跨邮件系统会议预定支持很差,邮件延误、丢失情况时有发生。2009 年该银行每股收益率下降 39.17%,现金收益率下降 7.37%,而且由此引发的业务延误和竞争力下降造成的损失更是难以估算。面对这些棘手、严峻的问题,西太银行高层管理者意识到,如果把现有邮件系统更换成统一版本将会导致巨额的成本投入和较长的系统整合调试期;而采用服务外包模式,利用云计算技术来进行集中化的管理,既可以解决现有的分散邮件系统难以整合的问题,又能以较低成本在很短的时间内实现向使用新邮件和协同服务的迁移。

外包项目简介: 根据西太银行的需求,承包方富士通澳洲公司提供的云计算 SaaS,实现了在专属的网络基础设施和专属服务器及存储设施基础上,为西太银行及各下属金融机构的 40 000 用户提供统一电子邮件和协同服务,电子邮件服务规模达 52 000 个电子信箱,资费按照实际使用量计算。双方签署的协议从 2011 年 5 月生效,到 2015 年 11 月期满。

取得的收益: 此次西太银行运用云计算的方式合并内部邮件和协同系统,以较低的成本、较高的效率为解决困扰业务多年的邮件和协同系统兼容性问题提供了一劳永逸的方案,同时提升了内部管理水平。

西太银行采用云计算的模式,为将来进行更大规模的扩张和并购、或者出售下属公司来缩减公司规模,均奠定了前瞻性的基础。西太银行充分利用云计算的实时扩展性和快速部署的特点，既达到了减少 IT 成本投入、减低 IT 系统能耗、提升资源利用率的目的，又能实现在业务上进可攻、退可守，随经济周期和市场变化灵活配置资源的战略发展意图。

(2) 移动支付外包业务迅速扩张，伴随以手机支付为代表的移动支付迅猛扩张，银行移动支付设备的应用以及数字钱包等服务外包规模也快速提高，据调查显示，美国排名前 25 位的银行中 23 家开展了移动支付业务，加拿大、英国、日本、韩国和中国等都在积极尝试。

 知识拓展

　　数字钱包是 VISA 移动支付战略之一，是指用户有一个账户，可以将自己的所有信用卡号码添加其中，无论是美国运通还是万事达卡，都可以通过这个账户进行支付并累积增值服务，实现无缝的一键支付服务。目前 VISA 已与多家金融机构合作为客户提供该项服务。

(3) 银行业务系统整合外包需求增大。鉴于银行客户对移动设备、网络设备、银行网点、客服中心和 ATM 等存在多方面需求，欧美等大型银行因此产生了全新的业务系统整合要求，并对产品开发和定价流程优化有了新的要求，外包需求与日俱增。其典型代表是 2012 年 4 月，埃森哲推出的两款全新的银行专用软件产品——"埃森哲多渠道平台"和"埃森哲产品及费用工厂"，用于帮助银行快速而有效地整合包括移动渠道、网点及网上银行在内的各类客户渠道，同时优化产品开发和定价流程。埃森哲的核心银行业服务属于埃森哲金融服务部门，已成功帮助全球 200 多家金融机构设计并实施了核心银行业系统。

 知识拓展

　　"埃森哲多渠道平台" 是一款全新的软件解决方案，能帮助银行快速整合其客户渠道，而所需的 IT 开发与基础设施成本则较低。其设计重点在于帮助银行满足客户对高度整合的银行服务不断增长的需求。这种整合服务既可通过网上方式和移动设备获得，也可通过支行网点、客户服务中心和自动提款机等渠道来实现。这一全新平台基于开放式标准和组件化技术开发，能够轻松地整合前台和后台系统。软件提供了许多现成的银行业功能，例如数字签名、文件管理及安全防护等。

　　"埃森哲产品及费用工厂"利用 Java 技术，为银行产品经理提供了一个中央管理平台，使他们更迅速有效地创建新产品并为其定价，然后推向市场，同时开发定制化的捆绑式产品和服务。该软件可使银行迅速推出全新的和个人化的服务，并使定价更为灵活，从而帮助银行在增加收入的同时，更加体现出以客户为中心的理念。

(4) 保险外包快速发展。近年来保险公司为了提升核心竞争力，越来越多地将呼叫中心、后台处理和资产管理业务外包。如 2011 年巴黎银行将其法国寿险保单管理、呼叫中心及运营管理外包给了埃森哲，外包合同长达 8 年。虽然目前仅有10%的亚洲保险公司将资产管理业务外包给其他的资产管理公司，但这一趋势正在提高，发展速度已经超过欧美国家保险资产管理外包增速。此外，除了保险公司，亚洲国家养老基金也在加紧将基金投资管理业务外包，如韩国国家养老金外包给第三方资产管理机构的资金就达到 240 亿美元。

3.4.2 中国金融服务外包发展现状及趋势

1. 我国金融服务外包业仍处于初级阶段

我国金融服务外包仍处于初级发展阶段，主要体现在以下几个方面：

(1) 我国金融服务外包监管等配套政策出台时间较短，尚不完善。我国金融服务外包始于 20 世纪 90 年代的 IT 外包，但直到 2004 年，中国银监会才针对银行业的外包陆续出台了一些与银行业务有关的监管措施，保险业和证券业尚未出台相关的规定和指引。

(2) 包括金融服务外包在内的服务外包业规模较小。截至 2010 年，印度外包产业占全球市场份额为 43.7%，而我国占 28%左右的份额。2013 财年(2012 年 4 月 1 日—2013 年 3 月 31 日)，印度离岸服务外包规模为 758 亿美元，高于我国的 421.6 亿美元，是我国的 1.8 倍。目前印度独揽全球 80%的金融离岸外包业务。

(3) 服务外包企业发展仍处于初级阶段。从接包方服务水平的角度出发，可以划分为三个阶段，第一阶段是以发包方提供较低成本的人力资源和基础设施等为竞争力；第二阶段是以流程再造和行业经验为竞争力；第三阶段是以知识产权为竞争力，这代表着服务外包企业提供的最高服务水平，这类企业具备较强的行业背景，具备提供咨询服务的能力。从发包方角度出发也可划分为三个阶段，即与国外分类方式一致的 ITO、BPO 和 KPO，三个阶段越向上，附加值越高。目前大多数金融服务外包企业和发包方业务仍处于第一阶段，仍以 ITO 为主，业务流程外包也是处于较低的数据处理、单据审核等阶段，具体如表 3-4 所示。

表 3-4 我国金融机构外包案例

发 包 方	接 包 方	外 包 项 目	外包分类	时间/年
深圳发展银行	万国数据	灾难备份		2001
国家开发银行	惠普HP	战略性整体 IT 外包服务，包括现场支持、一站式热线电话服务、设备采购与管理、新技术咨询、应用系统开发等。防计算机病毒管理服务、服务器外包服务、总行机房 7×24 小时值班服务、关键系统监控平台服务、桌面系统软件管理服务及防垃圾邮件系统建设等	ITO	2002—2009

续表

发 包 方	接 包 方	外包项目	外包分类	时间/年
光大银行	联想、美国第一咨询公司	核心业务和管理会计系统、信用卡系统	BPO	2003—2004
齐鲁银行	神州数码	核心银行业务系统		2009
北京银行	神州数码	软件开发和运营等 IT 业务		2007
交通银行	中国联通	3G 版手机银行服务		2009—2010
中国银行信用卡部	北京天马信息网络公司	信用卡销售及相关工作	BPO	1997
中国农业银行	西联公司	国际汇款业务		2003
平安保险集团	华道数据	新契约投保数据处理		2005
中国建设银行	华道数据	数据加工		2006
海康人寿	华道数据	后台单证数据处理		2009
中信银行和广发银行	金融联	呼叫中心		2009
中国建设银行	中盈蓝海	数据加工处理		2013

金融企业前后台业务分离、选择合适的区位外移甚至离岸外包，以降低成本、集中核心优势、获取新技术、提高服务质量、增加企业运营的灵活性已经成为国际金融企业广泛采用的运作模式。

 知识拓展

所谓金融后台业务，是指与金融机构直接经营活动（前台业务）相对分离，并为前台业务提供服务和支撑的功能模块和业务部门，如数据中心、清算中心、银行卡中心、研发中心、呼叫中心、灾备中心、培训中心等。金融机构基于现代信息技术对金融业务流程的再造，实现了金融前、后台业务在时间和空间上的逐步分离，将票据支付和清算、金融资产管理、数据分析和处理、灾难备份、人力资源培训和管理、客户服务、定损理赔、产品研发等业务环节或流程，交由本集团内专业子公司或外部专业机构去实施集中统一处理。这种全新的营运模式是现代金融机构精细化、集约化、专业化管理的集中体现，它有利于金融机构构建新型的业务组织体系，把自身的优势资源和管理能力集中在核心业务领域，以提升其核心竞争能力。

乘此之势，中国金融机构也开始了前后台业务分离的步伐，但总体来说，与发达国家相比，我国金融后台服务市场还处于初级发展阶段，具有以下特点：从后台业务提供方式看，呼叫中心、数据中心等以金融机构自建为主，完全外包的几乎没有，仅有其中部分流程外包，如信用卡、保险公司的理赔、营销等部分流程。从后台业务层次分布来看，中国本土金融机构前后台业务分离仍处于初期阶段，只有一部分建立了一些自身的后台服务中心，比如 2011 年 9 月 4 日，招商银行后台服务中心在成都高新区开工，总投资 40 亿元，主要包括信用卡中心、会计后台、数据中心等功能于一身的综合客户服务机构，为招行全国零售业务及会计流程改造提供后台支持。从金融后台服务产业结构来看，主要是银行业金融机构后台服务为主，保险、证券等后台业务发展相对滞后。

2. 我国金融服务外包业增长迅速，潜力大

随着国际产业转移加快，发达国家和国内金融离岸外包需求增加，我国服务外包业步入快速发展轨道。从我国服务外包业务规模来看，2016 年 1 月至 12 月，我国承接国际离岸外包金额从 2008 年的 46.9 亿美元增长到 2016 年的 704.1 亿美元，份额由 7.7% 跃升至 30%，成为全球第二大接包国。其中金融服务外包增长十分迅猛，增长速度远高于全球水平。国内信息技术外包的平均增长率在 13% 左右，业务流程外包的平均增长率在 18% 左右。而全球信息技术外包和业务流程外包的平均增长率仅为 5% 左右。尤其是国内业务流程外包的增长率要远高于世界平均水平，并且高于信息技术外包的增长水平，越来越成为金融服务外包的重点。

从我国大型金融服务外包企业营业收入的变化看，以金融服务外包为主的几家外包企业，近年来正处于快速扩张期，年均增速都在 100% 左右。

从我国大型金融服务外包企业人员规模的变化看，也呈现出快速扩张的态势。以金融服务外包为主业的外包公司中，华道数据 10 年时间人员快速扩张到 2 500 人，2010 年增加到 1 万人；炎兴科技 3 年时间人员增至 1 000 人；华拓数码 7 年时间人员扩充到近 1 000 人，未来两年将增至 2 000 人，未来 5 年将增至 5 000 人；软通动力 7 年时间增至 4 500 余人；神州数码不到 10 年时间，员工达到近万人。

从我国大型金融服务外包企业分支机构数量和地域分布变化看，无论是以金融服务外包为主业的公司，还是兼营金融服务外包的企业；无论是以在岸外包为主的外包公司，还是以离岸外包为主的外包公司，虽然设立时间普遍不到 10 年，但网点铺设速度很快，不仅在国内重点城市广泛布点，而且在发包方最集中的欧美和日韩等国设立了分支机构或办事处。如华拓数码、东南融通、文思海辉、软通动力等，在国内的沿海发达城市和美国、加拿大、澳大利亚和日本等都设有分支机构。

从典型城市金融服务外包发展看，以深圳为例，2010 年深圳有金融服务外包企业 205 家，实现产值 28.42 亿美元，同比增长 105%；承接金融服务外包合同金额 23.68 亿美元，同比增长 140%。预计 2020 年，深圳在岸金融外包业务市场规模将达到 300 亿元，离岸金融外包业务将超过 20 亿美元。

3. 我国金融服务外包市场以在岸为主，离岸为辅

目前国内金融服务提供商的服务对象主要是国内客户，这与印度外包市场高度依赖海外市场的发展模式完全不同。2010 年，我国在岸金融业务流程外包市场与离岸外包市场规模比例为 10:1，国内金融业 IT 外包合同的 86% 是本地的发包商。在前 20 家国内金融服务提供商中，只有六七家公司以离岸外包为主，其余绝大部分主要承接国内金融机构后台业务。海外跨国金融机构和国际大型服务外包提供商在中国设立的外包机构和基地中，在完成本机构分派的分包业务的同时，大量承揽中国金融机构外包订单。总体来说，我国金融服务外包仍以在岸外包为主。目前，我国金融外包支出约占金融业运营总支出的

0.53%，而美国为 1.86%，因此，在岸金融外包还有很大的市场空间。随着国内金融机构越来越关注核心业务的创新发展和经营效益的提升，逐步尝试将业务进行外包。

离岸市场逐步开拓。随着我国金融业对外开放步伐加快，跨国公司金融机构转移速度也在加快。根据德勤 2007 年的研究报告显示，2001 年仅有不到 10%的大型金融机构采用离岸外包形式，到了 2007 年大约三分之一的跨国金融机构在中国拥有后台处理中心。随着我国金融业对外开放步伐的加快，跨国金融机构也越来越多地选择中国的金融服务外包公司。

国内金融服务提供商通过海外设点和加大并购力度，承接海外金融外包的能力不断提升：

(1) 实力较强的本土外包提供商实施"走出去"战略，在欧美等国家设立研发、市场营销和服务机构，如华拓数码、东南融通等金融服务外包提供商，在美国、加拿大、中国香港等地设立了分公司，以便更贴近发包市场，更好地开拓外包业务。

(2) 本地外包服务提供商广泛开展并购，迅速做大做强，并购对象不仅包括国内企业，还包括日本、美国和欧洲企业。如东南融通收购了在美国纳斯达克上市的 S1 公司的中国业务；浙大网新收购了 20 余家公司。通过并购，我国承接的服务外包份额得到显著提升。

(3) 我国制造型企业如华为、联想等，也已经开始涉足服务外包领域，极大地增强了我国承接国际服务外包的竞争实力和发展潜能。

未来时期，我国金融服务外包离岸业务规模将逐渐扩大。从承接离岸金融服务外包区域分布看，我国金融服务离岸发包市场主要集中于日本、北美、西欧等发达国家，日本和美国是我国的两大离岸市场，目前日本离岸业务的 80%左右是中国企业承接的。国内较具有代表性的服务外包企业中，软通动力日韩业务占 65%，欧美业务占 35%；东软集团对日外包业务占90%，欧美业务占10%。

4. 我国金融服务外包发展从区域上看，多集中于一线城市

从我国承接金融服务外包区域布局看，主要集中在北京、上海和大连等一线城市，地域集中度较高。以软件外包市场为例，这三个城市的业务规模占国内外包市场的 50%以上。但自 2007 年以来，随着国内一线城市服务成本的不断提升，外包服务商正向其他城市进行梯次转移，金融服务外包区域正在由一线中心城市为主，转向一线、二线城市互补互促的新格局。

目前，我国多个城市围绕金融中心的定位展开了激烈的竞争，具体如表 3-5 所示。

表 3-5　国内重要城市的金融发展规划

城市	建设金融中心规划
北京	"一主一副三新四后台"的金融业空间布局规划："一主"是以金融街作为首都金融产业发展的主中心，主要发展总部金融。"一副"是以 CBD 作为金融发展的副中心，主要发展国际金融。"三新"是以海淀中关村西区作为科技金融功能区，主要发展科技金融；以东二环交通商务区为承载，主要发展产业金融功能；以丽泽金融商务区为承载主要发展新兴金融功能。"四后台"是构造四个金融后台服务区，主要是海淀的稻香湖金融服务区、朝阳金盏金融服务区、通州新城金融服务区，还有西城德胜金融服务区

续表

城市	建设金融中心规划
上海	"远东龙头，引领国际金融"：上海国际金融中心建设正式成为国家战略。"十二五"期间，上海要建成"八个中心和一个聚集地"，即逐步形成人民币跨境投融资中心、人民币产品基准价格形成中心、大宗商品定价中心、金融资讯服务中心、人民币产品创新中心、人民币资产管理中心、航运贸易金融服务中心和人民币跨境支付清算中心以及逐步形成国际金融人才聚集地
天津	"两心、五区、一后台"的金融业布局结构：两个金融中心区为中心城区 CBD 和于家堡金融商务区，五个金融集聚区为友谊路金融服务区、开发区金融服务区、东疆保税港金融服务区、中新生态城金融服务区和空港金融服务区，一个后台基地为滨海高新区后台营运基地
大连	"金融新贵，辐射东北亚"：建设成各类金融机构云集、资金流量巨大、交易活跃的现代金融城，并成为辐射朝鲜、韩国、日本等国的东北亚区域性金融中心
深圳	"借力香港，领军珠三角"：以福田中心区为主中心，以罗湖、南山为副中心，以平湖为后台金融服务基地的产业布局
杭州	"盘踞长三角南翼，服务民营经济"：将重点发展境内外各类金融法人机构、各类大型金融机构省级分支机构、地区总部、上市公司总部、各类投资机构总部、区域产权交易中心以及会计师事务所、律师事务所、信用评级等高端中介服务机构总部，力争成为国际知名的金融后台交付中心
西安	"西北翘楚，贯通亚欧大陆桥"：建设金融大都市，西部重要的金融产业聚集区，率先打造数据灾备中心基地
成都	"西部一流、具有全国影响力"的金融服务外包基地：重点发展金融软件外包、金融产品研发外包、金融数据处理与灾备外包、银行卡业务外包、财会核算外包等服务领域，提升成都金融服务外包质量，大力培育本土金融服务外包企业，成为国际离岸金融服务外包总承接商和对内金融服务外包总发包商

目前，我国已经形成了特点鲜明、各具优势的四类外包城市。第一类是外包战略中心城市，包括北京、上海和广东等，以金融服务中心、高端咨询和研究为主。第二类是生产工厂型城市，包括天津、杭州、南京，由于它们同上海或北京相邻，主要承担基础框架生产的工作，成为国内外包产业的生产工厂。第三类是具有国际地缘优势的外包业务中心，包括大连、深圳。第四类是成本优势外包中心，包括西安、武汉、济南、成都等，主要以二线城市为主。

5. 金融服务外包创新步伐加快

随着互联网和信息技术的发展，金融企业不断进行业务创新，也带动了金融服务外包行业的创新发展。

1990 年下半年以来我国金融服务外包发展较快，且外包项目不断创新，彰显了其良好的市场前景。20 世纪 90 年代末至 2005 年，在国内金融竞争加剧和客户需求结构提升等多重因素推动下，国内金融机构信息化不断加快，越来越多的金融机构选择信息技术外包模式。这时期的外包被各大金融机构视作降低成本的有效手段。2005～2010 年，我国金融服务外包以灾备中心和金融后台运营中心建设为主，在国内创造了金融服务外包中多个第一，如第一座银行外包灾备中心、第一个 IT 整体或战略性外包交易、第一次信用卡全程外包合作。这一时期外包不仅被金融机构视作降低成本的手段，更是被作为提高运营效率、改进业务流程的重要依托。大部分以金融服务外包为主业的外包提供商营业收入年均增速超过 100%，并且随着经验的积累，服务能力得到大幅提高。例如中讯软件公司长期承接日本大和证券公司等大型金融机构核心系统开发外包业务，由最初的简单编码扩展到需求分析、概要设计和系统维护，并形成了面向银行、证券和保险的行业性解决方案。

2010 年之后，金融外包创新力度进一步加大，云计算、大数据等新技术在金融领域的广泛应用，既创造着大量的服务需求，又带来了技术模式和交付模式的新变革，推动金融服务外包产业的战略调整，金融服务外包面临前所未有的发展机遇。五年前，依靠传统经验提供服务的占比在 70% 以上，而目前利用数字化、智能化、网络化提供服务的占 70% 以上。据统计，中国大数据 IT 应用投资规模目前以五大行业最高，其中以互联网行业为首，占大数据 IT 应用投资规模的 28.9%；其次是电信领域，占比为 19.9%；第三为金融领域，占比为 17.5%；政府和医疗分别为第四和第五。根据国际知名咨询公司麦肯锡的报告显示：在大数据应用综合价值潜力方面，信息技术、金融保险、政府及批发贸易四大行业潜力最高。

对我国金融行业大数据应用分布来说，银行业占到 40% 以上的份额，证券和保险分列第二和第三位。国内不少银行开始尝试通过大数据来驱动业务运营，如中信银行信用卡中心使用大数据实现了实时营销，招商银行则利用大数据发展小微贷款。总的来说银行大数据应用可以分为四大方面，如图 3-6 所示。

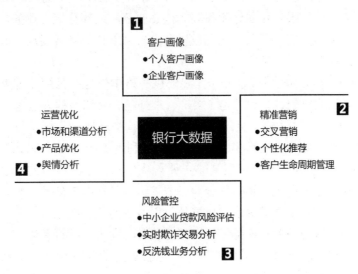

图 3-6　银行大数据应用领域

以精准营销为例，在银行利用自身业务所采取到的数据，以及整合更多外部数据之后，就可以有效地对客户开展精准营销。包括：

(1) 实时营销。实时营销就是根据客户的实时状态进行营销，比如客户当时所在地、客户最近一次消费等信息来有针对性地进行营销(某客户采用信用卡采购孕妇产品，可以通过建模推测怀孕的概率并推荐孕妇类喜欢的业务)；或者将改变生活状态的事件(换工作、改变婚姻状况等)视为营销机会。

(2) 交叉营销。即不同业务或产品的交叉推荐，如招商银行可以根据客户交易记录的分析，有效地识别小微企业客户，然后用远程银行来实施交叉销售。

(3) 个性化推荐。银行可以根据客户的喜好进行服务或者银行产品个性化推荐，如根据客户的年龄、资产规模、理财偏好等，对客户进行精准定位，分析出其潜在的金融服务需求，进而进行有针对性的营销推广。

(4) 客户生命周期管理。客户生命周期管理包括新客户获取、客户防流失和客户赢回等。如招商银行通过构建客户流失预警模型，对流失率等级前20%的客户发售高收益理财产品予以挽留，使得金卡和金葵花客户流失率分别降低了15个百分点和7个百分点。

相比互联网行业，金融行业对大数据的应用稍晚一些，其应用深度和广度还有很大的扩展空间。金融行业的大数据应用依然有很多障碍需要克服，比如银行内各业务的数据相互孤立现象严重、银行外部资源整合相对缺乏等问题。但是，金融行业尤其是银行的中高层对大数据的渴望和重视度非常高，相信在未来的两三年内，在互联网和移动互联网的驱动下，金融行业的大数据应用将迎来突破性的发展。

本 章 小 结

1. 金融服务外包的定义为：银行、保险、证券等金融机构，为集中核心业务、降低成本，把 IT 服务、后台服务和业务流程等非核心业务，或部分核心业务，委托给本机构以外的第三方或公司集团内部子公司来完成以前由自身承担的业务活动，或由服务商进一步转移给另一服务商。

2. 金融服务外包按照地域可以分为在岸外包和离岸外包；按照业务类型可以分为信息技术外包、业务流程外包、营销外包、资产管理外包和知识流程外包等。

3. 银行业务外包可以这样定义：银行在持续经营的基础上，根据协商的标准、成本等，以合约的方式把原先由自身承担的业务(或事务)利用供应商(银行以外的实体或银行的附属实体)来完成，以实现自身持续发展的一种利益互动、分工协作的战略管理方法。总之，商业银行外包是指商业银行将其部分业务委托给外部机构来处理，以降低管理和经营成本，提高经营效率和竞争力的做法。根据外包所涉及的业务在银行运营中的地位，外包业务可以分为三类。国内外银行业务外包均有由低端向高端发展的趋势。

4. 保险业务外包是指保险机构持续利用外包服务提供商(集团内的附属实体或集团以外的实体)来完成以前由自身承担的业务活动。保险业务外包有六大发展动因：包括金融混业经营的需要、国际化、业务转型、金融创新、监管方面的转型以及市场竞争等因素驱动。从业务类型上大致可以分为保险业 ITO 和 BPO。未来发展趋势是以 ITO 为主导，

BPO 和 KPO 齐头并进。

5. 证券业外包的业务类型大致可以分为证券业的 ITO、经纪业务、营销外包、投行的部分业务等，未来发展朝着研究业务、资产管理业务更高层次发展。目前发展态势为呼叫中心等业务流程外包潜力巨大，知识流程外包还需要市场的逐渐培育。

6. 财务外包是近年来在西方国家发展较快的一种财务管理模式，是企业将财务管理过程中的某些事项或流程外包给外部专业机构代为操作和执行的一种财务战略管理模式。财务外包具有降低企业成本、增强企业财务透明度、实现资源整合、有助于人力资源管理等特点。业务类型包含税务外包、财务报告外包等内容。

7. 国外金融服务外包发展呈现出外包规模快速增长、外包内涵不断深化、业务呈现"离岸化"趋势、业务持续创新的发展特点和趋势。

8. 我国金融服务外包产业仍处于初级阶段，但未来发展潜力巨大。市场结构呈现以在岸为主，离岸为辅的特点。从发展区域上看，多集中于北京、上海、广州等一线城市，业务创新步伐加快，前景广阔。

本 章 练 习

一、简答题

1. 简述金融服务外包的定义及业务分类。

2. 简述银行业服务外包的业务种类及发展现状。

3. 简述保险业发展动因及未来发展趋势。

4. 简述财务外包的特点。

二、论述题

1. 论述证券业服务外包的发展现状及未来趋势。

2. 论述财务外包的发展趋势。

3. 试分析国内外金融服务外包的发展现状及未来趋势。

三、案例分析：证券公司 IT 外包的迷茫

自上个世纪 90 年代中期以来，国内的证券公司就在尝试一条 IT 项目建设过程的全委托开发之路。但由于证券行业过去的业务内容相对固定，变化不大，在证券公司实现了交易通道信息化之后，难以再体现对信息应用系统改造和创新的需求，再加上价格、需求和成本的压力，整个证券行业逐渐摒弃了自主建设的商业运行模式。不久，IT 服务商成为证券行业建设信息应用系统的第一也是唯一的供应商。

实行"全包"以后，99%以上的中国证券 IT 部门不再配备软件开发人员，IT 项目外包成为唯一的模式。券商要做的主要是召集 IT 服务商，评定谁的方案好，监督项目的实施过程。项目完成之后，通常只能和 IT 服务商共享知识产权，很多情况下甚至没有知识产权。

事实证明，这种做法使证券公司不得不吞下自己酿造的"苦酒"。在过去几年中，由于许多大型项目半途而废，证券公司逐渐感受到单一的 IT 外包模式在时间、效率、价格、需求和技术能力上都对信息化发展有所限制。例如联合证券为了寻找符合公司业务需

求的客户服务中心产品，花了一年多时间。但如果采用自主建设的方式，这样的系统应该不需要一年的时间，且自主建设的系统一定会与业务部门的要求贴得更近，更能体现公司的核心竞争力。

在中国的证券行业里，很难找到一个在合同约定期内完成的 IT 外包项目。证券公司经常在项目启动后才发现，IT 承包商显示出的能力与要求的相距甚远。此外，IT 服务商和跨国公司都在向证券公司兜售一些不实用的产品。中国的证券行业尝到了依靠单一 IT 外包模式的苦果，券商逐渐意识到了其中潜在的综合性浪费。

问题：证券行业实施 IT 外包时要注意哪些问题？对于证券行业 IT 外包的迷茫有哪些措施可以解决？

第4章 国际服务外包的发展

本章目标

- 了解服务外包国际市场的发展状况
- 理解国际服务外包的发展动因
- 掌握服务外包业务发包方市场的模式与发展趋势
- 了解服务外包业务承包方市场的现状及发展优势
- 通过分析相关案例加深对服务外包国际市场的认识

重点难点

重点：
1. 服务外包加速发展的动因分析
2. 服务外包市场的结构分析：全球 ITO 市场和全球 BPO 市场
3. 服务外包主要发包方市场的模式与发展趋势
4. 服务外包主要承包方市场的现状及发展优势

难点：
1. 主要发包方市场的发展模式
2. 印度发展服务外包所具有的优势
3. 国际服务外包兴起给中国企业带来的机遇和挑战

案例导入

同"中国制造"对于中国的意义一样,"印度外包"不仅是印度在国际市场上响当当的一块招牌,还是印度经济的支柱产业之一。近年来,印度在全球外包市场上一直占据领先地位,是承接离岸服务外包规模最大的国家。在 2010 至 2012 年,印度服务外包业产业总值达 880 亿美元,占印度国民生产总值的 6.4%。

塔塔咨询服务公司是印度商业巨头塔塔集团的下属公司,是印度规模最大的服务外包企业之一。进入该公司总部之后的第一印象就是巨大的办公室和忙碌的年轻白领们。塔塔信息资源人力资源部的主管对记者表示,对于服务外包业来说,人力资源优势是保证企业竞争力的根本因素之一。印度的英语教育体系培养出来的大量优秀毕业生是各个服务外包企业赖以成功的基础,而相对低价的人力成本则是印度外包企业竞争力所在。

除了人力优势以外,印度外包企业起步较早,多年的经营使他们拥有一套完整的规范化流程。记者在塔塔咨询公司的财务外包工作区看到,从企业财务数据的采集与整理,到银行信息系统的对接,再到运行情况分析,各个部门各就其位又彼此相连,显然是有一套熟练的流程管理机制。可以说,多年的业界经历把服务企业的各个工作流程打造成像工厂的流水线一样,可以在一个高速、规范的环境下不断运转。

塔塔搭建的全球服务中心、地区服务中心和近岸服务中心三级全球交叉服务网络,也很好地解决了来自全球各个国家与地区的客户的差异化需求。印度的英语环境与国际商务世界的无障碍对接、印度在知识产权保护等法律法规上的完善性都是印度服务外包产业得以立足世界的众多因素之一。

目前塔塔咨询服务公司在我国的北京、杭州、南京、天津和深圳设有五个服务中心,有超过 1100 名员工,为来自美国、欧洲、英国、日本、韩国、新加坡等多地的客户提供支持,其中杭州是公司的全球客户支持中心。谈到为何向中国进行业务转移时,相关的负责人表示说,第一是由于中国经济的飞速发展,公司所服务的跨国企业纷纷进入中国,他们也必须跟着客户进入中国;第二则是由于中国本身的外包产业也在蓬勃发展,丰富的人力资源和极具竞争力的人力成本对于发展外包业非常有利。

资料来源:http://gb.cri.cn/27824/2011/06/10/5190s3273486.htm.

4.1 国际服务外包市场发展状况

服务外包越来越成为世界各国关注的焦点,随着世界范围内新一轮产业结构的调整和贸易自由化进程的继续推进,服务业和服务贸易在各经济中的地位不断上升,服务外包行业也正步入快速发展的轨道。

4.1.1 国际服务外包的内涵

1. 国际服务外包的定义

服务外包起源于制造业,根据联合国贸易和发展会议发布的《2004 年世界投资报告》显示，外包已经转向服务业，即国际服务外包。对于国际服务外包，有的学者称之为服务加工贸易，但是只是将服务外包视作国际贸易的一种形式，不足以反映服务外包带给整个世界的冲击，服务外包的发展更被视为由于信息技术的发展，经济全球化条件下企业生产方式和组织方式的一种根本性转变，这一转变与服务外包国际市场是密不可分的。本书对国际服务外包的定义为：企业将本来由自身执行的非核心服务生产职能，通过建立可控制的离岸中心或国外分公司，借助信息通信网络，通过合同方式发包、分包或转包给本企业之外的服务提供者，以提高自身资源配置效率的一种经济活动。

2．国际服务外包的发展阶段

世界发达国家或地区的经济在经历了 20 世纪 50 至 60 年代的战后恢复以及 70 至 80 年代的快速发展后，为了加快国内产业结构的调整和优化升级，巩固并维持其在全球市场的竞争力，开始将国内已经处于或即将陷入比较劣势的产业，向其他发达国家或地区，尤其是向发展中国家或地区转移，这是产业转移的初级阶段。随着经济的发展和信息技术的进步，国际产业转移结构向高度化和知识化方向发展的趋势明显加强。进入 20 世纪 90 年代以后，国际产业转移不仅由发达国家向发展中国家进行，也由发展中国家和劳动密集型国家向发达国家和次发达国家转移，并且其重心由原材料工业向加工工业、由初级工业向高附加值工业、由传统工业向新兴工业、由制造业向服务业转移，其中第三产业中的金融、保险、旅游和咨询等服务业和资本技术密集型产业(信息、电子产业)则是当前国际产业转移的重点领域。随着国际产业转移的发展，离岸服务外包也呈现显著增长态势，并迅速从发达国家向新兴经济体延伸。2000 年以后，率先实施离岸服务外包模式的跨国机构取得的显著成就所带来的示范效应，全球经济增长放缓给企业造成的巨大成本压力，两者构成服务外包飞速发展的引擎。

综上所述，国际服务外包大致经历了四个发展阶段，如表 4-1 所示。

表 4-1　国际服务外包发展的四个阶段

发展阶段	时　期	发展出发点	特　点
萌芽阶段	20 世纪 70 年代	英国的私有化浪潮	美国率先、英国紧随其后，企业管理思想变革，降低成本的要求引发外包需求
发展阶段	20 世纪 80 年代	企业结构调整	外包作为符合时代需要的组织形式获得重大发展，核心竞争力等战略思想流行
普及阶段	20 世纪 90 年代以后	信息技术迅速发展	随着知识经济和信息化社会加速发展、通信及 IT 基础设施等软硬件环境不断健全完善，外包开始涉及企业几乎所有职能，服务外包领域日趋广阔
深入阶段	目前	后金融危机时代	降低成本、提高核心竞争力、扩大经济规模。外包将向广度和深度两个方向发展，流程外包、知识外包将得到快速发展

4.1.2 国际服务外包加速发展的动因

随着科学技术的发展及国际互联网迅速扩张，越来越多的工作都可进行外包，跨国公司最大化地享受着国际运作区域成本差异带来的益处。

推动国际服务外包加速发展有五大因素，如图 4-1 所示。

图 4-1 国际服务外包加速发展动因

1. 服务的深层次转变

服务的深层次转变推动国际服务外包的发展，其主要表现如表 4-2 所示。

表 4-2　服务的深层次转变的表现

服务的深层次转变			
从单纯提供 IT 服务的试验性探索转变为一种成熟的运作模式，包括各级别的服务协议、财务选择、定价结构等	外包服务发包方关注的重点也不再是简单的资产转移，而是业务流程改进的成果	当前信息技术的高速发展也在很大程度上促进了服务外包方式的进化，尤其是 BPO 市场发展需求	服务外包模型更加完善，合同形式更加规范，业绩易于衡量，利于双方高效沟通，提升服务质量

2. 应用管理外包的发展

企业在经历了大规模的 IT 系统整合后，使得 IT 和业务真正结合起来，提高了企业的管理水平和业务运营效率，IT 部门的地位也日益重要，它们的职责不仅仅是提供内部技术支持和确保硬件系统不停机，还要充分参与到企业的业务战略规划和执行中，确保企业的业务决策能紧密结合 IT 系统，使企业不仅取得在业务层面上的竞争优势，而且能使 IT 系统的投入取得最大的投资回报率。正是 IT 部门角色的改变使得 IT 外包服务的内容得到延伸，应用管理外包开始大行其道。随着应用管理服务外包的理念不断深入人心，越来越多的企业

应用管理外包

开始意识到，将应用系统交由专业的服务提供商来进行运营和维护，不但能够保证系统的稳定使用，还能针对企业的业务发展进行优化完善，提高系统的业务价值。应用管理外包是 IT 外包服务的核心，也是未来 IT 外包的发展趋势。

3．BPO 的快速增长

随着全球竞争的加剧，专业化和注重核心竞争力的发展模式成为企业发展的新浪潮。2001 年以来，BPO 逐渐成为外包市场的主体，以每年 9% 的增长率成为推动整个服务外包市场发展的首要力量。国际上越来越多的跨国公司采用 BPO 模式，全球 BPO 行业总产值迅猛增长，市场规模也呈现快速增长的趋势。据研究公司 IDC 的报告显示，全球 BPO 市场规模在 2017 年达到了 2094 亿美元。从地区分布来看，全球 BPO 市场主要分布在北美和西欧，其中北美是最具潜力的 BPO 市场，该项业务收入约占全球 BPO 总收入的 66.2%，未来有望长期处于 BPO 主导市场的地位。欧洲、中东和非洲地区对于服务外包的看法相对于美国较为保守，该地区的 BPO 收入占全球总收入的 18.6%，但是西欧的一些大公司，特别是英国的一些公司，都对 BPO 的采用有了巨大的进步。此外，作为 BPO 服务的提供商，这些地区也有较快的发展。亚太地区是 BPO 相对新兴的市场，虽然该地区的 BPO 收入仅占全球总收入的 15.2%，但却是增长最快的市场。在此地区，外包业务多是业务流程的离散部分，但是已经具有转向全面业务流程服务的趋势，特别是一些公司的业务流程管理已经接近美国和西欧境内的跨国公司。2016 年主要国家 BPO 所占份额如图 4-2 所示。

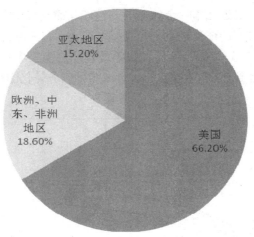

图 4-2　2016 年主要国家 BPO 所占份额

4．离岸业务的快速发展

离岸外包主要强调成本节省、技术熟练的劳动力的可用性，利用较低的生产成本来抵消较高的交易成本。在考虑是否进行离岸外包时，成本是决定性的因素，辅之以技术能力、服务质量和服务提供商能力等因素。离岸外包可以使企业拥有世界先进水平的资源和生产力，降低人力成本，可以帮助企业跨时区建立 24 小时的生产线，可以对核心部门提供资源支持，可以缩减 50%～60% 的成本，不仅不会影响增长，还会增强企业的整体竞争力。

西欧离岸服务外包市场，2011～2015 年复合增长率 CAGR 为 17.2%，2011～2020 年复合增长率 CAGR 为 16.5%。西欧发达国家的运营成本也处于较高水平，影响产品的价格竞争力，利用离岸外包模式可有效降低运营成本。

日韩离岸服务外包市场，2011～2015 年复合增长率 CAGR 为 14.2%，2011～2020 年复合增长率 CAGR 为 14.4%。长期来看，日韩的国力仍呈现上升态势，对离岸服务的需求仍将保持较高增长。

5. 坚挺的中小企业市场需求

中小企业市场快速增长带动国际服务外包发展的主要表现为：首先中小企业便于轻装上阵。外包服务使成立时间较短的公司摆脱传统繁琐的内部操作，更快进入市场，有利于他们将更多精力投入在业务开发领域。同时，ITO 本身的成熟性使中小型企业客户更易接受，高实用性、低成本的 IT 服务外包对中小型企业客户更具吸引力。

4.1.3 国际服务外包发展趋势

信息技术的不断提高，以及世界经济环境的持续改善，尤其是发展中国家基础设施的完善和劳动力素质的提高，为国际服务外包的发展创造了有利条件，使其市场总量不断增加，交易规模持续扩大，并呈现加速增长态势。

1. 服务外包产业已经进入产业上升期，未来发展将十分迅猛

受经济危机的影响，最近几年，全球服务外包产业的发展受阻，许多国家的服务外包陷入停滞。而爱尔兰、希腊的债务危机蔓延到整个欧洲，日本地震引发的海啸，又使国际服务外包产业发展雪上加霜，2012 年日本服务外包产业为负增长。短期内，全球服务外包的市场增速将很难恢复到 2008 年以前的水平。国际服务外包 2013 年之前的发展情况如图 4-3 所示。

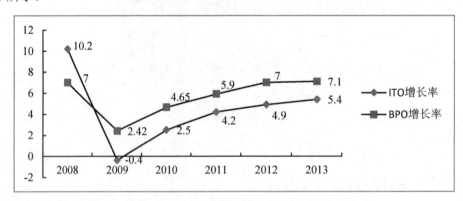

图 4-3　2008—2013 年国际服务外包 ITO、BPO 增速情况

但是，随着全球经济的复苏，服务外包行业正在重新实现快速发展。目前，这种发展势头已经十分明显，许多国家的服务外包行业都实现了大幅的增长。如印度 2010 年服务外包行业实现了 10% 以上的增速，据印度全国软件和服务企业协会估计，未来印度的服务外包行业将保持高速增长，到 2020 年，仅 ITO 和 BPO 行业的出口额就可能增长近两倍至1750 亿美元。菲律宾的服务外包总量在 2020 年将占全球服务外包业务总量的 20%，拉丁

美洲的服务外包行业也实现了一定程度的增长。因此，服务外包行业正处于产业发展的上升期，亚太、拉美等国家服务外包产业的快速发展，无疑将引领全球服务外包产业进入新的发展阶段，带动其迅猛发展。

2. 产业发展的国际格局短期内不会改变，但已经产生细微变化

美日欧凭借巨大的国内市场、发达的科技和创新能力，加上数量众多的大型公司的优势，仍然是国际服务外包市场上重要的需求方。美国是全球主要的软件生产和出口大国，国内软件公司占据了三分之二的全球软件市场，目前提供大约 70% 的全球服务外包合同；日本拥有索尼、夏普、佳能等国际 IT 巨头，国内信息服务产业销售额已经超过 1 000 亿美元。

在未来相当长的时间内，全球服务外包的主要需求方仍然是美日欧等发达国家，其仍能通过需求控制服务外包行业。但是这种产业格局正在改变。目前以印度、中国为代表的新兴国家快速崛起，其国内市场巨大、产业发展迅速。如果这些国家通过发展，使国内需求得到进一步的释放，则很可能成为新的服务外包需求方，打破现在的产业垄断格局。因此，随着新兴国家的兴起，产业格局有可能得到修正，出现多极化的发展趋势。

3. 服务外包接包方不断向新兴发展中国家扩展，导致接包国之间竞争加剧

国际服务外包的接包国能从服务外包中获取很多好处。比如，可以使接包国的经济和科技创新能力得到提升，产业分配格局、出口结构等得到优化，吸引外资，促进服务业的发展，提升国家的国际形象和技术实力等。这些新兴国家和地区已经认识到离岸服务外包行业巨大的潜在市场规模及其所带来的诸多好处，力争成为领先的离岸服务外包目的地，具体如表 4-3 所示。在该领域内，各国均具有独特的价值定位和优势：爱尔兰、东欧国家与发包方具有地域接近性；印度、中国、菲律宾等拥有大量低成本的人才库；澳大利亚等拥有与发包方的语言文化联系以及大规模可利用的基础设施；新加坡是遇到破坏性事件时首选的支持中心等。可见，随着许多国家和地区将服务外包行业确定为国家发展的战略重点，承接服务外包的竞争越来越激烈。

表 4-3 新兴离岸服务外包接包地比较

优 势	代 表 地 区
BPO 客服中心行业	埃及、摩洛哥、毛里求斯、加纳和南非
与西欧市场的紧密联系	斯洛伐克、罗马尼亚、俄罗斯、乌克兰
西班牙语相关的技能服务	墨西哥
ERP 支持和维护	巴西
分享服务	哥斯达黎加

资料来源：根据 Garnter《全球前 30 位离岸外包目的地》及其他公开资料整理

4. 产业链升级、服务外包模式的不断创新

产业的不断升级、外包企业的兼并、跨国公司的跨境转移，这三大因素主宰着服务外包产业格局的变革，如图 4-4 所示。随着技术进步和知识价值提升，发包企业对

高端服务的需求将不断增加，接包企业追求高附加值的内在需求将促使服务外包面临产业价值链不断升级的过程，作为服务外包价值链最高端的 KPO 增长将明显快于 ITO 和 BPO。

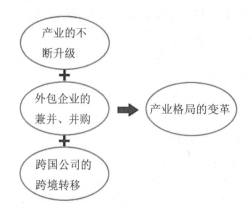

图 4-4　服务外包市场格局的变革动因

为了满足客户需要和开拓市场，许多服务外包企业通过并购、兼并快速建立所需要的技能和服务能力，从而形成全球化布局。同时，大型跨国企业迫于成本压力剥离自建的共享中心所导致的低资产，降低了股权并购的成本，为服务外包行业的跨国并购创造了条件。未来几年，成熟的服务外包企业将会继续以并购的增长方式，加快并购步伐。

基于生存和竞争的压力，一些欧美跨国公司的大型运营中心开始积极寻找新的离岸投资地，以积累的丰富经验为优势，印度、菲律宾等传统接包国的服务外包企业也开始致力于产业价值升级和新市场的开拓。传统接包国劳动成本的不断上升和新兴国家产业的不断完善，必将引发服务外包产业新一轮的跨境转移，阶梯式产业链将进一步形成。

◆经典案例◆

印度 Wipro 公司的发展路径

国际服务外包业务离不开承接国政府的适当扶持，如建设密集型的服务外包基地，制定相关的配套优惠政策等。但企业的自主发展也很重要，印度 Wipro 公司的发展路径，也为我国国际外包承接企业的发展提供了借鉴。

一、Wipro 的诞生

Wipro 原来从事传统的日用品生产，然后抓住 IBM 退出的机会，开始进入计算机硬件生产行业，并得到快速发展，积累了原始资本，然后在通往软件的道路上，Wipro 蹒跚行走了近二十年。

二、Wipro 的全球战略

现在的 Wipro 不仅在本国国土上承包业务，也开始关注全球市场，其主要战略包括：

(1) 启用欧洲人才，开拓欧洲市场。虽然面对美国市场 Wipro 发展顺利，却在欧洲市场遇到了瓶颈。当时 Wipro 想争取德国公司的晶片和软件设计外包业务，但面对缄默的德国人始终难以理解对方的真实意图。经过多年的努力，在聘请了一名德国工程师后，Wipro 茅塞顿开。这名工程师的谈吐及思维方式与 Wipro 的德国客户一致，同时这位德国工程师丰富的资历和背景为 Wipro 发现和赢得大客户发挥了重大作用。目前，该公司在瑞典、英国、荷兰及芬兰等欧洲国家均设立了类似德国的开发中心，每个开发中心特别强调聘用当地人才。这样，Wipro 以一种独特的方式——大量聘用与目标客户有相同文化背景的当地员工敲开了欧洲市场的大门。

(2) 收购东道国的企业。经过十几年的发展，Wipro 利用资本通过一种简单的方式进入其他国家的市场——收购！

2003 年 7 月，以 2 400 万美元收购波士顿一家技术咨询公司美国管理系统公司；

2004 年 5 月，以 1 900 万美元收购金融服务咨询公司 Nervewine；

2005 年 12 月，分别以 5 600 万美元收购奥地利的一家半导体设计服务公司，以 2 800 万美元收购美国信息技术公司 mpower；

2007 年 11 月，收购诺基亚西门子无线存取研发部门；

2008 年 2 月，以 6 亿美元收购美国外包服务公司 Infocrossing，这是印度软件企业最大的一笔海外并购交易之一；

2008 年 12 月，以 1.27 亿美元收购花旗技术服务公司，并签署价值至少 5 亿美元的六年服务合同；

2010 年 3 月，与 Main Street America Group 签订 7 年期的策略协议。

这些收购案说明，Wipro 通过收购高端咨询业务逐渐扩大自己的现有软件产业链和规模。在虚心向美国及欧洲学习之后，现在的印度已经可以到其他地区，包括美国，与大型外包服务提供商争夺订单。现在 IBM 已经开始把 Wipro 放在自己的竞争对手列表里，而这张列表里主要包括微软、甲骨文、惠普等 IT 业世界级企业。

(3) 以他国为跳板。在扎根服务于欧美外包市场的同时，Wipro 开始关注日韩软件市场，尤其是日本。现在日本已经是除了美国之外的第二大软件发包国家。虽然在对日外包方面中国要强于印度，但印度人有自己的发展策略——以中国为跳板抢占日韩市场。2002 年，Satyam 就率先在中国设立了办事处，随后 Wipro 也先后在北京和上海落户，当时，形成了一波投资中国的高潮。

任何企业发展都离不开自身实力的逐渐积累，Wipro 抓住机遇发展的魄力、多角度开拓国际市场的方式都值得我们中国企业学习。我国外包承接企业可以借鉴 Wipro 的经验，抓住机遇，踏实走好自主发展的道路。

交付、技术和合作变革，产业创新将全面推动，具体如图 4-5 所示。为了提高信任度、减少地域差异以及降低风险和管理成本，单纯的离岸模式将逐渐被在岸与离岸的混合模式，甚至在岸、近岸和离岸结合的多层模式所取代。在与客户紧密合作共同应对危机过程中所建立起来的多元化灵活的合作模式，今后将继续被服务外包企业所重视，并获得进一步的应用和创新。另外，随着信息技术的升级，越来越多的 IT 服务提供商将向业务流程服务领域渗透，以便为客户提供 ITO 和 BPO 捆绑的"一揽子"整合服务。供应商提供的服务从一对一服务转向一对多服务模式。

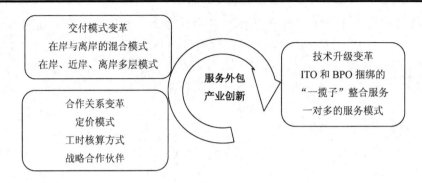

图 4-5 服务外包产业创新

4.2 服务外包主要发包市场的模式与发展趋势

目前，美国、欧洲、日本等发达国家是服务外包市场上的主要发包国，总量约占全球的 87.7%。

4.2.1 美国服务外包市场

作为世界上最大的软件和服务出口国，美国是全球最大的离岸服务外包发包国，占全球离岸服务外包市场的 62%以上。在美国 2600 多万家企业中，采用项目外包方式的企业占到 2/3。

1. 美国服务外包市场的模式

美国的离岸服务外包模式可以说呈现"倒 T 型"模式，这是由本国大型跨国公司的组织结构所决定的。在美国，大型跨国公司广泛采用事业部制的组织结构来管理企业，事业部具有较大的权利，彼此之间相互独立，其开展业务的价值链环节也各不相同，外包决策在事业部就可以做出。在这种情况下，各事业部从自身利益出发，纷纷将各种辅助性的或非核心的服务活动整体外包出去，即直接将某些不影响企业核心能力的价值链环节外包给印度等成本低、质量有保证的国外企业来运营。各部门实行外包以后，跨国公司比外包前更显得精干，使公司能更好地把资源集中到核心业务中去。由于外包后公司的业务部门减少，管理更加简单，组织结构犹如一个倒立的"T"，因此也决定了它的外包模式，如图 4-6 所示。

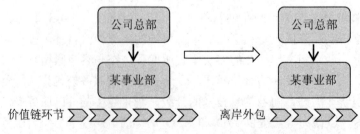

图 4-6 美国的倒"T"型外包模式

经典案例

IBM 裁员

据《华尔街日报》称，IBM 在 2003 年将美国本土 4730 个编程工作岗位转移到印度等国。2005 年，IBM 又将呼叫业务外包给了拥有 9000 名员工的印度本土呼叫中心 Dakshe-Services 公司，并在印度大规模招聘雇员，人数达 14 046 人。与此同时，IBM 宣布进行全球裁员 1 万至 1.3 万人，美国本土和欧洲成为"重灾区"。IBM 的雇员在美国等地与印度的一减一增的做法看似矛盾，实则是 IBM 应对离岸外包的有效选择。随着 IBM 的各事业部纷纷将软件编程与测试及呼叫服务等客户管理职能外包，公司总部相应的职能机构已经没有存在的必要，精简人员与组织部门就顺理成章了。

最近，在国内政治和其他一些因素的影响下，美国服务外包业出现了新动向。"国内外包"或"乡村外包"模式受到青睐。"乡村外包"是指在美国内陆靠近大学的中小城市开办公司，然后找大型企业承接外包业务。这种操作模式同中国、印度提供的外包相似，只是工作地点在美国国内。据美国有线电视新闻网报道，亚特兰大一家名叫"农村外包"的企业 2010 年销售额增长了 300%，达到 400 亿美元。该公司的首席执行官哈密尔顿自称他们的公司代表了"美国外包业的未来"。该公司也在阿肯色州的琼斯伯勒设立了分公司，这里的生活水平比美国全国平均水平低 23%。在美国国内设立外包企业不仅成本大大降低，而且风险更小，不受汇率变动影响，不存在国际法律纠纷。更有利的是，这种模式符合当时奥巴马政府鼓励中小企业发展和创新的政策。虽然这种模式短时间内还无法同中国、印度等地的大型外包企业抗衡，但美国联邦政府和地方政府出于为本国创造和保留就业机会的目的，可能会修改相关政策，鼓励这种新的盈利模式，这些企业可能将更快地扩大市场。

2. 美国服务外包市场发展趋势

美国是世界上最大的软件生产国和出口国，已经形成完整的产业链，成为国际离岸服务外包产业的主要源头。得益于其经济基础与科技实力，美国长期处于全球离岸服务外包市场的领先地位，来自美国的离岸业务量占全球离岸服务外包市场规模的 62% 以上。由于对成本的追求和社会分工的细化，其业务的外包可以很好地降低成本，使资源得到合理利用。据 IDC 预测，2011—2020 年，美国离岸外包服务市场规模将保持复合增长率 17% 的速度增长，其预测如图 4-7 所示。

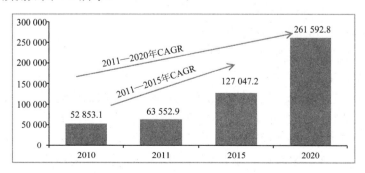

图 4-7 2010—2020 年美国离岸外包服务市场规模(百万美元)

从市场结构看，美国外包不会仅停留在基础的 IT 外包，其业务将逐渐从"最基础的技术层面的外包业务"转向"高层次的服务流程外包业务"。代表最高层次的 KPO，比如研发外包服务，未来增速最快，且保持高位增长。这也是全球服务外包业务发展趋势。

4.2.2 欧洲服务外包市场

1. 欧洲服务外包市场的模式

除英国外，欧盟的离岸服务外包业务开展得较晚，总量也不太大，但是其发展很迅速，全球 BPO 的发包市场中欧洲占 26%，中型公司和跨国公司是其离岸外包的主要客户。

许多西欧国家把业务外包给东欧国家，旨在节省成本和增强竞争力。英国和美国的外包模式大致相同，其他欧盟国家尤其是德国、法国和荷兰的跨国公司在开展离岸服务外包的过程中，由于受到各自严厉的法规约束和自身市场情况的限制，采取了"橄榄型"的外包模式，如图 4-8 所示。

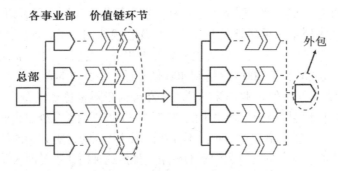

图 4-8 欧盟"橄榄型"的服务外包模式

欧盟跨国公司与美国跨国公司一样拥有较多的事业部，不同的是，欧盟跨国公司的各事业部之间关系紧密，使得各个事业部业务所属的价值链环节可能"求同存异"，即在保留各自特殊的价值链环节的前提下，合并或重组那些具有相同或相似功能的价值链环节。在欧盟发达国家，尤其是德国，法律和工会一度成为企业实行业务外包的最大障碍。欧盟国家的法律大多规定企业不能随意解聘雇员，而工会又不断地要求增加工人工资、减少劳动时间等福利待遇。但由于美国、日本等国的离岸服务外包热潮的推进，欧盟地区的跨国公司越来越明显地感觉到企业正在全球市场竞争中逐步失去昔日的优势。为此，德国等欧盟国家的政府和工商企业正在采取措施，积极寻求获得工会方面的让步，重新制定法律，实行各种经济改革，为离岸服务外包铺平道路。

2. 欧洲服务外包市场的发展趋势

欧盟国家也是国际服务外包发展的积极推动者，尤其是西欧国家。2004—2006 年，其市场规模保持 20% 以上的增长率。

西欧发达国家的运营成本处于较高水平，影响了产品的价格竞争力，利用离岸外包模式可以降低运营成本。西欧各国的国土面积相对较小，人口已经处于老龄化阶段，劳动力资源匮乏，离岸资源为其提供了庞大的人员补充。欧盟的成立加强了欧洲各国之间的联系，欧盟成员之间业务往来频繁，分工逐渐细化，近岸外包发展迅速。西欧服务外包市场规模如图 4-9 所示。

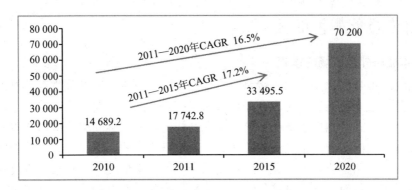

图 4-9　西欧服务外包市场规模(2010—2020 年)(百万美元)

　　近岸外包正在成为英国企业离岸外包之外的一种新形式和新方向。英国企业外包目的国正在从传统上的印度转移至前东欧素有"北非花园"之称的摩洛哥。研究机构 Datamonitor 发布了《从欧洲近岸外包中获益》一文,文中显示企业在外包呼叫中心项目的时候,正在将更多的目光投向如捷克共和国,外包呼叫中心在波罗的海诸国、波兰、捷克、摩洛哥、匈牙利等国市场相对更成熟一些,但 Datamonitor 预测突尼斯、保加利亚、罗马尼亚、巴尔干半岛各国对待国外投资态度友好,地理环境优越,因此未来也会变得更加重要。此外,保加利亚、摩洛哥等也正成为外包目的国。

　　《从欧洲近岸外包中获益》这份报告的作者、Datamonitor 研究机构呼叫中心分析师 Peter Ryan 说:中欧、东欧和北非地区的劳工教育水平随着其多语言能力的增长而增长,这打动了欧盟各国企业。与欧盟中心区域距离较近的高素质可用劳动力,加上发达的现代电话基础设施,使欧洲发达国家愿意将呼叫中心外包给近岸国家。

　　西欧服务外包市场结构也是从低端向高端逐步发展的过程,如图 4-10 和图 4-11 所示。

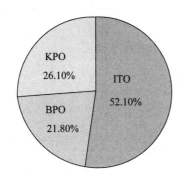

图 4-10　2011 年西欧服务外包市场结构

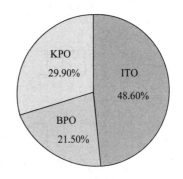

图 4-11　2015 年西欧服务外包市场结构

4.2.3 日本服务外包市场

1. 日本服务外包市场的模式

自 20 世纪 90 年代以来，日本经济一直比较低迷，日本企业面临生存危机。随着世界范围内服务外包浪潮的推进，日本企业也跟随美国企业之后，加入了离岸服务外包活动的行列。但其外包模式受到日本文化和公司治理结构的影响，不同于美国和欧盟。在日本，由于单一民族文化的影响，企业间的关系是"金字塔式"的，这在制造行业表现得尤为突出，比如本田、丰田企业。位于金字塔顶端的企业处于支配地位，与它形成直接供给关系的企业称为一级接包商，与一级接包商形成直接供给关系的企业称为二级接包商，以此类推。同样，在离岸服务外包市场，企业间金字塔式的紧密关系依然存在。在"金字塔式"外包模式中，作为总接包商的企业从最终客户那里承接项目，进行总体设计和任务切割后，将各模块工作再分包给若干个二级接包企业，二级接包企业还会再寻找三级或四级接包企业帮助它一起完成模块的设计、代码转换或测试工作，当任务细分到这一层次后才有可能实现离岸外包。日本的最终用户在发包的时候，不仅希望总接包商具有很深的行业知识与业务咨询能力，并与本企业有良好的信任关系，而且希望它有足够的资金抵抗风险能力和在日本本地承担法律责任的能力，因此，总接包商一般都是日本本土规模较大的企业。总接包商需要根据客户的业务特点，与客户进行沟通，进行系统的咨询、策划和设计。目前，在日本，能够作为总接包商的企业只有 30 多家，如 NEC、SONY 和富士通等。这些企业往往控制着软件设计等高端业务，在对整个项目进行认真切割后，再将那些技术含量较小的低端业务外包给中国等近岸国家。中国企业只能接到一些转了两手、三手甚至更多手的外包，这就是为什么我国承接的日本软件外包单量规模普遍较小的原因。具体的日本外包模式如图 4-12 所示。

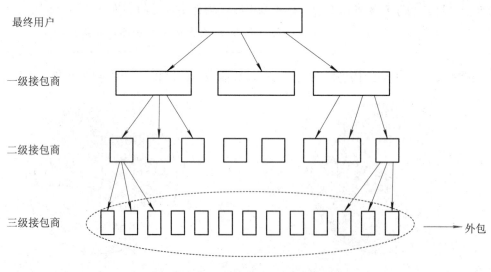

图 4-12 日本"金字塔式"的服务外包模式

2．日本服务外包市场的发展趋势

日本是全球信息服务外包第二大国，但其软件与信息服务离岸发包的比例一直比较低，约占 10%，其中，我国承接的业务约占整个日本离岸业务的 70%以上，2015 年我国对日外包的离岸执行金额为 54.81 亿美元。

对日软件外包

从 2013 年开始，日本软件与信息服务外包产业扭转了下降趋势，开始小幅增长。据统计，2015 年日本软件与信息服务外包产业总收入为 733 亿美元，其中，通用商业应用软件和家庭应用软件占 28.5%，跨行业和垂直行业应用服务占 25.6%，网络和数据库管理占 17.1%，操作系统软件占 3.3%。2011 年至 2015 年间的复合年均增长率为 1.3%。预计 2015 至 2020 年，日本该产业将以 1.7%的年均复合增长率加速，产业总值将于 2020 年末提升至 796 亿美元。

4.3　服务外包主要接包市场的现状及优势分析

服务外包带来全球性机会，亚洲、拉丁美洲和东欧等越来越多的国家和地区开始采取积极的措施接包，努力提升自身在国际服务外包产业链中的位置。印度、菲律宾、爱尔兰、墨西哥是当今世界具有较高水平和代表意义的服务外包接包国家，其服务外包提供商能为全球企业提供良好的外包服务。

4.3.1　印度服务外包市场

1．印度服务外包市场状况

1) 印度服务外包市场现状

印度作为跨国公司开展国际离岸服务外包的首选国家，被 Gartner 称为"离岸外包服务的无冕之王"，其发展服务外包业已经有 20 多年的历史，目前已经占据了全球 ITO 市场 61%的份额，全球 BPO 和 KPO 市场的 35%。

欧洲一些国家为控制成本和提高经营灵活性，继续选择业务外包。借此，印度将深耕这些外包市场，提高印度在欧洲外包市场的渗透水平。此外，印度还继续拓展亚洲、非洲和拉丁美洲等地区的外包业务。截至 2013 年 6 月，印度在全球 75 个国家成立了 580 个全球交付中心。

2) 未来发展趋势

软件服务外包产业发展面临的不确定性和信息技术新一轮革命并未阻碍印度软件服务外包产业发展，反而促使其重新确定转型在产业发展中的作用，加快产业转型和变革，以强化作为全球软件服务外包产业的一级地位。2013 年 2 月，NASSCOM 发布了《印度 IT-BPM 产业发展回顾 2013》，重点是自本年度开始，NASSCOM 已将产业名称由 IT-BPO 更改为 IT-BPM，即将"业务流程外包"更改为"业务流程管理"，彰显了印度加速转型和变革的决心，即引导产业向新垂直领域和地理区域拓展，增加新客户，从技术合作转向战略业务合作。未来几年，印度软件服务外包产业将继续转型和改革(从传统的呼叫中心转向高端分析)，以寻求新的增长点，确保产业可持续发展。智能计算、一切即服务、新兴垂直行业和中小型企业市场领域的信息技术服务将为软件服务外包提供新的契机，成为助推外包产业发展的新动力。

印度推进 IT-BPO 转向 IT-BPM，已从基于成本效益的产业分工发展到基于全球化分工战略布局的外包产业，步入以新市场、新品牌和价值链节点布局为核心的新阶段。改革之路如图 4-13 所示。1995 年初，印度将 BPM 模式引入软件服务外包产业。基于成本效益考虑，在一些服务和商业模式方面寻求与其他国家和地区的合作，以专注于附加值更高的服务供给。2000 年以后，印度 BPM 模式不仅强调成本效益，更强调质量和服务的深度和广度。2011 年以后，印度 BPM 模式突破了 1995 年以来形成的价值观念，强调生态环境布局(提供多租户平台)，实现资源共享，占据价值链高端。在 BPM 发展的新阶段，印度软件服务外包产业聚焦数据分析、实时处理、端到端服务、社交媒体、平台服务、移动等深度和广度更大的多样化服务。

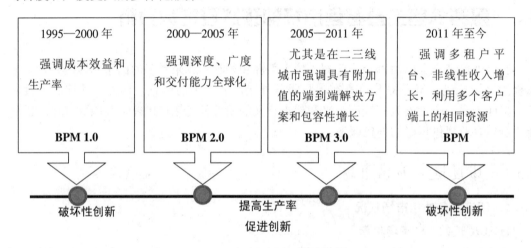

图 4-13　印度 BPO 向 BPM 转型的历程

为推进 BPO 转型和改革，印度还组建了 BPM 委员会，其重要成员是埃森哲、安吉斯、Convergys 等第一阶梯软件服务外包企业高层。同时，印度还采取了一些重要举措：

(1) 加强人才培养，如新德里大学和 NASSCOM 共同设置全球业务基础技能课程、NASSCOM 的能力评估认证、从业指导等。

(2) 确保数据安全，积极创造国际一流的信息安全环境。设立印度数据安全委员会，以确立、普及、监管和实施 BPM 行业的隐私和数据保护标准。

(3) 强化国家级技能注册登记，方便向客户提供每个登记人的可信信息，从而增加客户选择印度作为发包目的地的信心。

据 NASSCOM 的数据显示，2012 财年，印度 BPM 收入为 178 亿美元，同比增长19.8%，并预测 2020 年将达 500 亿美元，其他成果如图 4-14 所示。

创新继续成为软件服务产业发展的重要动力。为强化印度在全球软件服务外包产业中的首要地位，印度将抓住全球商业模式改变、新一代信息技术涌现、新兴市场外包需求增加的机遇，不断营造富于创新的文化环境，将其打造成为全球创新中心之一。破坏性的创新技术应用使得全球技术开支增加，这将带动印度软件服务外包产业增长。印度加快普及互联网和移动技术应用，提升了信息基础设施水平，为其软件服务外包企业创造了更多机遇。

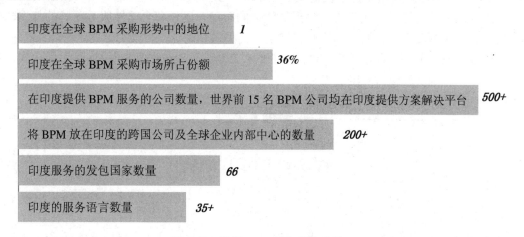

图 4-14 印度 BPM 所取得的成果

对印度而言，成本和质量竞争优势将不复存在，高附加值和非线性增长服务将成为加快其软件服务外包增长的关键。为确保软件外包产业持续增长，印度将聚焦高附加值领域，提供基于 IP 的解决方案和基于知识的高附加值外包服务，增加利益相关者之间的合作等。

2. 印度服务外包的发展模式分析

印度服务外包的发展模式，主要反映印度服务外包企业打入欧美市场的主导思想和在欧美市场上能够持续发展的战略设计。从演进和发展历程分析，主要体现为以下三种模式。

1) "在岸外包—离岸外包—全球交付"的渐进式发展模式

渐进式发展模式是印度中大型企业普遍采用的一种发展模式，首先发展市场开拓能力、业务逐步扩大，进而扩大企业规模，并非先将企业规模扩大再获得市场能力。这种模式一般分为三个步骤，如图 4-15 所示。

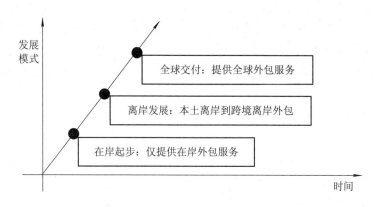

图 4-15 中大型企业渐进式的服务外包发展模式

(1) 在岸起步。先从欧美市场在岸服务、现场服务起家，尽快获得欧美客户的信任，为合作关系打下基础。

(2) 离岸发展。在赢得客户的信任后,再将能够离岸开发的任务拿回印度,培养和发展离岸开发队伍。离岸外包一般都是先从本土离岸开始,逐步过渡到跨境离岸。

(3) 全球交付。全球交付不仅需要稳定的客户关系,更需要完备的网络技术实力。这时候的外包服务商需要完成全球服务提供能力的布局、运作和全球性服务品牌的打造,并且具备高端业务流程服务能力、战略咨询服务的提供和全球交付能力。

印度外包服务商"四巨头"(TCS、Infosys、Wipro、Satyam)均利用这种发展模式,现在都已经发展到全球交付阶段。

◆ 经典案例 ◆

Infosys 的成功之道

在印度,说起 Infosys 的发家历史,印度人更倾向于使用"尊敬"来形容,并以能进入该公司为荣。

1981 年,刚刚成立的 Infosys 只有 7 个人,250 美元。1992 年,经过 4 年的不懈努力,终于让美国客户相信 Infosys 的软件是自己开发的,从而真正开始了 Infosys 软件在全球领域的销售。

1997 年,对于 Infosys 来说是其实现快速增长的大好时机。时值"千年虫"恐慌,美国各大公司无不耗费巨资进行软件除虫,软件修改生意十分兴隆。当时的 Infosys 凭借极强的软件开发能力在美国主流商业公司树立口碑,从而使后续业务接踵而来。此时的印度政府已经看到信息技术产业的蓬勃生机,于是进一步推动其发展,使之成为印度经济新的支柱产业。

2001 年,随着全球网络经济泡沫的破灭,美国的新经济神话走下神坛,美国经济增速减缓并陷入衰退,欧洲经济增长放缓,日本经济持续低迷,全球经济蒙上了厚重的阴影。全球经济环境的恶化导致 IT 产业与市场遭遇寒流。全世界的首席信息官都在压缩技术开支。Infosys 则认为,由于公司产品成本较低,当时市场的萎缩反而有利于公司的发展,该公司并没有随大流收缩战线,反而是招兵买马,加紧在海外发起迅猛的销售和营销攻势。结果,纳斯达克血雨腥风的 2002 年,却成为 Infosys 业绩最辉煌的一年,利润额同比增长 21%,销售额提升了 45%。

短短的 30 年时间,Infosys 从当年 250 美元的小公司发展成为年营业收入 21.5 亿美元、市值超过 300 亿美元的行业精英。回顾 Infosys 的发展历程,不得不承认对软件市场的准确判断和国际软件外包业务的承接战略对 Infosys 突飞猛进的发展所发挥的巨大作用。

2) "国内创办—海外拓展"的主动竞争型发展模式

主动竞争型发展模式如图 4-16 所示,这种模式受到印度许多中小型企业的青睐,他们一般在印度本土注册,团队也在印度国内。但他们可以通过互联网、电话等通信工具与美国客户进行无障碍沟通,或者随时出国谈判,获取离岸外包合同或现场服务合同,自由穿梭在美、印之间。由于这类公司会高薪聘请具备专业技能和丰富经验的资深员工,运行成本较低,所以在离岸服务外包市场上具有很强的竞争优势。

图 4-16　中小型企业主动竞争型发展模式

3)　"在岸外包—离岸发展"的资源利用型发展模式

资源利用型发展模式是充分利用现有资源、进行优势互补的印度少数中小企业所采用的一种方式，如图 4-17 所示。例如：留在美国生活和工作的印度留学生先在美国注册公司，然后到印度组建软件开发中心。这类公司一般都有欧美在岸营销机构及客户服务机构，但将其外包任务分配给自己在印度的离岸开发团队，既享有欧美市场机会，又享有印度丰富的廉价人力资源以及政府优惠政策。

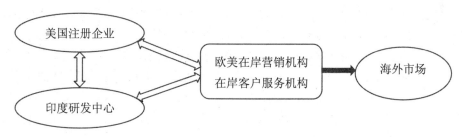

图 4-17　中小企业资源利用型发展模式

总之，印度的服务外包产业走的是一条以国际市场为主的出口模式。在国内资源匮乏、市场需求偏小的情况下，印度政府高度重视服务外包产业的发展，出台了相关政策及保障措施，为外包产业的茁壮成长提供了肥沃的土壤。与此同时，印度企业也积极响应号召，踊跃在海外进行创业。他们的目标瞄准欧美市场，并凭借有竞争力的劳动力成本，首先从在岸服务、现场服务起步，在获得欧美客户信任后迅速将能够离岸开发的任务拿回印度完成。经过多年的努力，印度企业设置了大量的海外机构，逐步建立了完善的海外营销、客户服务机构等配套设施，市场开拓能力日益增强，企业规模也日益增大。

3. 印度服务外包发展的优势因素分析

1)　人力资源开发

人力资源开发是服务外包健康发展的保证，从价值链分析的角度看，服务外包的价值增值更多体现在专业服务人员与客户之间不断的交流和沟通上。实际上，生产性服务人员的知识储备、专业化水平起到了决定性的作用。印度政府历来重视高等教育，并对教育给予大量财政投入。目前印度发达的高等教育和技术教育是促进服务外包产业发展的重要因素。

印度的高等教育包括大学、大学级学院、国家重点学院和一般学院。大学有中央和邦属两类，分别经中央议会和邦议会批准成立，经费分别来自中央政府和邦政府。中央政府可通过大学拨款委员会向邦属大学提供部分资金。大学级学院有较高的教学和科研水平，国家级重点学院为政府建立的某些专门医学院、工业技术学院和管理学院。一般学院是由邦政府、社会团队、慈善机构和私人创办的高等教育机构。

高等信息技术教育的发展，使印度软件技术人才济济，仅软件编程人员就多达 140 多万。正是因为印度的高等教育培养了丰富的科技人才，才使印度斯坦咨询公司、维普洛信息技术公司等一批专门从事软件开发的公司相继产生。比如，班加罗尔作为"IT 首都"成为行业领军城市，其服务外包整体规模在印度整体业务规模中占比超过 40%，业务收益在印度服务外包产业总收益中的贡献率也接近 40%。迄今为止，在班加罗尔创立的高科技企业约 4500 家，其中有外资参与的超过 1000 家，班加罗尔已经成为全球第五大信息技术中心，是享誉世界的"印度硅谷"。

在人力资源开发方面，印度形成了自己的一些特色。比如，产学研一体化的教育模式，鼓励软件企业办学；培养"复合型"的软件人才；重视学生语言表达能力的培养；对海外归国人员回国创业方面给予减免个人所得税、简化办理手续等多种优惠待遇。

2) 健全的法律法规

健全的法律法规支持和保障是服务外包业务发展的基础。印度政府 1986 年制定了《计算机软件出口、软件发展和软件培训政策》，明确了印度软件产业发展战略目标，并对从事 IT 外销的企业给予特别的优惠政策。例如，对从事该行业的企业所得税实行 5 年减免 5 年减半，再投资部分 3 年减免等优惠。据有关资料显示，在印度发展服务外包的成本要比中国低 30%左右，企业负担基本上是"零税赋"，这在很大程度上形成了承接服务外包的成本优势。目前，印度已占全球软件外包市场总额的 65%以及全球服务外包市场总额的 46%。财富 500 强企业中有 1/5 在印度设立了研发中心，有 220 家从印度获得技术支持。

欧美软件发包商在选择承包商时，对于承接国的管理水平、法律等有很高的要求，尤其是知识产权的保护问题，欧美客户极为关注。印度在保护知识产权方面的法律体系比较健全，处罚措施也比较严格，并且印度政府很注意根据形势的发展对相关法律及时进行调整和修订。比如印度曾多次对版权法进行修订，目前的版权法被认为是世界上最严格也是最接近国际惯例的版权法之一。知识产权保护法律体系的发展过程如表 4-4 所示。

表 4-4　印度知识产权法律体系的发展

时　间	内　容
20 世纪 90 年代	备受盗版猖獗、知识产权保护不力的影响
1994 年修订 1995 年 5 月 10 日生效	世界上最严格也是最接近国际惯例的版权法之一，除了明确规范版权人及使用者的权利、责任、义务和利益之外，并依据 WTO 中《与贸易有关的知识产权保护协议》TRIPS 的基本原则，首次将计算机软件列入保护范围，并对侵犯版权的行为规定了严厉的民事与刑事指控
1999 年 12 月 30 日修订 2000 年 1 月 15 日生效	印度版权法实现了与国际上通行的《与贸易有关的知识产权保护协议》的完全接轨。1999 年，还颁布了《国际版权规则》将版权的保护扩展至 WTO 所有成员
2000 年 10 月	《信息技术法》正式生效，该法对非法传播计算机病毒、干扰服务、复制软件、篡改源文件、伪造电子签名等违法行为规定了具体的惩罚条款

印度对知识产权的保护取得了成效，1995 年印度的盗版率就明显下降。2002～2006 年，其盗版率下降了 10 个百分点，为 GDP 增加了 21 亿美元的产值，创造了 4.8 万个新的工作岗位，不仅使印度软件产品免受美国 301 条款的制裁，而源源不断地出口美国，更大大提高了以美国软件厂商为首的西方跨国软件企业到印度投资设厂及建立软件研发机构的意愿。

 知识拓展

美国的 301 条款是指修正后的《1998 年综合贸易与竞争法》第 1301～1310 节的全部内容以及特殊 301 和超级 301 的有关规定。

美国的 301 条款有狭义和广义之分。狭义的 301 条款是指美国《1974 年贸易改革法》制定的第 301 条。广义的 301 条款包括一般 301 条款、特殊 301 条款、超级 301 条款及其配套措施。其中，狭义的 301 条款是美国贸易制裁措施的概括性表述，其内容包括强制措施、自由裁量措施、权力范围、定义与特别规则等；超级 301 条款、特殊 301 条款及其配套条款是针对具体贸易领域作出的具体规定。具体而言，特殊 301 条款是针对知识产权保护和知识产权市场准入等方面的规定；超级 301 条款是针对外国贸易障碍和扩大美国对外贸易的规定；配套措施主要是针对电信贸易中市场障碍的电信 301 条款及针对外国政府机构对外采购中的歧视性和不公正做法的"外国政府采购办法"。301 条款的核心内容是：如果美国贸易代表确信，美国依据任何贸易协定所应享有的权利遭到否定；或外国的某项立法、政策或做法违反了贸易协定、与协定不一致，或是不公正的，并给美国商业造成了负担或限制，则美国贸易代表必须采取强制行动，以实现美国依贸易协定所应享有的权利，或消除上述立法、政策或做法的影响。

3) 科技园区建设

科技园区是服务外包的重要支撑。科技园区的发展有利于企业的相互学习，产生规模经济效益，获得持续竞争优势。印度政府重视长远规划，建设了富有特色的科技园区，并对园区企业实行一系列的优惠政策，主要包括：

(1) "电信港"计划。印度的"电信港"计划是其软件产业政策中最具特色的内容之一，具体是指由高速宽带通信设施、跨国通信网络、数字交换与传输设施、卫星地面站所组成的网络系统。为了顺利实施这一计划，印度政府打破了几十年由国营电信企业垄断的机制，取消了电信设备的特许生产制度，除了向外资开放电信产业之外，还逐步实施电信部门私有化。某些印度软件园内的电信设施基本上达到或超过了世界电信港的标准和要求。

(2) 税收优惠政策。印度税法规定，符合条件的软件企业在 2010 年前免征所得税。对软件研发所必须进口的软件实施零关税优惠；对为开发软件而进口的硬设备也实行不同档次的关税减让。在国内注册的软件企业，若在 5 年内实现外汇净收入 25 万美元以上，则进口设备可享受零关税，国内采购的中间产品免除地方税。

（3）金融优惠政策。印度政府努力为软件产业创造良好的金融环境，除了大力吸收跨国风险投资之外，还在主要政策性金融机构设立软件产业风险投资基金，为软件企业提供信贷支持。大力推动符合条件的软件企业公开上市集资，截至 2000 年 6 月，在印度国内上市的软件企业的总产值已达 610 亿美元。此外，放宽了软件出口企业通过融资收购国外软件企业的有关限制，使印度软件企业通过收购、兼并，进一步向集团化和跨国化方向发展。

（4）行业协会建设。行业协会建设是促进服务外包发展的关键。印度服务外包协会 NASSCOM 成立于 1988 年，专职员工 50 人，有软件出口和外包服务企业会员 1000 多家。作为印度信息技术产业团队和非营利机构，该协会在帮助印度成为全球外包行业基地中发挥了重要作用，主要体现在：

① 帮助企业与电讯行业谈判，实现电信产业开放和私有化。NASSCOM 通过多方交涉最后促成了政府开放电信业，实施电信产业私有化，结果使 ISP 供货商从 1 个发展到 150 个，VSNL 网络链接费用从原来的每小时 30 卢比降低到包月 500 卢比。对于经常需要 24 小时不间断网络连接的软件外包企业来说，这项政策举措大大降低了其运作成本，尤其是对资金缺乏的中小企业来说，更是至关重要。

② 普及推广知识产权保护意识。面对 20 世纪 90 年代初日益猖獗的国内盗版问题，NASSCOM 与政府合作，推广和普及知识产权保护知识。1993 年，在全国开展了一项使用正版软件的全民宣传活动，通过张贴广告、举办讲座、实地演出等各种形式"唤醒"人们保护知识产权的意识。2005 年 4 月 26 日，NASSCOM 协同商业软件联盟印度委员会公布了一条免费电话热线，专门接听有关软件盗版的举报电话，为了激励人们踊跃举报，该组织还对举报者给予奖励，奖励金额最高达到 50 万卢比。在其成立的 15 个月内就收到了 6000 多条有效举报，协助警方破获了巨额的盗版案件，增强了国内民众的知识产权保护意识，提高了国家软件和信息技术领域内的知识产权保护力度。

除上述之外，协会还与 WTO 沟通，争取在世界贸易组织中的有利地位和条件；与大学机构沟通，开展人才培养，通过设立基金方式进行电脑知识的普及，特别是向贫穷落后地区推广；推动服务外包由后端办公服务等业务向金融、保险、软件开发与研究等领域发展。

◆ 经典案例 ◆

印度外包企业大打家庭牌

当外包企业 Keane Inc.聘用 JyotiTaneja 在位于印度 Gurgaon 的办公室工作后，Taneja 的父母都感到非常担心。22 岁的 Taneja 负责接听美国医疗保险公司的客户来电，每天要到凌晨 2:30 才能下班。

为了打消这位年轻员工的父母对于女儿安全问题的顾虑，公司领导已多次来到她父母位于新德里附近的家中，登门拜访。公司向 Taneja 的父母大致讲述了 Keane 公司针对员工采取的安全保护措施，包括接送员工上下班的公司班车，独自回家的年轻女性会有保安陪同等，Taneja 说，所有这些都增加了父母的信心。

由于面临员工短缺，印度的专业外包企业正竭尽所能地招募人才。在印度，二十多岁的年轻人往往和父母住在一起，他们重大的人生决策会征求父母的意见，在这样一种特殊的文化氛围下，对家庭的重视已经成为企业招募和留住人才的重要工具。此外还包括提供更加灵活的工作时间、丰厚的薪酬以及继续教育的机会。印度科技服务和外包产业的迅速增长，已经引发了对人才的激烈竞争。

在印度，该公司可谓竭尽全力赢得员工父母的信心。每隔几周，Keane 都会邀请 200 至 300 名新员工的父母参加公司介绍活动，也会定期为员工举行"家庭日"，允许他们的父母和其他亲戚到公司来了解他们的具体工作。

其他的外包企业也可以借鉴印度这家公司的做法，结合当地的家庭文化氛围，通过各种手段来吸引和留住人才。

4.3.2　爱尔兰服务外包市场

1．爱尔兰服务外包市场状况

1973 年，爱尔兰加入欧盟，这是一个重要的历史转折点。在这之前，爱尔兰只是一个位于欧洲边缘以农业和畜牧业为主的经济落后国家，而此后，凭借靠近欧洲的特定地理优势，爱尔兰将自己建设成为欧洲高技术产品的组装分销集散地，经济在其后的四十年取得了突飞猛进的发展。

软件本地化

爱尔兰软件和服务外包产业起源于 20 世纪 50 年代末。自 1994 年以来，该国的软件产业异军突起，具有极强的国际竞争能力，成为该国支柱产业之一。如今，爱尔兰已经成为世界大型软件公司进入欧洲市场的门户，也是全球最大的软件本地化供应基地，其软件在欧洲市场占有率超过 60%，全球排名前 10 位的软件企业在爱尔兰都设有分支机构。爱尔兰软件和服务外包产业具有以下特点：

(1) 产业层次逐渐提升。目前，爱尔兰软件产业已不仅仅集中在本土化等比较低端的业务领域，也在进军更高附加值和更具发展潜力的专业化细分市场和特殊的商业应用市场。从软件产品和服务涉及的技术层面来看，爱尔兰软件行业提供包括软件服务、应用软件、工具软件和系统软件等多个层面的产品和服务，可以满足企业用户和普通消费者的多样化需求。经过多年努力，爱尔兰软件企业现已逐步在工业嵌入式软件、移动通信、企业管理、教育培训、加密技术和安全领域成为国际领先者。另外，在财务服务、客户服务、远程学习和呼叫中心等领域，也取得了不俗的成绩。

(2) 产业发展高度聚集。都柏林地区是爱尔兰软件产业的主要聚集地，该地区软件从业人员占整个爱尔兰软件业的 83% 以上，汇集了爱尔兰约 73% 的软件公司，是 Microsoft、IBM、Intel、Oracle、Google、Yahoo 等世界知名 IT 公司的欧洲总部所在地。另外，软件和服务外包产业在 Limerick 的中部地区、Galway 和 Cork 等地也形成了一定的产业聚集。

(3) 以出口为导向的产业发展模式。爱尔兰充分依靠与美国的特殊历史渊源，大量吸引以美国公司为主的技术与资金，包括 Microsoft、IBM、Dell、Intel 和 Motorola 等世界著名跨国公司在内的约上千家公司，并根据欧洲市场需要 20 多种不同语言的软件市场，将自己定位为美国软件公司产品本地化、欧洲化版本的加工基地。自 1991 年以来，爱尔兰软件产业出口额大幅度攀升，年均软件出口比重超过 90%，软件产业的兴旺带动了整个爱尔兰经济的腾飞。

(4) 本土与外资企业协调发展的格局形成。经过半个世纪的发展，爱尔兰软件产业已形成了本土与外资企业协调发展的格局。目前，外资企业仍是爱尔兰软件产业发展的重要组成部分，但该类企业将大部分软件开发工作在本土的总部完成，而在爱尔兰主要完成软件本地化、装配/打包和销售等工作，并将产品出口至欧盟及其他地区。爱尔兰本土软件企业多创办于 1996—1998 年间，企业规模普遍较小，占全国产业的比重仍较低。这些企业主要从事技术支持和业务咨询以及全套的软件开发和测试，在与跨国公司合作的过程中形成了自己的核心竞争力。爱尔兰知名度较高的软件公司都拥有自己的主导产品和服务，如 Iona 的中间件、Smartforce 的基于计算机的培训、Trintech 的货币传输银行系统等。从整体来看，为更好地适应国际市场的多样化特点，爱尔兰软件行业呈现出发展的多样性和业务范围的广泛性，很少有多家公司在完全相同的细分市场中进行竞争，在全国范围内形成了协同发展的格局。

2. 爱尔兰服务外包发展阶段

爱尔兰软件和信息服务业的发展始于 20 世纪 70 年代，崛起于 80 年代后期，高速发展于 90 年代中期，形成了自己独特的发展模式，成为服务外包强国。爱尔兰的软件和服务外包产业发展经历了以下四个阶段：

(1) 萌芽和起步阶段(1970—1985 年)。这一时期主要是利用外国的软件产品为客户开展服务，专业化服务是这一时期的主要特征。1970 年初，计算机系统开始进入企业应用，形成了一个新兴的服务和需求市场。爱尔兰作为欧盟的成员国，具有独特的语言和区位优势，吸引了许多海外软件企业，特别是美国软件企业的进驻。外国公司进入爱尔兰主要是进行软件本地化、软件复制及销售服务。在这个时期，爱尔兰第一批本土的软件开发和服务公司诞生，主要是利用国外的软件产品对用户开展服务，帮助用户维护已有的计算机系统，针对用户已有的软件进行修改和二次开发，满足本土化需要，同时也生产一些产品，但利润普遍较低。

1981 年，爱尔兰政府制定了《国际服务业鼓励计划》，鼓励国外服务企业向爱尔兰投资的同时，也鼓励有足够实力和经验的爱尔兰服务企业进行对外投资。其中的投融资政策惠及正处于发展阶段的爱尔兰信息服务业。

(2) 发展阶段(1986—1995 年)。这一时期国内软件产业逐步发展成为一个新兴产业，开始向国际市场销售。随着外国公司软件在爱尔兰的本土化，外国公司开始聘用爱尔兰人进行软件开发，爱尔兰本国开始开发新产品并向国际市场销售。同时，跨国公司将先进的管理、培训等经验带入爱尔兰，使爱尔兰员工获得丰富的国际经验。

该时期，爱尔兰政府将信息通信技术、生物技术和新型材料技术作为未来发展的三个领域，在投入、人才培养等方面制定了一系列措施，比如利用以欧盟结构资金为代表的欧盟基金资源和研究计划的大量经费来资助开展科研，通过大量使用此类资金，爱尔兰进行连续的产业升级和技术研究，获得了可观的收益。在此期间，爱尔兰国内出现了很多新兴的软件和信息服务公司，但这些公司规模较小，主要从事服务和开发两种类型。从事服务的公司仍旧是针对爱尔兰和西欧相关大型企业自身运行的信息系统和专用软件进行运行维护服务，以及针对软件和需求进行二次开发。从事开发的公司主要业务集中在两部分：一是承接国外大型公司软件的开发业务，进行代码和程序流程开发；另一部分是开发专用软件产品，比如数据库、客户服务系统等。同时，在借鉴国外公司的先进经验和技术后，结合本国特点，爱尔兰国内也诞生了如Adlo 等规模较大的软件公司，他们着力于被大公司忽略的领域，有针对性地进行产品开发，并取得了不错的发展。

(3) 高速发展阶段(1996—2009 年)。这一时期实现了为海外企业提供服务向独立开发产品的转变，并将市场注意力从本土转向海外。由于风险投资、社会资本和海外资本进入软件行业，国内从事软件行业的公司从 1995 年的 390 家增加到 2003 年的 1000 多家，八年时间企业增加了两倍多。这些公司通过对市场细分，形成了许多专项市场公司，具有较强的国际竞争力。目前，爱尔兰是摩托罗拉、IBM、Intel、Lotus 等公司在欧盟总部的所在地，世界 10 大软件公司有 7 家在爱尔兰办厂，有的还设立了研发中心。爱尔兰软件产业 90%以上的就业机会、销售收入和出口收入都是由跨国公司在爱尔兰的机构创造的。许多后起的爱尔兰公司也演变成许多专项市场公司，在一些专业领域处于领先地位，并通过上市、并购等手段来开拓国际市场，提高竞争力。这一时期，国际 BPO 业务也开始迅速发展，许多跨国公司利用先进的电信技术及本地制作的软件将爱尔兰作为远程销售和远程支持中心基地，其主要职能是电话销售、计算机及系统软硬件的技术与客户支持以及航空、酒店、其他住宿服务的预订及客户服务等，爱尔兰已发展成为整个欧洲呼叫领域无可争议的领先者。除此之外，爱尔兰在财务服务、远程学习等方面也取得了长足发展。

(4) 发展放缓阶段(2010 年至今)。金融危机以来，全球服务外包产业发展速度有所放缓，爱尔兰服务外包产业步入成熟期，在人力成本、生活成本不断增加的情况下，爱尔兰逐渐丧失了人力资源方面的优势；此外，发展中国家服务外包承接国——印度、菲律宾、中国的相继兴起也带来了一定的竞争。但不可否认的是，完善的基础设施、稳定的政治局面、先天的文化和语言优势、较低的公司税率以及较高的教育水平等仍是爱尔兰软件外包的核心竞争力。

现阶段，爱尔兰软件企业主要涉及的领域包括通信产品、银行、软件工具及中间件、互联网工具及应用、多媒体与计算机辅助培训等，经过多年的努力，逐步在工业嵌入、移动通信、企业管理、中间件、加密技术和安全等领域成为国际领先者。软件企业主要从事包括开发和定制、本地化和版本翻译、生产和销售，以及技术支持等商业活动。

进入 21 世纪，爱尔兰软件产业已经进入一个良性发展阶段，稳居世界软件产业的一席之地。

3. 爱尔兰服务外包发展的优势因素分析

1) 爱尔兰政府的大力支持

完善的配套支持政策是确保产业发展的根本保障，爱尔兰政府高度重视软件和服务外包产业的发展，采取了制定国家发展计划、设立专项研究基金、实施财税优惠等一系列政策措施，为产业的健康发展提供了根本保障。

在爱尔兰的ITO甚至整个经济的起步发展中，外资都起到了十分重要的作用。爱尔兰曾是个经济比较落后的国家，为了改变这种状况营造良好的投资环境，政府更新了通信网络，建立了世界一流的电信通信设施，同时制定了各种优惠政策来吸引外资的进入。

在税收政策方面，对1998年7月31日前在当地注册的制造业公司，在2010年前最高只征收10%的公司所得税，2011年提高到12.5%。在这之前注册的国际服务企业，在2005年之前最高只征收10%的企业所得税，2006年提高到12.5%；对工厂、建筑和设备给予折旧补贴，不扣赋税；在爱尔兰获得专利并开发产品的免征所得税；公司利润可以自由汇出爱尔兰等。

1990年，政府划拨土地建立软件园区，并制定了为企业提供必要的中介及孵化服务等一系列优惠政策。政府为提高软件产业的国际竞争力，进一步加大了对软件产业的资金支持力度。如20世纪80年代末，利用欧盟基金资源和研究计划的大量经费开展科研，1996年设立的"专项高科技产业风险资本基金"，21世纪初期政府建立的7.1亿欧元的"技术前瞻性基金"等，在很大程度上促进了软件产业的发展。

政府为促进本国服务外包产业的发展，制定了一系列的支持措施和政策，并营造完善的法律环境。为了减少发包企业对信息安全的担忧，爱尔兰加大了知识产权法、信息安全法、数据保护法、电子签名法等与软件和服务外包紧密相关的立法工作。爱尔兰政府于1988年及2003年颁布的《数据保护法》为处理个人数据时所必须依从的保护原则提供了法律框架。在知识产权保护方面，爱尔兰政府先后颁布了《隐私与数据保护法及其修正案》和《知识产权法》等法律。早在1999年就制定出台了《电子商务法》，承认电子合同及电子签名的法律效力，允许软件的加密开发。在知识产权、专利等方面沿袭欧洲惯例，有着严格、有效的法律规范。政府立法的不断完善及企业信息保护意识的提高，为爱尔兰软件和服务外包产业发展营造了一个良好的商业环境，极大地提升了软件和服务外包出口的竞争能力。

2) 完善的教育制度，健全的培训体系

完善的教育体系和人才培养机制是产业健康发展的持久动力。爱尔兰政府认为，教育不仅能提供较好的高技术水平的劳动力，而且有助于提供一个扩大的、更具竞争力的市场。早在1967年，爱尔兰就开始实行中等教育免费；90年代以后，爱尔兰开始实行免费大学教育，政府扩大高校招生数量，进一步加强软件、电子等专业技术人才的培养，并逐渐建立起了基础理论与实用相结合的高等教育模式，成为目前世界上15~29岁年龄段人口在校就读率最高和人均受教育水平最高的国家之一。

在爱尔兰，大学体系主要定位为创新经济、培养大批知识型工人，政府鼓励高校和企业相结合，使科研成果迅速转化为生产力和利润，探索了一条国家、企业、私人并举，

产、学、研相结合，正规与非正规教育互为补充的人才培养模式，造就了多层次的软件技术人才，为软件产业源源不断输送了大批年轻且高水准的实用性人才。在高校人才培养方面，软件专业学生前两年学习基础理论知识，第三学年在生产一线实习，第四学年进行独立设计。这样，大学生在毕业之后就具有了实际工作经验和项目领导能力。另外，爱尔兰的高校具有较强的 IT 开发实力。跨国公司投资爱尔兰的原因之一，就是其具有较强的研发能力和能够适应信息技术高速发展的人才。

3) 拥有地缘优势和文化优势

目前爱尔兰是欧元区少数以英语为母语的国家，语言障碍较少，这也是转移服务外包业务尤其是软件外包业务的欧美跨国公司较为看中的条件。而且欧盟市场有 20 多种语言的实际需求，作为欧盟成员国，成员国公民在爱尔兰享有务工自由，劳动力流动便捷，爱尔兰可以吸引欧盟区其他国家双语和多语言技术人才。1850 年的大饥荒致使爱尔兰人大量移居欧美，据统计，仅在美国就有 4000 万爱尔兰侨民，他们有力促进了爱尔兰与美国 IT 界的联系。

综上可以看出，爱尔兰服务外包企业竞争力的形成在于长期的积累和发展，企业一方面依靠政府的资金和政策支持，在短期内获得发展动力，另一方面依靠长期的人才、法律等配套服务和设施的逐渐完善形成长期竞争力。

◆ 经典案例 ◆

爱尔兰香农开发区

在爱尔兰，提起香农开发区，几乎无人不知，无人不晓。外国领导人访问爱尔兰，到这个开发区参观通常是爱尔兰政府安排的一个重要节目，一些国际机构也对开发区赞誉有加。几十年来，香农开发区已成为爱尔兰除都柏林等东部沿海之外发展最快的地区，也是区域发展的一个样板。2012 年 2 月，时任国家副主席的习近平同志访问爱尔兰，并参观考察了香农开发区，习主席说，香农开发区是世界上最早、最成功的经济开发区之一，几十年来不但为爱尔兰的经济发展作出了重要贡献，也为世界上不少国家的开放性经济发展提供了有益借鉴。中国建设经济特区、上海浦东新区、天津滨海新区等就借鉴了不少香农开发区的有益经验。2014 年 5 月 16 日，驻爱尔兰大使徐建国赴香农开发区考察。香农开发区的发展历程如表 4-5 所示。

表 4-5　香农开发区的发展历程

时　间	发　展　状　况
1942 年	香农机场建立，成为重要的航空中转站，为来往于北美—欧洲航线上的飞机补充燃料，很多航空公司将其作为培训基地，航空服务业得到迅速发展，使其成为二战之后爱尔兰建立的唯一的一个新兴城市
1947 年	香农机场只有二米长的仅卖烟酒的小小柜台开设了世界第一家机场免税商店
1959 年	为了吸引外资、促进经济发展，爱尔兰政府决定成立香农自由空港开发公司(即香农开发公司)负责推进当地航空业的发展

续表

时间	发 展 状 况
1960 年	香农开发公司围绕香农机场进行深层次开发，紧邻机场建立了世界上最早以从事出口加工为主的自由贸易区，以其免税优惠和低成本优势吸引外国特别是美国企业的投资
1968 年	爱尔兰政府建立香农开发区，并授权香农开发公司统筹负责整个香农地区的工业、旅游业等的全面经济开发
70 年代	利默里克大学建立，使开发区开始享有自己的教育和科研服务机构，从而便于开发区的进一步发展
1980 年	建立了本地区高技术公司的创新中心
90 年代	开发区调整发展方向，以服务业为主
20 世纪 90 年代后期	开发区向知识经济型转变，除建立了利默里克国家技术园外，还建立了凯里技术园、提珀雷里技术园、恩尼斯信息时代园和博尔技术中心。2004 年提出"香农开发区 2020 发展规划"。规划拟通过提升区内基础设施和其他各种服务支持，推进实现香农开发区从服务型经济向知识型经济的飞跃
2001 年	开发区与欧洲、北美实现了宽带网络联接，建立起了电子商务环境，为爱尔兰成为世界第一大软件出口国发挥了重要作用

思考题：香农开发区的发展对我国的启示是什么？

4.3.3 菲律宾服务外包市场

1. 菲律宾服务外包市场状况

菲律宾位于亚洲的中心，交通便利，在国际商务中是海运、空运的必经之路。菲律宾是东西商业交流的十字路口，也是进入东盟市场的重要关口，是当前世界经济发展最快的区域。自 2001 年开始发展服务外包产业以来，依靠高素质的英语人才和先进的信息技术通信设施，菲律宾服务外包产业发展迅速，成为近年来发展最快的行业之一，并已跃居世界领先地位。据统计，2016 年，菲律宾服务外包行业总收入为 230 亿美元，解决就业人口 115 万人。目前在菲律宾寻求外包的国家主要有美国、日本、韩国和欧洲国家。世界著名企业 IBM、壳牌、汇丰银行、宝洁等都在菲律宾设置了呼叫中心。美国在菲律宾市场中，占比达到 60%~70%。其原因包括：首先，美国在菲律宾遗留的军事基地已改建为经济特区，如苏比克，区内留有完善的基础设施、通信系统等，为美国再次开展业务提供了便利。其次，菲律宾的教育体系采用了美国模式，在政治、经济、文化、法律等方面与美国相通，许多专业人员曾在美国接受过培训，精通英语，熟悉美国客户要求的专业知识，双方容易交流、达成合作。

菲律宾在外包服务领域中，涉及呼叫中心、电脑软件开发、数据编译处理、动画制作、财务、人力资源、工程设计等方面，在软件外包领域主要提供低端技术性的服务。

(1) 呼叫中心。菲律宾的呼叫中心在亚洲具有绝对的竞争优势，这个行业占到菲律宾整个业务流程外包行业的近 70%。据调查显示，在英语运用、电信基础设施、管理等方面菲律宾均优于印度，经营成本也低于印度。因此，美国、英国和亚洲邻国均有意向在菲律宾设立呼叫中心。1997 年，菲律宾首家呼叫中心成立，几年来迅猛发展，年增长超过 100%；2013 年，呼叫中心增加到 46 家，雇佣了 72 万菲律宾人，创造了大约 160 亿美元的收入，约占国内生产总值的 6%，与上一年相比增长了 23%。而这些公司大部分是由美国设立的，经营菲律宾几乎全部的国内呼叫业务，公司内的高级程序人员在美国接受培训，达到一定的专业水平，并通过美国安全保障法规定的专业考试后，取得合格证书。菲律宾市场潜力巨大，有望成为亚太地区最大的呼叫中心市场。现在，菲律宾正在计划进一步扩大市场，将目标锁定在该地区不说英语的客户。

(2) 电脑软件开发。电脑软件开发在菲律宾的发展已有 20 多年的历史，拥有大批电脑程序专业人才，在国际上享有较高的声誉。目前软件开发公司有 300 多家，主要向南美、欧洲、日本、亚太等地区提供服务，涉及领域有电信、银行、政府部门、学校。

(3) 动画制作行业。动画制作在菲律宾也有 20 多年的历史，在动画设计方面，菲律宾人具有独特的艺术技巧，富于创造力。语言方面的优势，使他们能很快将艺术成果以英语形式表达出来，对作品的故事情节也有很好的理解力。这些优势，使其在亚洲处于领先地位，被世界公认为"高品质动画出产国"。并且伴随着网络和电子商务的迅速普及，网络开发、电脑设计、广告等领域的动画制作需求也越来越多，也为菲律宾创造了更多机遇。该行业娱乐领域外包来源国有美国、日本、韩国、澳大利亚、法国等地；商务和教育领域来源国有中国、泰国、马来西亚。

(4) 医疗服务行业。菲律宾在医疗服务方面具有世界级水平，曾向世界一流的医疗机构输送大量优秀的医学人才，他们以精湛的专业技术、良好的职业道德，在世界上赢得盛誉。菲律宾也意识到该行业能带来更多机遇，市场潜力巨大，已经开始充分利用优势，积极开拓世界医疗服务市场。

(5) 医学数据编译。作为菲律宾的一个新兴产业，其旺盛的发展势头，将成为菲律宾服务行业的新亮点，为该国带来稳定的外汇收入。尽管其市场份额尚未达到美国市场的 1%，但发展势头显示出巨大潜力，年增长率达 130%。越来越多的美国公司已经考虑在菲律宾设立服务机构，以应付前所未有的大量需求，目前国内已有 28 家编译公司和专家 1 500 人。

2. 菲律宾服务外包发展的优势因素分析

1) 良好的语言环境

菲律宾曾被美国殖民统治近 50 年的时间，在此期间，美国大肆推广英语及美国文化教育，且菲律宾的政治体制和法律体系均参照美国而建，使菲律宾人无论是语言习惯、文化认同以及行事方式，都同美国有较多的相通之处。因此，菲律宾成为美国服务外包的重要基地。

2) 政府的支持

为了促进行业发展，菲律宾政府启动了"投资优先计划"，将服务外包业纳入优先发展产业，并推出了一系列优惠措施。首先，菲律宾从事服务外包的企业在任何区域或经营场所均可向政府申请经济特区优惠政策，包括财政优惠和非财政优惠两种。

财政优惠：外国公司在经济特区开展服务外包业务，在开始的 4～8 年内免税，免税期后可继续享受优惠待遇，只交 5%的营业税；公司还可免税进口特殊设备及材料，免缴码头使用费；在当地购买的货物和服务免缴 12%的增值税。

非财政优惠：无限制使用托运设备；进口开展业务所需设备或物资时，享受通关便利。在人才引进方面，外国公民可在服务外包企业从事管理、技术和咨询岗位 5 年时间，经投资署批准，可延长期限。总裁、总经理、财务主管或与之相当的职位可居留更长时间。通过立法保护服务外包领域的知识产权和数据信息安全，先后颁布了《知识产权法》和《数据安全和隐私法》，运用法律手段支持服务外包企业的发展。大力开拓海外市场，采取积极进取的宣传策略，向全球宣传菲律宾服务外包产业发展优势。2009 年，菲律宾商业流程协会 BPAP 评选了 9 个城市作为菲律宾 BPO 产业发展的新型地区，这 9 个城市分别在基础设施建设(特别是信息技术和通信设施)、人才密集度、城市综合环境、产业成本低廉等方面各具优势，比较适合外国投资者在这些地区开展服务外包。重视其服务外包行业发展的总体规划和产业政策的制定与调整，设有专门机构负责监管整个外包服务市场。

3) 充足的人才和较低的经营成本

菲律宾现有人口 8870 万，教育普及率达到 94.6%，72%的人能流利使用英语。目前，拥有 2 900 万技术人员，此外，每年还会新增 38 万大学毕业生，补充专业人才队伍。为增强本地人才的竞争力，菲律宾政府近几年连续为本国外包培训机构拨款，例如：拨专款设立面向服务外包的"应用型人才培训基金"；为达不到公司录用标准的求职者发放培训券，免费提供各种技能培训；还承诺将经过培训后就业的人员所缴纳的个人所得税再用于补充培训基金。菲律宾政府已多次向上述基金拨款，每次 1000 万美元。

在人力成本方面，菲律宾普通员工工资平均每月不到 250 美元，这在亚洲来说是比较低的，和印度、中国相比没有太大的差距。但有一点我们必须注意，菲律宾采用的是西方的教育体制，他们的服务人员不仅精通英语，还熟悉西方的很多专业知识，所以能为企业节省大笔培训费用。

总体来看，菲律宾在服务外包产业发展过程中的竞争力主要来自五个方面，分别是：广泛的英语普及、包容的文化、低廉的人力成本、与美国密切的政治关系以及积极的政策扶持。因为特殊的历史背景和语言优势，在世界新一轮社会分工深化过程中抓住了机遇，其服务外包产业得到迅猛发展，也从中获得了巨大收益。

本 章 小 结

1．国际服务外包：企业将本来由自身执行的非核心服务生产职能，通过建立可控制的离岸中心或国外分公司，借助于信息通信网络，通过合同方式发包、分包或转包给本企业之外的服务提供者，以提高自身资源配置效率的一种经济活动。

2．国际服务外包发展经历的四个阶段：萌芽阶段、发展阶段、普及阶段和深入阶段。

3．国际服务外包加速发展的五大动因分别为：服务的深层次转变、应用管理外包的发展、BPO 的快速增长、离岸业务的快速发展、坚挺的中小企业市场需求。

4．国际服务外包，随着信息技术的不断提高，以及世界经济环境的持续改善，市场交易规模持续扩大，并呈现加速增长的态势，产业链升级、服务外包模式不断创新。

5．美国服务外包市场呈"倒 T 型"发展模式，未来将保持复合增长率 17% 的速度增长，市场结构从"基础的技术层面的外包业务"逐步向"高层次的服务流程外包业务"转变。

6．欧洲服务外包市场呈"橄榄型"的发展模式，未来将保持复合增长率为 17.2% 的速度增长，特别是西欧国家。服务外包结构从低端向高端逐步发展。

7．日本服务外包市场呈"金字塔式"的发展模式，据 Gartner 统计的数据显示，在 2012 年日本离岸外包业务市场份额占比中，中国获得了 77.9%，比位于第二位的印度高出了 58 个百分点。在日本的离岸外包承接国中，中国的份额一直保持在 70% 以上。

8．印度被 Gartner 称为"离岸外包服务的无冕之王"，目前占据全球 ITO 市场 61% 的份额，BPO 和 KPO 占全球 35% 的份额。

9．印度服务外包发展模式从演进和发展历程分析，主要体现三种：渐进式、主动竞争型和资源利用型。

10．印度服务外包发展的优势因素包括：人力资源开发、健全的法律法规、科技园区的建设、行业协会的建设等。

11．爱尔兰服务外包市场呈现以下特点：产业层次逐渐提升、产业发展高度聚集、以出口为导向的产业发展模式、本土与外资企业协调发展。

12．爱尔兰服务外包发展的优势因素包括：爱尔兰政府的大力支持、完善的教育体制和健全的培训体系、地缘优势和文化优势等。

13．菲律宾服务外包市场上的优势领域主要有：呼叫中心、电脑软件开发、动画制作行业、医疗服务行业、医学数据编译等。

14．菲律宾服务外包发展的优势因素包括：良好的语言环境、政府的支持、充足的人才和较低的经营成本。

本 章 练 习

一、简答题

1．简述国际服务外包加速发展的五大动因。

2．简述国际服务外包呈现的几大发展趋势。

3．简述美国、欧盟、日本服务外包市场发展模式，并进行简单比较。

4．对印度服务外包市场的发展模式做简单分析。

5．简述菲律宾服务外包市场几大优势行业。

二、论述题

1．搜集资料论述国际服务外包的兴起给中国带来的机遇和挑战。

2．针对日本服务外包市场的发展模式，总结归纳日本服务外包市场的特点。

3．分析印度、爱尔兰、菲律宾等服务承接国的服务外包发展优势因素，其对我国发展服务外包有哪些启示？

三、案例分析

2009 年 2 月 16 日，IBM 公司买断了荷兰的人寿及养老保险企业 Delta Lloyd 集团的外包合同，据 IBM 公司介绍，这一为期七年的外包合同价值 2 亿欧元。

近年，越来越多的欧洲公司开始逐渐把自己的一些业务外包给一些美国的大型公司，如 IBM、惠普和电子数据系统公司(EDS)等。英国 IT 服务提供商 LogicaCMG 上市公司的科克·史密斯表示，目前的外包行业是比较引人关注的，很多欧洲公司都在逐渐引入美国和英国的企业模式。由于这种模式要求企业控制产品或服务的成本，因此出现了越来越多的外包交易。史密斯还表示，很多欧洲公司都已经意识到自己必须要适应全球性的经济环境，而外包业务则是实现这种适应的一种很好的方式。诸如 IBM 和惠普对于寻求外包业务的公司来说是很有吸引力的，因为这些大公司有着全球知名的品牌。在全欧洲，外包的业务从 IT 到人力资源、金融和会计等都有。在欧洲公司寻求外包业务的过程中，受益的不仅仅是那些大型外包业务承接商。一些小型的欧洲本地的公司(如 LogicaCMG 上市公司)也在逐渐同一些提供专业化服务的公司联合起来，参与一些外包项目的竞标。尽管多数情况下诸如 IBM 和惠普等大型公司都是外包合同的赢家，但有些时候在一些专业化服务的外包竞标中，一些小型的承接商也会联合起来赢得外包合同。例如，Delta Lloyd 集团在决定与 IBM 签订外包合同之前，就曾考虑把自己的一些业务外包给几个小型公司。

问题：搜集材料归纳总结美国和英国的企业模式。为什么这种模式易于进行外包？

第5章 中国服务外包的发展

📖 **重点难点**

重点：

1. 我国服务外包市场概况

2. 我国服务外包市场结构构成及发展现状

难点：

1. 我国发展服务外包的优势因素，并与印度、爱尔兰等国家进行比较

2. 我国发展服务外包所面临的机遇和挑战

3. 用所学知识分析相关案例

2017 全球服务外包大会暨第二届中国服务贸易创新发展武汉峰会在武汉东湖国际会议中心拉开帷幕，四大服务业项目落户武汉，总投资近 5 亿元人民币。

作为全球服务外包领域最具影响力的峰会，本届大会以"服贸创新、外包领航"为主题，来自 23 个国家的服务外包领域的专家、学者和企业高管汇聚一堂，围绕服务贸易创新发展、"一带一路"背景下的服务外包发展新机遇、"服务外包+"产业融合趋势下的新形势等热点话题，举办了主题演讲、服务外包发展论坛、项目对接洽谈等一系列活动。

大会提供的数据显示，过去十年，是中国服务外包产业的起步期。十年来，在政府、企业和相关机构的共同努力下，中国服务外包快速发展，全国服务外包企业从 500 多家增长至近 4 万家；离岸服务外包执行金额增长了 51 倍，我国成为全球第二大服务接包国；全国总共批准了 31 个服务外包示范城市，形成了东中西错位发展的总体布局；从业人员从不足 6 万人猛增至 856 万人，其中大学以上学历 551 万人，服务外包成为我国高学历人才集聚度最高的行业，在"稳增长、调结构、惠民生、促就业"方面发挥了重要作用。

作为本次大会的主办地，武汉市是第一批中国服务外包示范城市，自 2016 年 2 月国务院批复开展服务贸易创新发展试点以来，武汉市服务贸易规模迅速扩大。2016 年武汉市实现服务进出口总额 107 亿美元，同比增长 52%，其中服务出口同比增长 87%，位列全国服务外包示范城市第一梯队。大会还评定北京、南京、杭州、无锡、济南、苏州、武汉、南昌、青岛、西安、南通、金华等 12 个城市为"2017 中国服务外包风采城市"。

资料来源：http://news.hbtv.com.cn/p/937239.html.

5.1 中国服务外包市场概况

如果把"中国制造"所带来的"生产外包"看作是依靠密集型劳动力赢得世界市场，那么，随着信息技术的发展和全球新一轮服务产业转移的机遇，向世界提供知识密集型的"中国服务"所带来的"服务外包"正成为趋势。

5.1.1 中国服务外包市场现状

为了抢抓全球新一轮产业向国际产业分工合作转移和全球经济发展带来的巨大机遇，中国近年来高度重视服务外包的发展，提供了强大的政策支持，服务外包产业进入高速发展阶段。2015 年商务部发布了《关于新增中国服务外包示范城市的通知》，该通知提出，根据服务外包产业集聚区布局，统筹考虑东、中、西部城市，将中国服务外包示范城市数量从 21 个有序增加到 31 个。

1. 中国服务外包市场规模

随着中国国内和离岸服务外包需求的增加、政府的进一步推动，中国服务外包产业进入高速发展阶段。2016 年 1 至 12 月，我国企业签订服务外包合同金额为 1 472.3 亿美元，执行额 1 064.6 亿美元，同比分别增长 12.45% 和 10.11%。其中离岸服务外包合同额 952.6 亿美元，执行额 704.1 亿美元，同比分别增长 9.14% 和 8.94%；在岸服务外包合同额 519.7 亿美元，执行额 360.5 亿美元，同比分别增长 19.07% 和 12.46%，增速均超过同期全国外贸增速，成为对外贸易及服务贸易中的一大亮点。我国 2009 年至 2016 年服务外包发展状况如图 5-1 所示。

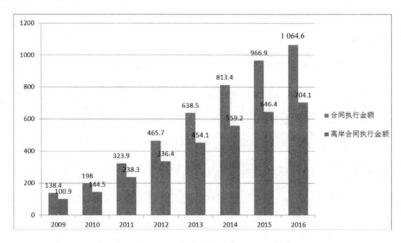

图 5-1　中国 2009—2016 年服务外包市场规模

从产业结构来看，结构高端化升级态势明显。从"成本套利"走到"智能化服务"，服务外包的技术支持由传统的互联网与信息技术转向以"云计算、大数据、移动互联、物联网"为核心的新一代信息技术，基于云的服务模式被广泛认可，云端交付也大量被传统服务外包企业所采用，SaaS 和 On-demand Payment(按需付费)成为主流的交付与定价模式。

2016 年又出现服务外包企业加速人工智能、区块链等技术的研发与应用，当年信息技术外包(ITO)、业务流程外包(BPO)和知识流程外包(KPO)合同执行金额分别为 563.5 亿美元、173 亿美元和 335.6 亿美元，执行额比例由 2015 年的 49∶14.2∶36.8 调整为 53∶16∶31。基于企业信息化需求的提升与云计算业务的快速发展，ITO 比重大幅增加，KPO 占比小幅回落。但是得益于知识产权研究、数据分析与挖掘、医药和生物技术研发与测试等业务的超高速增长，KPO 同比增速达 31.65%，超过同期 ITO 与 BPO 的增速，产业向价值链高端升级的特征更加明显。具体如图 5-2 所示。

图 5-2　2016 年我国服务外包市场结构

　　主要发包市场的格局相对稳定，"一带一路"市场的重要性显著提高。2016 年我国承接美、日、欧和中国香港地区等主要发包市场的服务外包执行额为 3086 亿元，同比增长 19.3%，占我国离岸服务外包执行额的比重逐渐减少，承接"一带一路"相关国家服务外包执行额 841 亿元，占我国离岸外包的 17.2%，市场重要性显著提高。我国离岸服务外包已拓展至 201 个国家和地区，业务遍布全球。通过承接离岸服务外包业务，企业的研发能力不断提升，推动技术、设计和标准"走出去"，促进了国际经贸合作日益深化。发包国家的占比情况如图 5-3 所示。

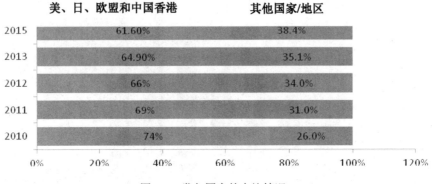

图 5-3　发包国家的占比情况

2．中国服务外包产业区域发展

　　从发展区域来看，经过多年的发展，我国服务外包产业逐渐形成了"三大集群，东西映射，特色区域发展"的良好格局，并且东部沿海省市与中西部地区在该领域的产业分工也日益清晰。在离岸外包业务方面，东部主要承担系统研发中的咨询和设计工作，西部地区的企业以编程、测试为主；在国内业务方面，东部地区以面向大客户的服务为主，西部地区多为面向中小企业的服务；在业务创新方面，东部地区企业倾向于平台化服务和提供行业整体解决方案，西部企业侧重针对个别痛点的解决方案。这是我国服务外包产业趋于成熟的一个体现。一方面随着国内综合成本特别是人力资源成本的快速上升，很多服务外包企业在北上广深等一线城市将只保留区域总部、营销机构及高端研发与设计中心，而将其离岸交付基地及后援支撑平台转移到中西部地区的二三线城市。另一方面，随着国内"两化"融合的持续深入，特别是"中国制造 2025"强国战略的最终落地，本土在岸外包市场快速成长，不同地区由于其现有工业基础不同，相应的服务外包产业形态也有所不同。

　　在东部沿海发达城市，围绕"环渤海、长三角、珠三角"三大经济圈，形成服务外包产业三大集群。每个集群内的各城市整合资源、协作发展，带动了周边地区产业整体发展，产业集聚和规模效应逐步体现。

　　长江三角洲是指以上海、南京、苏州、无锡、杭州与合肥等城市为中心，同时辐射周边一系列城市，其基于良好的基础设施、丰富优质的高校和人力资源、相对完备的知识产权保护以及广泛的国际交流与合作，形成了以金融后台服务、软件研发与交付为特色的服务外包产业态势。

　　环渤海是以北京市、天津、大连为中心向外延伸形成的区域。依靠本地丰富的教育资源、良好的工业基础以及北京作为首都政治中心的优势，内部市场巨大，交通发达，靠近东北亚经济圈，在软件研发、互联网及创新创业等方面优势明显。

珠三角是以深圳和佛山为主，外向度比较高，靠近中国香港和澳门，具有语言、风俗习惯和思维方式等方面的优势，主要集中在面向中国香港地区和东南亚的软件和信息服务外包、工业及动漫设计外包、现代物流供应链管理服务外包三个方面。

中西部地区是以西安、成都、武汉等城市为代表，历来拥有较强的科技实力、一大批高质量的高校与科研院所、相对较低的劳动成本，以及相对东部沿海地区更为优惠的税收政策，具有独特的发展优势。如成渝经济区、西安、长沙等地，结合各自的产业特点，与东部三大集群开展合作，形成东西映射，实现区域产业发展的特色。截至 2009 年年底，我国服务外包产业中，长江三角洲、珠三角、环渤海和中西部地区分别占比 64%、5%、22%和 9%。

5.1.2　我国服务外包市场结构发展现状

我国服务外包业务仍以信息技术外包为主，借助于云计算、大数据、物联网、移动互联等新一代信息技术，推动"互联网+服务外包"模式快速发展，服务外包企业稳步向高技术、高附加值业务转型，2016 年全年承接离岸信息技术外包(ITO)、业务流程外包(BPO)和知识流程外包(KPO)执行额分别为 2 293 亿元、809 亿元和 1 783 亿元，占比分别为46.9%、16.6%和 36.5%，同比增长 11.4%、35.9%和 15.5%。

1. 中国 ITO 发展现状

中国的信息技术外包 ITO 起步较早，当前正处于高速发展期。中国国内的 IT 服务外包市场是由硬件产品支持服务发展起来的，逐步拓展到软件开发、支持服务和 IT 运营服务。其中，软件开发服务外包占有超过一半的比重。2012 年，ITO 离岸业务中，软件开发外包执行金额为 128.1 亿美元，占比为 67.9%，信息系统运营维护外包执行金额为 40.6 亿美元，占比为 21.5%，如图 5-4 所示。

云服务

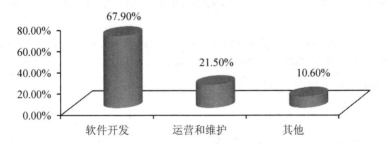

图 5-4　2012 年中国 ITO 离岸业务执行额分布

从 ITO 市场的发包行业来看的话，主要包括软件业、金融业、电信业、制造业、政府、航空、交通及石油工业等，行业分布非常广泛。其中，软件、金融、电信和制造业四大行业释放了 60% 以上的 ITO 业务需求。

国内 ITO 产业实力持续增强，企业从提供应用程序开发、测试业务正在逐步转向提供解决方案等高价值服务，从通过人力派遣驻扎客户端完成指定工作量、根据人头数及工时数计算盈利的商业模式，转向借助 IT 系统管理体系、以服务标准和数量计算盈利的商业模式。龙头企业加速扩张，并购上市此起彼伏，国际市场加快开拓，技术模式日新月异。如云计算、物联网、移动互联网等信息技术的发展，创新了服务外包产业发展模式，丰富了服务外包业务领域。ITO 企业更是我国服务外包企业的主力军，无论是服务外包领军企业，还是目前上市的服务外包企业，都以从事 ITO 业务的企业居多。ITO 领域目前主要包括软件服务外包和云服务外包两种。

1) 软件服务外包

软件产业具有较高的科技含量，是一种典型的知识密集型行业。作为高科技代表的产业，它的发展是企业参与国际竞争的要求，改变着制造业、农业及工业生产和管理方式的创新，带动着国民经济各个领域，为提高产业效率和经济效益发挥了重要作用。据国家工信部的统计，2016 年，全国软件和信息技术服务业实现软件业务收入 4.9 万亿元，同比增长 14.9%，增速在服务业中位居前列，销售利润率达近年来最高水平。以东软集团、浙大网新、文思海辉、中软国际等一批大型龙头企业为代表，软件服务外包企业的数量和质量都有了进一步的提升，国际竞争力不断增强。2010 年我国软件外包企业数量约 5900 家，同比增长 25.5%。软件外包企业通过有效整合优质资源、优化产品结构，推进品牌的国际化战略。行业并购案例和金额不断增加，企业规模扩大，中国软件离岸外包的国际竞争力快速提升。

◢◣ 经典案例 ◢◣

东软集团股份有限公司成立于 1991 年，于 1996 年上市，是中国第一家上市的软件企业，是中国目前最大的离岸软件外包提供商。公司开发的各种软件已被广泛运用于电信、电力、金融、政府以及制造业与商贸流通业、医疗卫生、教育、交通等行业，软件的商品化率是国内最高的。

2011 年 4 月，全资子公司—东软欧洲以 66.02 美元/股的价格收购了 Aerotel 新增发行的股份。Aerotel 成立于 1998 年，主要业务是为患者提供远程医疗诊断、保健、护理等解决方案。

2011 年 8 月，公司以 1.14 亿元的对价收购望海康信 73.14% 的股权。望海康信核心产品包括面向医院的医院综合运营管理系统和面向政府的区域卫生资源监管信息系统，公司在医疗行业 ERP 领域具有领先的市场地位。

2) 云服务外包

信息技术的发展从计算机、互联网时代进入 3.0 时代，即云时代。现代的服务外包是信息技术和互联网双重技术推动下的产物，其发展和变革必然会受到信息技术发展的影响和作用。在云计算的推动下，基于"云"平台、"云"模式和"云"理念的云外包服务已经出现，并日趋成为外包行业发展的主流和趋势。

云外包包含三个层面的内容：一是基于"云"平台的外包，即云计算和 SaaS 模式的外包服务；二是基于"云"模式的外包，即外包企业将自己的服务模式从线性的传统点状服务模式转变为非线性的 PaaS 的平台服务模式；三是基于"云"理念的外包，即聚集海量个人和企业服务资源的"服务云"，即众包的升级版。

云外包对服务外包企业业务模式带来的变革性影响主要体现在以下三个方面：

(1) 传统的 IT 基础设施服务、IDC 服务、IT 服务等，将形成基于 IaaS(基础架构即服务)模式下的云服务，即以服务形式提供服务器、存储和网络硬件以及基于硬件的 IT 服务，ITO 也将重新定位为 ITCO(IT Cloud Outsourcing)。

(2) 传统的软件外包服务，包括软件开发、软件测试、软件支持服务等，将形成 PaaS(平台即服务)模式下的云服务，服务商通过统一的云应用程序开发及部署平台，进行内部开发、测试以及客户的协调开发管理。

(3) 传统的 BPO 服务，包括数据处理、人力资源管理、财务外包、行政后台服务等，将形成 SaaS(软件即服务)模式下的云服务，通过标准化、模块化和流程化的云平台，为客户提供统一和即需即用的无缝服务。

"云"的出现正在创造一种新的生态系统，这种新生态将会成为新的整合的时代以及新的客户合作方式的引领者。各个国家也在积极迎合"云"所带来的变革。

美国 2011 年 2 月政府发布的《联邦云计算战略》，规定在所有联邦政府信息化项目中云计算优先。欧盟制定了"第 7 框架计划(FP7)"，推动云计算产业发展。英国已开始实施政府云(G-Cloud)计划，所有的公共部门都可以根据自己的需求通过 G-Cloud 平台来挑选和组合所需服务。

IBM、Microsoft 等知名电子信息公司相继推出云计算产品和服务，Intel、Cisco 等传统硬件厂商也纷纷向云计算服务商转型。VMware 因在云基础架构领域的领先优势成为继 Google 上市后美国融资额排名第二的科技公司。Salesforce 等多家新兴云计算技术和服务企业也凭借先发优势成功在欧美证券市场上市，发展势头强劲。

我国政府也高度重视云计算产业发展，国务院《关于加快培育和发展战略性新兴产业的决定》(国发〔2010〕32 号)，把促进云计算研发和示范应用作为发展新一代信息技术的重要任务。2010 年 10 月，国家发改委和工信部印发了《关于做好云计算服务创新发展试点示范工作的通知》，确定首先在北京、上海、深圳、杭州、无锡等五个城市先行开展云计算服务创新发展试点示范工作。中国电信、移动、联通三大电信运营商和 IT 龙头企业大举向云计算转型。2017 年 4 月，工信部印发《云计算发展三年行动计划(2017-2019)》，提出到 2019 年我国云计算产业规模达到 4300 亿元的发展目标，突破一批核心关键技术，云计算服务能力达到国际先进水平，支持软件企业向云计算加速转型，加大力度培育云计算骨干企业。

· 经典案例 ·

　　华胜天成的业务方向涉及云计算、移动互联网、物联网、信息安全等领域，业务领域涵盖 IT 产品化服务、应用软件开发、系统集成及增值分销等多种 IT 服务业务，是中国最早提出 IT 服务产品化的公司。凭借在云计算领域出色的服务能力及产品优势，曾获得"2011—2012 中国云计算 IaaS 服务市场年度成功企业"称号。华胜天成是国内第一个推出完全基于异构平台的 IaaS 解决方案的企业，也是中国首个云计算项目申请融资获批的上市公司。

2011 年 9 月,公司以 12.94 元/股非公开发行股票,募资总额为 5.05 亿元,拟投资领域包括:云计算环境下的信息融合服务平台建设及市场推广项目、面向"服务型城市"的新一代信息整合解决方案、数据治理软件及行业解决方案、软硬一体化的 IT 资源和机房监控产品研发及推广项目。其中投入资金最大的项目"云计算环境下的信息融合服务"的具体建设内容包括数据中心、服务中心管理软件系统开发、IT 服务总控中心及软件研发中心,涵盖了云计算的三个主要领域。

目前公司能提供的云服务包括:云运维(SaaS 模式)、天成云 IaaS 资源管理平台、天成云 PaaS 平台、容灾流程管理平台等服务。

2. 中国 BPO 发展现状

伴随"服务外包"这一模式的成熟,发包企业逐渐认识到不但信息技术服务可以通过外包的方式完成,而且企业单个或多个业务流程也可以借助外包的模式以达到控制成本和提高效率的目的,由此业务流程外包业务需求开始释放。我国 BPO 业务的发展要晚于 ITO,目前还处于发展初期。但是业界认可中国的 BPO 业务能力和发展潜力的呼声渐高,无论是 IDC 的未来五年中国 BPO 业务的年均复合增长率将高达 34.8%的预测,还是著名咨询公司科尼尔提出的中国已经成为仅次于印度的全球最具吸引力的离岸外包目的地的论断,都显示了中国正在迅速成为全球一个重要、最具吸引力的信息技术、研发以及采购服务的目的地之一。

目前,国内 BPO 业务多以业务环节的外包为主,整个流程的外包还比较少。如人力资源外包就是典型的业务环节外包,也是目前 BPO 市场的主要业务领域之一。有关研究显示,超过 70%的企业对人力资源外包有所了解。此外,金融后台服务成为我国 BPO 发展的一大亮点,数据中心、清算中心、灾备中心、银行卡中心等业务环节受到城市及企业的关注,此外还有财务外包、呼叫中心外包,物流与供应链管理外包等领域。2012 年在 BPO 离岸业务中,企业业务运营服务、企业业务流程设计服务和企业供应链管理服务,离岸执行金额分别为 15.9 亿美元、12.7 亿美元和 12.4 亿美元,占比分别为 30.6%、24.4%和 23.9%,如图 5-5 所示。

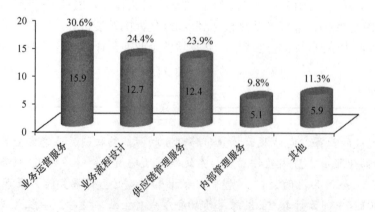

图 5-5　2012 年我国 BPO 离岸执行金额分布(单位:亿美元)

金融业特有的重复性和交易性，决定了行业对业务流程外包的需求较大。目前我国金融 BPO 主要集中在银行业和保险业。2010 年起，金融后台服务成为金融 BPO 的主流，信用卡中心、数据中心、清算中心等后台机构逐渐从金融机构剥离，向专业的金融服务外包园区汇集，成为我国金融 BPO 产业发展的一大特色。

当前，我国从事金融服务外包业务的企业主要有三种类型：一是跨国金融机构的自建机构，承接本机构全球或特定区域服务支持业务及中国企业的外包业务；二是大型跨国服务外包企业在华设立的分支机构，承接中国企业外包业务或日韩离岸外包业务；三是中国本土的服务外包企业，承接国内外服务外包业务。其中，本土服务外包企业与金融机构尚处于浅层次、被动型的合作阶段，所承接的业务多以低端为主，服务模式主要严格按照发包方要求和标准来完成接包任务，基本上是被动接受任务、被动提供服务，且受到人才供应不足、技术层次较低、竞争加剧等因素的影响较大。

◆ 经典案例 ◆

1. 跨国金融机构的自建机构典型企业：汇丰银行的数据中心

2002 年 3 月，汇丰集团的数据处理中心落户于上海市中心的仙乐斯广场。首家外资银行在沪设立数据处理中心表明，外资金融的亚太战略版图中，上海不仅是市场份额争夺的前沿，还将成为跨国金融营运的"后台"或"心脏"所在地。该数据中心是汇丰在中国设立的唯一一个定位于集团全球业务的数据处理中心。

2. 大型跨国服务外包企业在华设立的分支机构典型企业：Infosys

Infosys 有限公司成立于 1981 年，是印度第一家在美国上市的公司、全球 500 强企业之一，总部位于印度信息技术中心——班加罗尔市。全球拥有超过 15 万人的雇员，是新一代咨询、技术和外包解决方案的全球领先供应商。Infosys 通过提供业务咨询、技术、工程和外包服务，在全球 32 个国家和地区设立办事处和分公司。

Infosys 中国有限公司是 Infosys 有限公司的全资子公司，成立于 2003 年，总部坐落于中国上海，员工总数逾 3300 人，汇集了优秀的国际和本土人才，拥有作为企业全球合作伙伴所具备的专业技能、语言支持和覆盖广度。Infosys 中国有限公司在北京市、大连、杭州建有分公司，嘉兴建有培训基地。预计未来三年，Infosys 中国员工将超过 1 万人。

3. 本土服务外包典型企业：西安市炎兴科技软件有限公司

炎兴科技软件有限公司成立于 1998 年，自成立以来，炎兴科技一直致力于为北美及欧洲的金融保险业提供业务流程外包服务，并且正在努力将国外先进的商务流程知识以及技术应用移植到国内，以更好地服务于中国的金融业。公司在中国西安市、天津设有两个全球运营中心，在北京市及上海设立营销中心。

公司自主研发的"外包服务业务平台"为金融行业提供高效、创新的业务流程外包解决方案，目前主要向国内外客户提供基于 Internet 基础上的实时银行、保险行业后台业务处理，例如：银行信用卡处理、账户开设、车贷处理、放贷处理；保险行业的保费收取、保全服务、理赔服务等。同时，公司还提供各方面的会计财务后台业务，例如订购单和应付账款处理、现金流预测、发票和应收账款处理等，还为美国地产档案业及房屋贷款业等行业提供大量后台业务服务。在国外已经为包括渣打银行、福特金融、All state 保险公司在内的近 50 个国际客户提供离岸服务。在国内市场，先后开拓了新华保险、太平洋保险、太平人寿、泰康、合众和信诚等多家保险公司。

3. 中国 KPO 发展现状

知识流程外包是一个新兴的高知识密集型的业务领域，脱胎于 BPO 业务，是 BPO业务的高智能延续，KPO 更加集中在高度复杂的流程上，需要有广泛的教育背景和丰富工作经验的专家来完成。我国对于知识流程外包的认识从研发外包开始，多集中于金融、生物医药、动漫等领域。KPO 的发展正契合了我国经济发展模式从劳动密集型向知识密集型转型的需要，增长迅速。在 KPO 领域，我们重点介绍一下医药研发外包和动漫研发外包。

1) 医药研发外包

CRO(Contract Research Organization，合同研究组织)是承担新药研究开发某一部分工作的专门研究机构或公司。CRO 是一个新兴的行业，于 20 世纪 80 年代起源于美国。迈入科技迅猛发展的 21 世纪，生物医药领域的创新和研发已经成为世界广泛关注的焦点。一般来说，每个新药从研发开始到申请批准上市平均约 15 年，研发投入约 12亿美元，具体如图 5-6 所示。其研发周期长、成本高、风险大等特点，促使制药企业尝试开放式创新理念，在技术创新过程中，利用内外部资源的相互补充，各个阶段借助与多种合作伙伴多角度动态合作共同完成。医药研发外包成为实现开放式创新的有效途径。

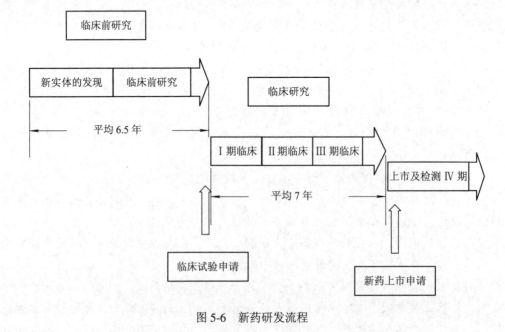

图 5-6 新药研发流程

目前美国有 300 多家 CRO 服务提供商，是 CRO 产业的先驱，拥有最多的上市公司，销售额占全球市场的 60% 以上。欧洲约有 150 家，是 CRO 服务的第二大来源地，市场规模全球第二，约占全球份额的 30%。亚洲 CRO 服务约占全球份额的 10%，其中以日本的产业最具规模，约有 60 家。近几年亚太地区成了 CRO 发展的主要地之一，其中发展最快的包括印度、中国等地。2002 年，诺和诺德公司率先在北京市建立了其全球研发中心，此后，罗氏、辉瑞、礼来、诺华、葛兰素史克也纷纷在华投资设立研发中心，同时本土研发企业药明康德、尚华医疗陆续成立。在国际生物医药研发外包企业的带动和中国鼓励新药研发政策的大环境下，中国医药研发外包行业得到迅速发展。

据估计，我国目前开展生物医药研发服务业务的各类机构约有 300 余家，集中在京、沪两地。主要分为三种类型：一是昆泰、科文斯等跨国企业在中国的分支机构；二是合资企业，如北京市凯维斯公司；三是本土企业，目前约有 200 家。

◆ 经典案例 ◆

典型的跨国企业：Quintiles 昆泰公司

昆泰公司是唯一一家在全球范围内全方位提供临床、商业、咨询及资本解决方案的生物制药服务公司，全球员工超过 20 000 人，在 60 个国家设有办事处。自 1997 年在中国开展业务以来，昆泰中国已拥有 300 多名员工，覆盖中国所有的人口中心和研究站点。2011 年 12 月，为进一步深化其中国业务，建立了中国本土的 CRO 昆泰，以服务中国生物制药行业以及在中国经营的跨国生物制药公司。

典型的国内企业：药明康德新药开发有限公司

药明康德新药开发有限公司于 2000 年 12 月成立，是全球领先的制药、生物技术以及医疗器械研发外包服务公司，在中美两国均有运营实体。作为一家以研究为首任，以客户为中心的公司，药明康德向全球制药公司、生物技术公司以及医疗器械公司提供一系列全方位的实验室研发和研究生产服务，服务范围贯穿从药物发现到推向市场的全过程。药明康德的服务旨在通过高性价比、高效率的外包服务帮助全球客户缩短药物及医疗器械研发周期、降低研发成本。以下为公司发展的几大要事：

2006 年，继在天津泰达开发区投资建设了北方研究中心——天津药明康德之后，又投资落户苏州吴中经济开发区建设亚洲规模最大的 GLP(Good laboratory practice of drug) 药物安全评价研究中心——苏州药明康德。

2007 年 8 月，药明康德迎来其影响深远的一个里程碑——在美国纽交所上市，被誉为"华尔街首次为中国的头脑买单"。

2008 年 1 月，在完成纽交所上市后的半年内，完成了对美国生物制药和医疗器械服务提供商 AppTec 实验室服务公司的收购。合并后，两家公司的业务范围和专业技术形成互补，从而使药明康德的服务链延伸至大分子和医疗器械领域。至此，药明康德的服务范围已涵盖了小分子、大分子、医疗器械等多个研发领域，成为横跨中美两国的全球业务种类齐全的医药研发服务外包公司。

2010 年，公司斥资分别在无锡、武汉兴建了国际一流的生物大分子研发生产基地和药物先导化合物研究基地，实现在大分子领域的国内扩张计划和中西部战略发展。

2011 年，成立了全新的基因中心和注册事务及临床研发部门，为生物制药和临床研究业务的拓展迈出了第一步。

2012 年，先后与阿斯利康公司以及保瑞医药成立合资公司，集团在生物药研发以及临床服务方面的能力得到进一步的增强。

十多年来，药明康德成功打造了全方位一体化的研发服务技术，拓宽服务领域，以更好地服务公司持续增长的全球业务需求。

2) 动漫产业外包

以动画卡通、游戏、影视特效制作及其他多媒体产品为代表的动漫产业被誉为继 IT 产业之后又一个朝阳产业。截至 2012 年 7 月，全球动漫产业产值达 2 228 亿美元，与动漫相关的衍生产品产值超过 5 000 亿美元。动漫产业已逐渐成为一些国家国民经济的支柱和新的经济增长点。

我国的动漫产业市场同样增长迅速。电脑技术、互联网及数字传输技术的成熟，吸引了国际发包企业的目光。深厚的文化底蕴也得到发达国家的青睐，成为发包企业业务转移的主要因素之一。在我国，根据动漫加工业务来源不同，形成了三种不同的运行模式，称之为企业外离岸接包、企业内离岸接包、国内企业接包。这三种模式的组织形式和特征具有明显差异。

(1) 企业外离岸接包。

欧美动漫加工业务多以企业外离岸接包模式为主，在这种模式下，欧美动漫公司将动漫加工业务外包给我国国内的动漫制作公司，这些承接公司主要是在内地设点的台资或港资企业，比如位于苏州的鸿鹰卡通有限公司、深圳翡翠动画设计公司。由于早期国产片主要受欧美风格的影响，作品风格呈现造型简单、动作比较复杂等特点。欧美国家在中国的动画加工设置了执行导演、原画、修型等职位，涵盖了动画中期制作的所有环节，形成了一套完整的系统。这种全产业链模式有利于国内做原创。近几年国内反响比较好、质量较高的原创作品，比如《宝莲灯》《梁祝》等，均以美式风格为主。

经典案例

1985 年 6 月，深圳翡翠动画设计公司成立，这是中国国内第一家专业动漫企业，也是国内当时除上海美影厂外的另一家动画设计公司。那时，政策还不允许独立的外资企业进驻中国内地，外资企业必须以中外合作的方式找中国的企事业单位挂靠。深圳翡翠动画设计公司是由香港无线电视广播集团(TVB)投资并与深圳市文化局下属的深圳美术馆合作成立的中外合作企业。

公司自成立 29 年以来，一直遵循着诚信、进取、创新的公司理念，取得了令行业内美慕的成绩，领跑大陆动漫制作领域，其中，影响比较大的包括：

135 集动画系列片《成语动画廊》；

与中央电视台合作的 39 集动画片《蓝皮鼠与大脸猫》；

还有大家比较熟悉的《花木兰》《人猿泰山》《变形金刚》《樱桃小丸子》等许多大型动画电影都出自翡翠动画的设计师之手，完成的动画系列片集达数千部之多。

目前，翡翠动画公司作品年产量高达 2600 多分钟，公司拥有从前期项目开发到导演、设计师、原画、背景、动画、校对至合成电脑输出等国内顶尖的专业制作人员及专业的三维动画和无纸动画系统(Harmony 及 Flash 团队)共计三百多名，其中大部分的制作人员都接受过公司特聘好莱坞等国际著名动画导师的专业培训。同时，翡翠动画还向国内动画界培养输送了大批高素质的专业人才，享有中国动画界黄埔军校之美誉。

在翡翠动画的带领下，深圳动漫产业一路壮大，目前已有 200 多家从事动漫产业发展的专业公司和专业生产厂家，其中有 50 多家专门从事影视和动漫制作，成为国内最重要的动漫产业基地。

(2) 企业内离岸接包。

选择企业内离岸接包模式的主要是日本公司，在这种模式下，国外动漫公司直接在我国国内建立独资企业，雇佣当地人员为其做动画加工，负责承接母公司制作业务，如杭州飞龙、北京市写乐都是专门为日本母公司做加工业务的日资企业。与欧美动漫制作风格不同，日本动画的特点是人物造型复杂、动作相对简单，日本在中国的动画加工主要是动画(指画出关键动作中的过渡动作)、上色等环节，关键部分都在企业内发包，中国本土企业只能接触到部分技术密集度较低的制作环节，通过承接日本动画实现原创的难度比较大。

● 经典案例 ●

杭州飞龙动画创立于 1988 年，是日本独资公司，以替日本动画加工为建立目的，自建立以来一直是国内为日本动画加工的重要接包方。据统计，我们看到的日本动画 70% 的加工、制作都与杭州飞龙动画制作有限公司有关。

其加工的作品包括《樱花大战 TV 版》《蜡笔小新剧场版》等。因为其老板是日本人，工作性质是替日本动画做后期加工，所以飞龙对员工的技术水平要求并不高，数月训练后便正式从事劳动密集(如加工中间画及上色)的工作。因为时间紧迫及员工的水平不高，飞龙的加工水平处在比较低端的水平。

(3) 国内企业接包。

国内企业接包即承接国内动漫加工业务。前两种都属于对外加工业务，最后一种属于为国内动漫公司代工。以前这种模式比较少，随着国内原创动漫制作数量的迅速攀升，来自国内的代工收入已经超过国外代工收入。目前，我国国内的原创动漫尚处于起步阶段，发包业务的要求和价格不会很高，国内代工在技术水准和加工质量方面明显低于对外加工业务。但可以预见，随着国内高质量原创作品的增加和更多企业竞争国内代工业务，国内代工水平会逐步提高，这有利于国内动漫产业形成成熟的生产制作网络。出于多种因素考虑，未来一段时间，国外业务萎缩将是大势所趋，国内业务将成为重要增长点。

上海幻维数码创意科技有限公司是上海东方传媒集团有限公司(SMG)旗下上海炫动传播股份有限公司的成员单位。自从 2000 年成立以来,幻维数码始终秉承创意、品质、服务、发展为一体的经营理念,不断致力于创意、艺术与数字科技的融合与创新,累积了十年以上的三维动画、视觉特效、媒体品牌创意与制作经验。

幻维数码在中国拥有四个大型创意创作基地,分别是上海幻维数码创意科技有限公司下属的南京西路、广中西路、威海路三大基地及云南云视幻维数码影视有限公司,总建筑面积超过 10 000 平方米,投资超过亿元。公司业务领域涵盖原创动画设计开发、动画制作服务外包、媒体品牌包装及推广、影视广告后期服务、政府及企业形象推广、影视动画教育培训、演播室节目录制、高清胶转磁校色、影视编辑与特效合成、三维虚拟浏览、多媒体设计制作等。

幻维数码是国内最早进军三维动画领域的创意和制作团队之一,从 2000 年开始,公司在三维技术应用于影视动漫创作上实践已经有 10 年时间,10 年来,幻维数码在国产三维动画的创作和商业化上做出了很多努力,产生了《醉花缘》《色拉英语乐园》等一批成功的原创动漫产品。同时,公司凭借自身的技术实力,努力开拓国际动漫制作服务外包市场,为英国、丹麦、法国等地区设计制作了多部动画和游戏作品。

公司的经典案例:阿尔卑斯广告——温情篇。

5.2 中国发展服务外包的环境分析

全球服务外包的发展趋势不可逆转,国际产业转移的趋势逐步由制造业向服务业扩展,在促进中国现代服务水平提升的同时,也使服务外包的中心正在转向中国。近年来,服务外包在中国的高速发展与我们稳定的市场经济环境、多角度的扶持产业政策、不断健全和完善的基础设施环境和充足的人才是分不开的。

5.2.1 中国服务外包发展的市场经济环境

稳定的政治局势、良好的经济环境促进了中国服务外包的发展。国家统计局数据显示,2013 年 GDP 总值为 8.3 万亿美元,实际增长率为 7.7%。与其他国家相比,中国的 GDP 增速位于前列,主要国家的 GDP 增速情况如表 5-1 所示。

表 5-1　2016 年主要国家的 GDP 增速

国家	美国	中国	日本	德国	法国	英国	印度
GDP 总值(万亿美元)	18.70	12.25	4.17	3.47	2.49	3.05	2.38
实际增长率	1.6%	6.7%	0.99%	1.9%	1.1%	1.8%	7.4%

自 2006 年至 2016 年,中国 GDP 增速均保持在 6.5%以上水平,具体如图 5-7 所示。

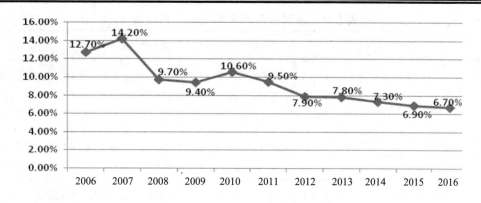

图 5-7　2006—2016 年中国实际 GDP 增速

近几年，我国改造提升传统产业，坚决淘汰落后产业、培育发展新兴产业。那种依靠"高污染、高能耗、高物耗"的粗放型发展方式没有可持续性，经济增长方式的转变已经刻不容缓。我们要发展高附加值、低能耗、低排放的现代产业结构，这也是"十二五"规划中重点提到的。而服务外包具有低污染、资源消耗低、附加值高的特点，所以发展服务外包也是顺应了我国未来发展趋势。随着中国的世界地位愈来愈突出，中国日益高涨的市场需求已经成为世界经济增长的重要驱动力之一。随着城市消费的崛起，中国将实现从"中国制造"到"中国创造"再到"中国销售"的跨越。

良好的经济环境和经济发展趋势为中国在国际上树立了良好的声誉，对中国的服务外包产业起到巨大的推动作用。同时，中国的政治稳定、社会和谐，增加了国际投资者的信心。

5.2.2　中国服务外包的产业政策环境

随着中国经济的持续发展，服务外包已经成为重要的战略性产业，中国政府也制定目标将发展软件服务外包和业务流程外包作为中国未来经济的增长点。国务院及各部委先后出台了一系列扶持政策措施，地方政府也配套出台特色产业政策，中国已初步建立了较为完善的服务外包产业政策支持体系。

1. 产业政策环境

自 2006 年"千百十工程"提出以后，我国服务外包产业政策开始逐步系统化，内容也日益丰富，具体相关产业政策如表 5-2 所示，综观这些政策大体呈现出以下特点：

(1) 中央和地方政策密集出台。粗略统计，自 2006 年以后国家层面出台了 50 多项服务外包政策，地方层面也跟随颁布。

(2) 以示范城市离岸业务作为主要实施对象，以集中的资源优势迅速推动产业发展。

(3) 政策内容丰富，涉及面广，涉及税收优惠、人才培训与引进、基础设施建设和保障等，几乎涵盖了服务外包发展的主要领域。

(4) 形成了"中央引导 + 地方配套"的政策体系。即国家出台指引，地方政府出台相应的具体实施规定和配套措施。

表 5-2　我国服务外包相关的产业政策

类别	政 策 名 称	主 要 内 容
综合性政策	《国民经济与社会发展第十一个五年规划纲要》2006 年	要"加快转变对外贸易增长方式","建设若干服务业外包基地,有序承接国际服务业转移"
	《商务部关于实施"千百十工程"的通知》2006 年	建设 10 个具有一定国际竞争力的服务外包基地城市推动 100 家世界著名跨国公司将服务外包转移到中国培育 1000 家取得国际资质的大中型服务外包企业
	《国务院办公厅关于促进服务外包产业发展问题的复函》2009 年	批复了 20 个中国服务外包示范城市,并在这 20 个试点城市实行优惠政策措施
	《国务院办公厅关于鼓励服务外包产业加快发展的复函》2010 年	降低了服务外包的优惠政策门槛,加大了政策覆盖范围,简化了申报核准手续
	《国务院办公厅关于进一步促进服务外包产业发展的复函》2013 年	对示范城市的资金支持范围扩大,税收优惠政策延续至 2018 年
	商务部、教育部、工信部等 9 部委关于新增中国服务外包示范城市的通知　商服贸司[2016]208 号	根据服务外包产业集聚区布局,统筹考虑东、中、西部城市,将中国服务外包示范城市数量从 21 个有序增加至 31 个。
	商务部等 5 部门关于印发《国际服务外包产业发展"十三五"规划》的通知　商服贸发[2017]170 号	《规划》以五大发展理念为统领,以推进服务外包供给侧结构性改革为主线,突出完善体制机制、政策框架、促进体系和发展模式,推进服务外包向价值链高端延伸,优化国际市场和国内区域布局,培育壮大市场主体,充分发挥服务外包在现代服务业中的引领和驱动作用。
投融资政策	《中央财政促进服务业发展专项资金管理暂行办法》2007 年 12 月	对管好和用好促进服务业发展的专项资金,提出了具体的办法
	《关于金融支持服务外包产业发展的若干意见》2009 年	强调不断完善和创新保险产品类型,加大对符合服务外包企业特点的保险服务支持
	《关于扩大跨境贸易人民币结算试点有关问题的通知》2010 年	试点省的企业,可以按照《跨境贸易人民币结算试点管理办法》以人民币进行进口货物贸易、跨境服务贸易和其他经常项目结算
财税政策	《国务院关于加快发展服务业的若干意见》2007 年	加大政策扶持力度,推动服务业加快发展。从财税、信贷、土地和价格等方面进一步完善促进服务业发展政策体系
	《关于技术先进型服务企业有关企业所得税政策问题的通知》2010 年	决定自 2010 年 7 月 1 日至 2013 年 12 月 31 日,对 21 个示范城市中经认定的技术先进型服务企业,减按 15%的税率征收企业所得税。除此之外,优惠政策还包括企业发生的职工教育经费支出了不超过工资薪金总额的 8%部分,给予在计算纳税所得额时扣除,超过部分,准予在以后纳税年度结转扣除

2．中国服务外包的法制环境

服务外包技术含量相对较高、信息技术作用明显、无形资产转移频繁、法律风险大，加强知识产权的保护是提升服务外包业竞争力的关键因素之一。特别是知识产权制度是明确外包过程中涉及的技术、信息权利和利益分配的主要依据。同时，良好的知识产权保护环境，可以有效增强发包方投资信心，降低合作过程中的不确定因素，是吸引发包方投资的最主要因素。

1) 信息安全政策

服务外包中的信息安全日益受到各方面的重视。早在 2009 年 1 月发布的《国务院办公厅关于促进服务外包产业发展问题的复函》就明确要求："研究制定商业信息数据保护条例"。随后在 2009 年 12 月，商务部、工业部和信息化部等有关部门加大服务外包信息安全研究力度，起草了《关于境内企业承接服务外包业务信息保护的若干规定》，规定指出：接包方不得披露、使用或者允许他人使用所掌握的发包方的保密信息，接包方应成立信息保护机构或指定专职人员负责指定本企业的信息保护规章制度，对保密信息采取合理的、具体的、有效的保密措施。接包方应加强对员工的信息安全培训，增强员工的保密意识，鼓励接包方积极借鉴国内外信息安全认证要求、行业最佳实践来制定企业内部信息安全管理体系，并获取国内、国际信息安全认证。接包方还应该积极开展内部信息安全管理体系的检查及维护，持续改进企业内部信息安全体系。

在国家及地方政府的推动下，服务外包企业越来越意识到信息安全的重要性。企业加大信息安全管理投入，不断探索信息安全管理模式，提高信息安全的整体管理水平；提高员工的信息安全保护意识，建立有效的人员保密机制；不断提升硬件条件，完善计算机网络安全保护，提高抵御网络风险的能力。通过一系列的努力，我国服务外包企业的信息安全管理水平取得了明显的进步。专业服务水平不断提高，创新能力稳步提升。通过资质认证，有助于推动企业加强硬件设施建设、完善管理体制，对加快提升专业化服务能力和水平具有重要意义。因而，资质认证已经成为服务外包企业专业服务水平的重要体现，2014 年，我国服务外包企业新获得的各类资质认证数量 1 390 个，其中开发能力成熟度模型集成(CMMI)、信息安全管理、环球同业银行金融电讯协会认证等 13 项国际认证数量 1389 个。2016 年，服务外包企业新增软件能力成熟度(CMM)等国际资质认证 927 项。此外，随着信息和网络的发展，个人信息保护越来越得到大家的关注和重视。2012 年发布的《国务院关于大力推进信息化发展和切实保障信息安全的若干意见》，明确了敏感信息保护要求，强化企业、机构在网络经济活动中保护用户数据和国家基础数据的责任，严格规范企业、机构在我国境内收集数据的行为。我国在软件外包、信息技术服务和电子商务等领域开展个人信息保护试点，加强个人信息保护工作。各省市也相应加强了信息安全法律法规体系的建设：陕西省出台了《陕西省个人信息安全保护规范》，广州市出台实施了《广州市服务外包信息安全保护实施办法》，成都市出台了《信息系统安全等级保护报告》，重庆、厦门等城市也纷纷颁布了信息安全保护方面的管理办法。目前国际上已有 50 多个国家和组织建立了个人信息保护相关法规和标准。

2) 知识产权保护

服务外包属于知识密集型、智力密集型产业，在服务外包的协议交易和实施过程中，不可避免地会涉及知识产权问题。国务院 2009 年起草的《关于境内企业承接服务外包业务信息保护的若干规定》明确接包方具有保护知识产权的义务，接包方应与发包方明确约定接包方在为发包方提供服务、履行信息保密义务的过程中所产生的知识产权或技术成果的归属，接包方不得侵犯发包方依法享有的商标、专利、著作权等知识产权的权利。从细分领域来看，服务外包主要涉及的知识产权保护包括以下三个方面：

(1) 知识产权的归属问题。服务外包接包企业往往需要按照发包方的要求和提供的信息开发研究定制化的解决方案，通常会涉及专业性强、科技含量高的领域，势必会产生新的成果，这些成果的知识产权权利归属需要在服务外包合同中进行明确约定。对于知识产权的归属问题，我国现有的《专利法》《合同法》《著作权法》《计算机软件保护条例》等都有相关的规范，基本上在服务外包的过程中产生的知识产权，其归属首先遵循的是合同优先的原则，其次是按照知识产权的法律规定属于研究开发人员或是作者。

(2) 保护商业机密。保护商业机密是服务外包发包企业对接包企业最基本的要求。因为在外包过程中，不可避免地会把商业信息提供给接包企业，这些信息往往涉及发包方的经营机密，如果泄露给竞争对手将会造成不可估量的损失。以客户服务为例，发包企业在转接给接包企业的同时，客户的基本信息也将被接包企业所掌握。因而如果没有对商业机密严格保护，服务外包活动将很难开展。对于服务外包中对商业秘密的保护，主要由我国《反不正当竞争法》和《合同法》等法律进行规范，覆盖合同缔约阶段、履约阶段及合同终止后的商业秘密保护。

(3) 知识产权的国民待遇。知识产权的国民待遇即一个国家的公民和企业的知识产权在另一个国家受到与本国公民和企业的法律保护的同样待遇。有时服务外包是跨区域的交易行为，知识产权的国民待遇是开展区域间服务外包的重要保障。WTO 发布的《与贸易有关的知识产权协定》也做了相关的规定。此外，在著作权领域，根据我国《著作权法》，保护并不限于那些与中国有协议或参加国家公约的成员国家。

随着我国服务外包产业的迅猛发展，知识产权的保护提升到战略高度，制度和体系不断优化，保护环境日益完善。国办函(2009)9 号规定：中央财政对服务外包示范城市知识产权保护给予必要的资金支持，商务部、财政部安排知识产权保护专项资金用于"示范城市"与国家知识产权保护网工作，此外，商务部在示范城市建立知识产权投诉中心，严厉打击各种侵权行为，加大对知识产权的保护力度。国务院办公厅发布了《2012 年全国打击侵犯知识产权和制售假冒伪劣商品工作要点》，国家知识产权局确立了北京市、天津、上海、济南市、成都、黑龙江、海南以及湖北等 29 个地区性知识产权局为首批地方专利信息服务中心，随后又确定武汉、广州、长沙、成都、苏州、杭州等 23 个城市为首批国家知识产权示范城市。

5.2.3 中国服务外包的基础设施环境

经过 30 多年的经济发展，中国的交通、通信、网络等基础设施取得快速发展，部分设施服务能力已达到国际先进水平，为服务外包的发展创造了良好的外部环境。

1. 交通设施

1) 港口吞吐量占据优势

中国 2013 年超越美国成为全球最大贸易国，一度引起美国媒体的质疑，但从港口吞吐量来看，中国远超美国却是一个不争的事实。2016 年，全球港口货物吞吐量前 10 大港口中，中国占据 7 席，而美国没有港口入围，2016 年全球十大港口排名如图 5-8 所示。

吞吐量(亿吨)

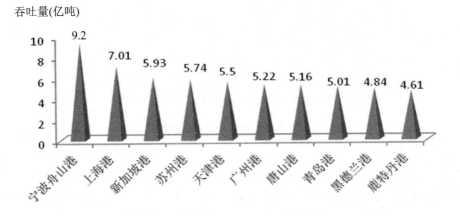

图 5-8 2016 年全球十大港口排名

中港网发布 2016 年全球 10 大集装箱吞吐量统计排名表显示，2016 年，全球 10 大集装箱港排名中，除了第二、第六、第九名分别由新加坡港、韩国釜山港、阿联酋迪拜港摘得之外，余下的七席皆为中国港口包揽。前 10 大港口中，中国港口"军团"合计完成的集装箱吞吐量所占比重首次超过 7 成，为 70.23%。2015 年和 2014 年占比分别为 69.53% 和 68.61%，显示出中国港口"军团"在全球的分量进一步加重，未来有望继续引领全球港口发展。

2) 航空交通设施位居世界前列

中国运输总周转量在国际民航组织缔约国中从 1978 年的第 37 位上升到 2005 年的第 2 位，并连续 9 年稳居第 2 位，仅次于美国，高于日本、印度和俄罗斯。2016 年，全行业完成运输总周转量 962.51 亿吨公里，全行业完成旅客运输量 48 796 万人次；国内 281 个机场完成旅客运输量 10.16 亿人次，首次突破 10 亿大关；旅客吞吐量千万级机场已经达到 28 个。在世界经济和贸易增速处于 7 年来最低水平、国内经济下行压力加大的情况下，民航主要运输指标继续保持平稳较快增长。

2. 城镇化

近年来，我国城镇化率明显提高，为服务外包产业提供了广阔的载体，2016 年，我国城镇常住人口 79 298 万人，比去年增加了 2 182 万人，乡村常住人口 58 973 万人，减少 1 373 万人，城镇人口占总人口比重为 57.35%。2014 年 6 月 27 日，社科院城市发展与环境研究所负责人表示，目前，我国的城镇化率已经到了一个重要的拐点，未来还有 20 年左右的快速推进空间。预测到 2020 年，我国城镇化率将达到 60% 左右，2033 年将达到

70%左右，2040 年中国城镇化率达到 75%左右，未来城镇化率的极限可能在 85%左右。我国 2006 年至 2016 年城镇化率水平如图 5-9 所示。

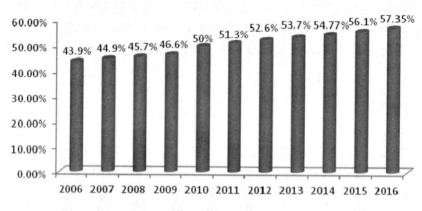

图 5-9　2006—2016 年我国城镇化水平

3．信息技术

软件、通信等信息技术是现代服务外包的技术载体和实现手段。通信网络为服务外包提供了硬件基础设施，其基础设施的建设水平已成为衡量服务外包商业环境的重要指标。近年来，中国电信在网络体系和能力建设方面取得了突破性进展。

工信部数据显示，2016 年，全国电话用户总数达 15.3 亿户，其中移动电话用户数为 13.2 亿户，在电话用户总数中所占比重为 86.3%，以互联网络为代表的计算机通信网络也取得了跨域式发展。截至 2016 年 12 月，我国网民规模达 7.31 亿，互联网普及率为 53.2%。2006—2016 年中国网民规模和互联网普及率如图 5-10 所示。

图 5-10　2006—2016 年中国网民规模与互联网普及率

此外，2010 年云计算和物联网技术的发展给服务外包产业提供了巨大的市场机遇。

2010 年，在云计算的浪潮下，基于"云"平台和"云"模式的外包服务已经出现，并日趋成为外包行业发展的主流和趋势，引领新的服务模式、运作模式和业务模式的出现。物联网是继计算机、互联网之后世界信息产业的第三次浪潮。2010 年《政府工作报告》中，温总理再次指出将"加快物联网的研发应用"纳入重点产业振兴计划；2010 年 10 月，国务院发布了《国务院关于加快培育和发展战略性新兴产业的决定》，文中明确规定信息技术为七大战略性新兴产业之一，突破方向为：新一代信息网络、"三网"融合、物联网、云计算。我国对物联网产业如此的支持力度，在世界范围内也是少见的。在中国政府一系列相关产业政策的扶持下，国内基于物联网的外包服务将成为一大热潮。

5.2.4　中国服务外包发展的人才环境

人才是服务外包产业发展的重要因素之一。我国普通高等教育本专科毕业生和研究生毕业生人数逐年增加，为服务外包产业发展提供了大量的高素质人才储备。2016 年，中国普通高等教育本专科、研究生毕业人数总和达到 760.6 万人，相当于 2006 年的 1.89 倍，其中研究生人数占比为 7.4%。2006 年至 2016 年高等教育发展状况如图 5-11 所示。

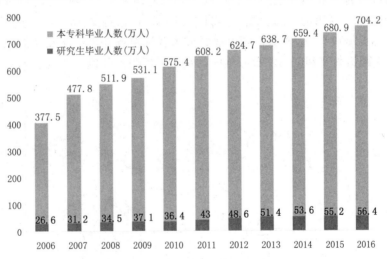

图 5-11　2006—2016 年我国高等教育发展状况

从图中可以看出，我国接受高等教育的人口数量逐年增加，并且研究生毕业生比重逐渐增大。2010 年，备受关注的《国家中长期教育改革和发展规划纲要(2010—2020 年)》正式发布，首先提出"实现更高水平的普及教育"，普及高中阶段教育，入学率达到90%。未来，我国整体文化素质会显著提升。

为了贯彻落实《国务院办公厅关于促进服务外包产业发展问题的复函》的精神，近两年中央各部委在服务外包人力资源和人才培养方面出台了一系列政策，涉及开展地方高校计算机学院培养服务外包人才试点、举办大学生服务外包创新应用大赛、研究软件服务工程人才培养体系、做好大学毕业生就业工作、开展中高端人才培养等诸多方面，并设立中央财政资金支持人才培养机构，鼓励企业加强员工培训。在国家政策的支持下，我国多元立体的服务外包人才培养体系已经形成，政府部门、高等院校、服务外包企业、服务外包园区、各类培训机构、行业协会等都投入到人才培养的工作中，包括政府/园区主导模式、企业培训合作模式、培训机构联盟等在内的合作模式更加丰富。其中，政府/园区牵头模式是政府或者园区通过与企业、培训机构/高等院校合作，共同组建培训机构，政府或者园区提供资金支持及政策优惠等，或者通过独资筹建人才基地的方式，以政策优惠、良好的硬件配套吸引培训机构的入驻。企业培训合作模式通常包括企业与培训机构的合作、企业与高等院校的合作两种，通常企业提供实训机会，而培训机构、高等院校提供基础教育。此外，企业也可以通过自建培训中心的模式，为高校毕业生提供专业培养机会。培训机构联盟模式是与知名培训机构建立合作联盟关系，通过标准化课程设置及教学管理，共享硬件资源、丰富实训内容。除在办学模式、培养方式、专业设置方面的不断创新外，各地还积极整合社会培训资源，借助云计算模式，利用网络平台或移动互联技术，在碎片时间实现异地多地同步教学、线上线下实时互动。

5.3 中国服务外包示范城市

我国服务外包产业的发展经历了从服务外包基地城市和示范区，到国务院批准设立21个服务外包示范城市的不同阶段，如图5-12所示，再到2015年1月启动的，新增10家服务外包示范城市[①]。这些示范城市已经成为我国服务外包产业发展的主体，既是服务外包产业促进政策落实和创新的核心地区，也是我国服务外包产业发展的主导力量。

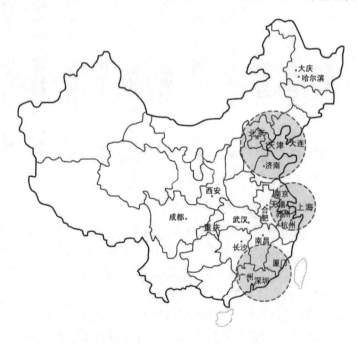

图5-12 中国21个服务外包示范城市分布情况

---

① 新增10家服务外包示范城市，分别为：沈阳、长春、南通、镇江、福州、南宁、乌鲁木齐、青岛、宁波和郑州。

为配合国家服务外包产业支持政策，各示范城市及所在省份也纷纷出台配套政策。据商务部统计，2016 年，全国 31 个示范城市承接服务外包执行额为 6 931.5 亿元，同比增长 16.8%。其中，离岸服务外包执行额 4563.7 亿元，同比增长 15.9%，占全国的 93.4%。全年示范城市新增服务外包企业 3226 家，新增从业人员 84.2 万人。截至 2016 年年底，示范城市共有服务外包企业 2.9 万家，从业人员 596 万人。示范城市的服务外包企业和从业人员约占全国 70%，贡献了超过 90%的业绩，这也充分说明示范城市对促进产业集聚和培育壮大市场主体具有重要作用。

示范城市服务外包产业发展的带动作用明显。示范城市开始立足于资源、区位和产业等优势，以服务外包示范园区为产业发展的主要功能载体，着力培育城市品牌，构建城市服务外包产业核心竞争力。发展基础好、接包能力强的一线示范城市，积极将服务外包业务向二、三线城市转移，已初步显现一线城市接包、二三线城市交付的区域协同发展的端倪。以 31 个服务外包示范城市为基点，特别是以北京市、上海等商务成本较高的城市为核心，辐射带动周边城市服务外包产业的快速发展，逐渐形成了长三角、环渤海等服务外包产业集聚带。

上述地域范围划分主要是按照沿海和内地、服务外包产业聚集程度来划分：大庆、哈尔滨、北京市、天津、大连和济南市属于东北及环渤海聚集圈；上海、南京、无锡、苏州、杭州属于长三角聚集圈；广州、深圳、厦门属于珠三角地区；其他地区的示范城市归为中西部聚集圈。

5.3.1　北京市服务外包产业的发展

近年来，北京市委市政府高度重视服务外包产业的发展，将其作为加快转变经济增长方式、培养新的经济增长点、推进"世界城市"和"国际贸易中心"建设的重要战略选择。

在政策的引导和支持下，北京市服务外包产业凭借独特的市场、人才、技术、基础设施等综合优势，业务快速增长，产业高度聚集，规模不断扩张，实力显著增强，始终位于全国服务外包城市领军位置。2012 年，北京市发布《"十二五"对外经贸发展规划》，规划指出"十二五"期间的重要任务有：依托商务楼宇发展，不断促进商务中心区、金融街、中关村西区、东二环交通商务区等特色商务服务业集聚区发展，带动服务产业向国际一流水平提升，进一步优化服务贸易出口结构，实现服务贸易的跨越式发展；围绕"规模化、高端化和国际化"发展方向，引导和鼓励服务外包向价值链高端升级；充分利用国际、国内相关展会平台，支持企业开拓国际市场；加强服务外包示范区公共服务平台建设，引导中关村海淀园、昌平生命科学园、商务中心区(CBD)、北京市经济技术开发区、大兴生物医药基地、密云呼叫产业基地等 6 个服务外包示范区突出特色，促进产业聚集，努力把北京市打造成为国内全球服务外包高端业务最佳着陆点和交易中心；促进高端服务业在中关村国家自主创新示范区聚集，支持服务外包国际化发展。

1. 北京市服务外包产业发展概况

1) 离岸服务外包业务持续强劲增长

2012 年，北京市离岸服务外包继续保持强劲的增长势头，根据商务部"服务外包及软件出口信息管理系统"统计数据显示，2012 年度，北京市共签订服务外包合同 5 887份，协议金额 44.1 亿美元，同比增长 10.9%，其中，离岸服务外包执行额 35.6 亿美元，同比增长 45.4%。2015 年，离岸服务外包规模增长到 45 亿美元，与 2006 年的 4 亿美元相比，增长了十一倍，年复合增长率达 31%。2016 年全年，北京市离岸服务外包执行额为49.05 亿美元，同比增长 9.04%。2006—2016 年北京市离岸服务外包市场规模发展状况如图 5-13 所示。

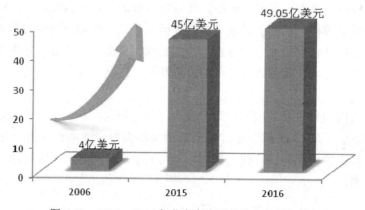

图 5-13　2006—2016 年北京离岸服务外包市场规模

2) 服务外包结构升级，高端业态明显增多

服务外包业务类型日渐丰富。基于 IT 产业的雄厚基础，ITO 一直占据北京离岸服务外包总规模 2/3 的份额，BPO 和 KPO 的业态也在日趋丰富。BPO 中不仅有跨国公司在北京开展的共享中心管理业务，也有供应链管理、商务管理等业务。在 KPO 业务中，除生物医药研发服务、动漫及网游研发服务等这些起步较早的业务之外，面向汽车制造、能源、矿产行业的工程咨询服务、技术服务等研发项目也开始涌现。BPO 和 KPO 成为该市服务外包发展的一个新的增长点。

以如下公司为例：文思海辉、博彦科技等公司参与微软公司的操作系统、Office 等软件产品的全球研发业务，已成为微软系统新版本在中国与全球保持同步上市的重要力量；康龙化成、保诺科技等公司，为国际大型药企提供生物检测、药物化学、药理、制剂研发等药物研发的各相关环节服务；中科创达公司利用移动操作系统自主关键技术和自有知识产权，形成了硬件驱动、操作系统内核、中间件到上层核心应用的全面技术体系，成为全球领先的智能终端平台技术提供商，业务领域涵盖了智能手机、平板电脑、车载终端、移动安全操作系统、智能硬件、物联网以及无人驾驶飞机等新兴领域，成了全球智能设备生态链中的重要一员。

3) 国际市场结构日趋均衡

2006 年北京离岸服务外包来源国 53 个，日本业务占北京离岸规模的 58%，美国占18%，北京离岸市场呈美国日本的双极集聚结构。2015 年北京离岸服务外包业务来源国

77 个，来自美洲业务占 35%，欧洲占 44%，亚洲占 20%，呈现出美洲、欧洲、亚洲的三大区域结构分布。2016 年，发包额位居前 5 位的国家为美国、爱尔兰、德国、瑞典与荷兰，与 2012 年占据前五位的美国、日本、爱尔兰、芬兰和荷兰相比，美国依然是北京服务外包市场最大的发包国，日本跌出前五位。

 知识拓展

　　北京市的六大服务外包示范区。

　　以北京市海淀区的中关村科技园区海淀园、朝阳区北京商务中心区、昌平区中关村生命科学园、大兴区大兴生物医药产业基地、北京经济技术开发区和密云县北京呼叫中心产业基地等 6 个服务外包示范区为主要发展载体，北京服务外包企业进一步集聚。各示范区突出差异化特色发展，比如：海淀区形成了以本土服务外包企业为特色的 ITO 集聚；朝阳区形成了以跨国企业为特色的业务流程外包和高端研发外包集聚；昌平区形成了生物医药研发外包、软件和信息服务外包共同发展的格局；北京经济技术开发区作为北京市唯一的国家级开发区，依托区内高科技企业的聚集，形成了生物医药、软件开发等为主的服务外包业务集聚；大兴生物医药产业已初步形成了生物医药研发、生产及服务外包企业的集聚；密云呼叫中心产业基地以呼叫中心产业为切入点，努力打造北京市数字与信息服务产业基地。

2. 北京市服务外包产业发展特点

　　目前，服务外包企业都随着发包行业的国家化发展战略，在全球范围内设立交付中心提供本土化服务。从全球交付能力来看，北京市服务外包企业并不具备竞争优势。因此，规模化发展和全球化布局是北京市服务外包企业两大发展方向。尽管近年来，北京市服务外包企业保持了规模增长，但利润下降的情况普遍存在。一方面，服务外包供应商面临着比如人力成本偏高、高端人才匮乏、融资通道单一、研发投入不足、外汇管制制约等诸多挑战；另一方面，基于其他各种硬性商务成本的上升，如商务办公场所租赁、人员社保压力、自有设备的引进以及人民币的升值等影响因素，经营成本不断上升，服务外包企业的利润空间进一步下降，给企业的发展带来了极大压力。成本的压缩空间已经不复存在，高端转型已迫在眉睫。进入 2012 年，服务外包企业强强联合的大规模合并和海外并购不断深化，面向高端的知识流程外包进一步向纵深发展，大量服务外包企业通过整体解决方案和借助新兴技术实现高端化转型，这些形成了北京市服务外包产业发展的以下特点。

　　1) 企业通过各渠道实现能力的提升

　　优秀服务外包供应商进行的选择型收购，可以提高技能并扩大规模，因此，除了企业自然成长之外，通过并购、投资、上市等各种方式，整合服务外包产业链上下游业务，产生聚合效应，从而在短时期内迅速扩大企业规模，不失为通向产业高端的一条捷径，强强联合成为北京市服务外包产业发展的亮点。

(1) 强强联合。2012 年 11 月份，文思信息技术有限公司与海辉软件集团公司签订合并协议，合并后的公司成为我国最大的离岸 IT 服务提供商，中国首次出现营业收入突破 5 亿美元、人员规模达到 2.4 万人的重量级服务外包供应商。"作为一家从中国成长起来的真正意义上的国际公司，文思海辉拥有丰富的人才资源。合并后的公司晋级印度同行第 2 梯队，中国 IT 服务与印度的较量真正开始了。"文思海辉首席执行官卢哲群说。规模化优势将使中国服务外包企业获得更大的议价能力，也能保持更强的竞争力。

(2) 海外并购。2012 年以来，中国服务外包产业相继发生了多起较大规模的企业并购，其并购密度之高、规模之大都是前所未有，这意味着中国服务外包企业进入了规模化高附加值发展的关键节点，到了"内生增长"与"外部并购"两条腿走路、快速壮大的重要发展阶段。2012 年 8 月，博彦科技股份有限公司与美国 ACHIEVO CORPORATION 签约，以现金出资 5 650 万美元(折合 3.6 亿元人民币)收购其持有的 6 家全资子公司 100% 的股权。ACHIEVO CORPORATION 为全球信息技术服务外包和解决方案的领先供应商，其服务交付中心均通过了世界级的标准评估。本次并购为博彦科技带来的战略转型更多的将体现在新的服务外包业务模式、灵活的产品组合、垂直解决方案深入应用等诸多方面，在提升与客户间的战略创造性能力方面意义重大。

(3) 上市融资备受资本青睐。2003 年以后，部分北京市服务外包企业迅速发展壮大，并相继通过上市拓展国外市场，塑造中国软件和信息服务外包产业的品牌。如中软国际 2003 年于香港创业板上市，2008 年转至主板；中讯计算机 2004 年于香港主板上市；文思创新 2007 年于美国纽交所上市；海辉软件 2010 年于美国纳斯达克上市；软通动力 2010 年于美国纽交所上市；2012 年 1 月，博彦科技在深圳证券交易所中小企业版挂牌上市，成为北京市首家在境内上市的以服务外包为主营业务的大型服务外包企业，这是继中软国际、中讯计算机、文思创新、海辉软件、软通动力等 5 家企业在境外上市后，北京市服务外包企业又一次成功登陆资本市场。至此，曾入选中国服务外包十大领军企业的六家北京市企业已全部实现上市，形成了北京市服务外包企业在国内、国际资本市场集体亮相的态势，使北京市服务外包企业获得更多国内、国际市场的关注，进一步促进了与国际发包商的合作。

2) 高端化转移步伐加快

从发展趋势来看，单纯的成本导向发展模式不能持续性地解决北京市服务外包企业在服务外包市场上的竞争力问题，要真正地做大国际国内市场、突破产业发展瓶颈，转型升级才是必由之路。目前，软件、服务技术和应用模式的创新几乎无处不在，IT 向移动、互联、云智慧化的技术融合为服务外包效率大幅提高打下了坚实的基础，商业模式向以用户为中心转变，服务外包技术体系和业务领域越来越专业化，SaaS(软件即服务)、云计算、移动互联网等将改变服务外包商业交付模式，一体化服务平台的新体系将形成，服务外包产业竞争也将由单一服务产品的竞争发展为集软件开发、部署与运行为一体的服务的竞争。现在越来越多的北京市服务外包企业加快了向高端转型的步伐，开始向客户提供整体解决方案。比如方正国际的统合组版系统、新聚思的供应链整体解决方案等帮助企业赢得了客户的信任，这些企业给客户提供的价值正在从成本节省向价值创造转变。

3. 北京市服务外包产业发展的优势因素分析

北京市有着优越的商业环境、广阔的市场需求，龙头企业聚集、人才储备丰富，是国外企业进入中国的首要选择。北京市是中国的软件之都，是国内软件收入首个过亿元的地区，汇聚了全国近一半的软件人才。北京市也是国际著名软件公司落户数量最多的城市，因此比其他城市更易获得投资机会、资金支持、保险和项目来源。这些都为北京市的服务外包产业的发展提供了充足的机会和发展空间。

1) 良好的产业基础

良好的产业基础和多年的市场培育，使北京市成为外资企业集聚度最高的中国城市之一，也是外资总部中心和研发中心聚集度最高的城市。尤其是在高新技术产业基础雄厚的区域，形成了服务外包企业和服务外包产业的聚集。目前，已有 Microsoft、Google、诺基亚等 350 家外资企业在北京市设立独立研发机构，中关村软件园和朝阳CBD 被誉为 IT 服务外包产业的"发祥地"和"集聚区"，汇集了 IBM 研发中心、Oracle 亚太研发中心、汤森路透全球研发中心和其他国际顶级接包企业研发中心，还有国内服务外包领先企业总部，比如文思海辉、软通动力、博彦科技等，形成了中国最大的服务外包产业集群。

北京市被称为中国软件与信息服务业之都，产业平均增长率在 20%以上，2016 年北京软件和信息服务业实现营业收入 7 287.6 亿元，占北京 GDP 的 10.8%，预计到 2020年，该市软件和信息服务业营业收入将突破 1 万亿元。从企业层面来看，产业集中度持续提升，百亿元以上企业有 8 家，包括百度、360、华为、微软、神舟数码等；10 亿元以上企业 101 家，亿元以上企业 859 家。与此同时，北京市软件上市企业数量近 150 家，总市值达 2 万亿元。

北京市也是中国重要的金融中心，聚集着丰富的金融资源，是中央银行和三大国家金融监管机构所在地，是金融机构总部的聚集地，汇集金融决策中心、金融监管中心、金融信息中心、金融结算中心和金融研发中心。据北京市金融局透露，经初步核算，2016 年全年，北京市金融业实现增加值 4 266.8 亿元，同比增长 9.3%，占地区生产总值的比重为17.1%，对经济增长的贡献率达 23.8%，继续稳居本市第一大支柱产业地位。

北京市也是我国最重要的生物医药中心，近年来，北京市生物医药行业不断发展，产业规模连年增长。据北京市科委发布的最新数据显示，北京医药产业主营业务收入在"十二五"末期达到 1300 亿元左右，年均增速 16%，成为北京新增的千亿元级产业。医药工业利润总额保持全国前五，销售利润始终位居全国第一。从生物医药产业空间布局来看，北京市初步形成了"一南一北、各具特色"的生物医药产业空间布局，"南"包括以亦庄和大兴生物医药基地为核心的高端产业基地，"北"包括以中关村生命科学园为核心的研发创新中心。

北京市生物产业的迅猛发展离不开政府的支持，尤其离不开"G20 工程"的启动。"G20 工程"即"北京市生物医药产业跨越发展工程"，于 2010 年 4 月正式启动，为入选企业提供从招商引资、配套政策、园区建设、基础设施等方面的"一体化"服务，此外，还将组织海内外知名专家成立产业顾问会，定期提供建设性意见和建议。总体来说，"G20 工程"在医保目录、招标采购等方面为入选企业提供关键性政策支持。2012 年 10 月 30 日，"G20 工程"二期启动。二期的目标是，让生物医药产业进一步向支柱产业迈进，实施周期是 2013 年至 2015 年。二期内，将重点培育 1 至 2 个百亿级企业，重点培育 1 至 2 个 20 亿元以上的"重磅产品"。入选"G20 工程"的企业总数，也将增加到 70 家。此外，市统筹资金每年投入不低于 5 亿元，支持生物医药领域重大科技成果研发、转化及产业化项目。到 2020 年，北京市生物医药产业销售收入将达到 1800 亿元，年复合增长率 20%以上。

北京市雄厚的软件与信息服务业、金融产业以及生物医药产业的支撑，为北京市的服务外包产业的发展提供了良好的产业环境。

2) 完善的政策环境

2006 年，商务部推出服务外包"千百十工程"，北京市成为"中国服务外包基地城市"，为了抓住历史机遇，北京市积极将服务外包产业政策落实到位，自 2009 年起，北京市先后出台了 9 项促进服务外包发展的政策措施，涉及资金支持、税收减免、海关监管、用人用工等领域。服务外包示范区所在地也出台了示范区鼓励政策。北京市促进服务外包发展的政策汇编，如表 5-3 所示。

表 5-3 北京市促进服务外包发展的政策汇编

分类	政 策 名 称
综合性政策	商务部关于实施服务外包"千百十工程"的通知(商资发〔2006〕556 号)
	商务部、信息产业部等 9 部门关于发展软件及相关信息服务出口的指导意见(商服贸发〔2006〕520 号)
	中共北京市委关于加强技术创新，发展高科技，实现产业化的意见(京发〔1999〕27 号)
	北京市人民政府办公厅转发市商务委关于促进本市服务外包产业发展若干意见的通知(京政办发〔2009〕27 号)
财税政策	北京市关于进一步促进高新技术产业发展若干规定的通知(京政发〔2001〕38 号)
	北京市人民政府关于印发北京市鼓励在京设立科技研究开发机构规定的通知(京政发〔2002〕23 号)
	北京市技术创新、创业资金管理办法(京科计发〔2001〕253 号)
	北京市发改委、北京市财政局、北京市地税局和北京市人事局关于促进首都金融产业发展的意见(京发改〔2005〕197 号)
	北京市服务外包发展配套资金管理办法(暂行)实施细则
	北京市海关关于印发北京市海关国际服务外包保税监管模式操作规程(试行)的通知(京关加〔2010〕285 号)

续表

分类	政　策　名　称
对外经贸	关于 2004 年度对北京市高新技术产品技术更新改造贷款进行贴息的通知(京商科技字〔2004〕29 号)
	关于继续对北京市软件企业设立境外企业或办事机构、通过 CMMI 三级以上评估、北京市高新技术出口产品研究开发补助和更新改造贷款贴息的通知(京商科技字〔2005〕9 号)
	北京市商务局关于进一步做好软件出口合同登记工作的通知(京商科技字〔2006〕16 号)
	北京市商务局关于发布北京市医药研发外包服务业务流程指南的通知(京商科技字〔2008〕2 号)
其他政策	关于本市服务外包企业实行特殊工时制度有关问题的通知(京人社办发〔2009〕45 号)
	教育部、商务部关于加强服务外包人才培养促进高校毕业生就业工作的若干意见(教高〔2009〕5 号)
	关于在中关村科技园区开展百家创新型企业试点工作的通知(京政函〔2007〕22 号)
	软件企业外包业务贷款担保绿色通道服务手册
	中关村科技园区中小企业信用贷款试点工作方案

资料来源: 北京市商务委员会

为促进北京市服务外包的发展，2018 年 9 月，市商务委和市财政局结合北京实际情况，联合制定了《北京市外经贸发展资金促进北京市服务外包发展实施方案》，该方案支持包括鼓励服务外包企业加快发展国际服务外包业务；鼓励年度离岸外包业务执行额达到 1000 万美元（含）以上的服务外包企业做大做强等七项内容。

3) 丰富的教育资源

北京市是我国文化与教育中心，根据教育部和北京市教育委员会发布的相关数据显示，北京市集中了包括清华大学、北京市大学、中国人民大学等国际名校在内的各类高等院校 89 所，2001 年教育部和国家发改委批准试办的 35 所示范性软件学院，北京市就有 7 所；全国"211 工程"院校共 119 所，北京市有 27 所，占全国的比例为 22.7%；教育部直属高校 75 所，北京市有 24 所，占比近三分之一，数量远远多于其他省市。从"211"院校和教育部直属院校的数量来看，北京市高校的基础设施、师资、科研、教育质量均高于全国水平，培养的高层次人才的数量较多且质量较好，高端人才优势明显。北京市也一直在致力于加大服务外包人才的供给，在认定首批服务外包培训机构和实习实训基地的基础上，进一步推动"中国服务外包人才培训中心(北京市)"的发展；中关村软件园发展有限公司与北京市联合大学共同搭建"服务外包产学研用示范平台"，积极探索企学对接新模式；北京市开放式服务外包培训平台建设项目进展顺利，现已基本建成，为高校学生提供实习机会，实现从学校到企业的"零过渡"。目前，北京市已逐步形成"高校/培训机构—服务外包企业实习实训基地—服务外包企业"的人才培养路径。

4) 行业协会的积极推动

北京市服务外包企业协会(Beijing Association of Sourcing Service，BASS)是经北京市有关部门批准、由北京市商务委员会北京市民政局主管、在北京市社会团体登记管理机关登记注册、具有独立法人地位的非营利性社会团体，具有丰富的资源优势，如表 5-4 所示。自成立以来，协会努力团结从事信息服务与业务流程外包的企业，在国家和北京市的产业政策与发展战略的指导下，通过搭建政企桥梁、开拓国际市场、提升企业能力、开展行业自律，达到提升北京市服务外包企业整体竞争力和国际形象、促进北京市服务外包产业健康发展的目标。

表 5-4　BASS 的资源优势

类别	特点	内　　容
丰富的企业资源	资源雄厚	会员企业主要由国内资深软件服务外包商、上市公司和世界知名公司旗下的子公司构成
	行业多样	会员企业覆盖包括 IT、生物、医药、保险、石化、影视、测绘、教育、咨询、财会等众多外包领域
	地域广阔	会员企业来自北京市、上海、杭州等全国各大服务外包基地城市
广泛的社会资源	政府关系	协会与北京市商务局、发改委、科学技术委员会等相关职能部门建立了良好的领导和合作关系，做好政府与企业的桥梁，及时传递政府政策信息，反馈企业动态和需求
	合作伙伴	协会的合作伙伴包括印度全国软件与服务公司联合会、澳大利亚信息产业协会等国际合作伙伴，还有中国软件行业协会。这些协会的会员企业均在本国行业内占主导地位，是本国相关领域中重要的组织机构
完善的沟通平台	北京市服务外包网	集信息发布、数据采集、统计分析、企业自助服务等多功能于一体的行业代表性网站。该网站通过行使多样的信息发布与管理、市场调研与研究、数据统计与分析，将企业与政府、国内与国际紧密联系在一起，成为促进北京市外包产业发展的又一重要举措

协会积极利用各类活动，为服务外包企业搭建参与国际国内竞争的平台，组织企业参加全球服务外包界最具影响力的国际、国内盛会，如 NASSCOM 印度软件及服务业领袖大会、美国高德纳外包峰会、中国服务外包交易博览会等，为企业寻找新商机和国际买家创造条件。为提升北京市服务外包国际影响力，协会通过参加国际和国内知名展会、考察、路演、项目接洽等各种活动，开展离岸市场游说，为企业提供针对性的推介服务，开拓国际服务外包市场。协会代表北京市的服务外包企业，以统一的形象对外开展国际营销，为北京市服务外包企业提供整体的国际宣传策划服务和有针对性的市场推介服务，利用京交会、大连软交会、高德纳外包峰会、IT 大会、软件高级峰会及中国服务贸易洽谈等各类展会平台，加强外包领域的国际国内合作，支持企业开拓国际市场，打造出一批具

有核心竞争力的离岸外包骨干企业。

5.3.2　苏州市服务外包产业的发展

当前，服务外包被视为国际产业的新一轮转移。尽管服务外包在世界范围内已经发展多年，但对于苏州乃至全国来说，仍然是一个新的事物。对于已经成功承接国际制造业转移的苏州而言，适时发展服务外包，是实现经济可持续发展的必然选择，具有深远的战略意义。

1. 苏州市服务外包发展概况

苏州市服务外包产业起步早、发展速度快、企业数量多、就业规模大，已成为本市现代服务业发展的一大亮点。在"2017 年全球服务外包大会"上，苏州市荣获"2017 中国服务外包风采城市"和"2017 中国服务外包最具特色城市"称号。

1) 服务外包规模加速扩张

自 2009 年获批为中国服务外包示范城市以来，苏州市加快示范城市建设的步伐，"十二五"期间，苏州市凭借开放型经济优势，吸引了 30 多家世界 500 强公司、全球外包百强企业和国内十大外包领军企业在苏州市投资。近年来，苏州市注重发展与制造业紧密相关的服务外包产业，深入打造"中国服务·苏州创新"的外包品牌，加快服务外包转型升级。据数据统计显示，2016 年全年，苏州市完成接包合同额 128.45 亿美元，离岸执行额66.88 亿美元，同比分别增长 7.8% 和 6.74%。在商务部服务外包管理系统中登录的服务外包企业累计达 3243 家。2017 年 1 至 10 月，完成接包合同额 99.59 亿美元，离岸执行额46.25 亿美元，分别占全省总额的 24.29% 和 26.61%，占全省份额总体稳定。2008 至 2016年该市服务外包接包合同额和从业人员数如图 5-14 所示。

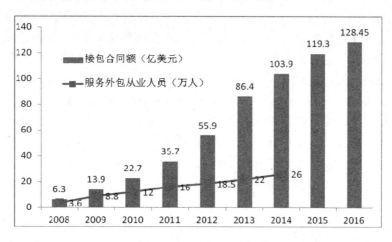

图 5-14　2008—2016 年苏州市服务外包发展状况

2) 产业加速聚集，接包市场多元化

苏州已经形成软件开发、设计研发、金融后台服务、动漫创意、生物医药研发以及物流与供应链管理六大服务外包支柱产业。与此同时，离岸市场开拓取得重大进展，国际交往日益频繁，2016 年，该市离岸执行额超千万美元的国家和地区共 33 个，其中：美国、

日本、中国台湾地区、中国香港地区、新加坡和德国成为该市六大发包来源国或地区，占总量份额超过 70%。2017 年 1 至 10 月，来自这六大发包来源国或地区的占比为总量份额的 78.99%。

3) 服务外包市场结构不断优化

从服务外包的业务类型看，苏州市已经实现了信息技术外包、业务流程外包和知识流程外包的全覆盖。2016 年，离岸 ITO、BPO 和 KPO 占总量的份额分别为 22%、11.25% 和 66.75%，领先全国水平 35.1 个百分点。全市形成以研发设计、软件研发、信息技术服务、生物医药研发等四大服务外包优势产业，服务外包高端业务比重持续保持较高水平。2017 年 1 至 10 月，离岸 ITO、BPO 和 KPO 占总量比重为 17.02%、9.86% 和 73.12%。

4) 各具特色的服务外包载体

从服务外包的区域分布来看，苏州工业园区、高新区、昆山市、太仓市形成了重点集聚区，这些地区的离岸执行额占全市总量的 89.5% 以上。作为苏州服务外包产业发展和聚集的载体，苏州服务外包园区的发展既有共性也各具特色，初步形成了苏州工业园区——"中国模式服务外包产业第一园"、昆山花桥国际商务城——"中国金融 BPO 示范区"、苏州高新区——"华东地区软件服务外包中心"、吴中经济开发区——"生物医药研发高地"的品牌效应。

◆ 经典案例 ◆

各具特色的示范区

坐落在苏州工业园区的苏州国际科技园，以打造创新平台、吸引创新人才、孵化创新企业、培育创新成果为着力点，经过十多年的发展，逐渐形成了以软件、集成电路设计和数码娱乐为主要特色的产业格局。目前，已集聚了信息技术外包(ITO)、业务流程外包(BPO)、知识流程外包(KPO)等各类外包企业超过 100 家，服务外包的集聚效应和品牌效应日益凸显。国际科技园已有新宇、新电、益进等 5 家"全球服务外包百强"企业，引进了思科、方正、微创等一批国际、国内知名的 ITO 和 BPO 旗舰型企业。

作为国内最早以现代服务业为主导产业的省级开发区，花桥国际商务城按照"建设国际有影响、国内称一流的国际大都市的卫星商务城"的总定位，高起点规划、高标准建设、高水平实施，重点推进功能齐全、交通便利、政策完善、环境优美的服务外包产业园的建设，全力加速服务外包产业的集聚。截至目前，商务城已累计引进各类服务外包企业近 200 家，戴尔服务、凯捷咨询、简柏特等国际知名外包企业，华拓数码、文思创新、浙大网新等服务外包领军企业，华道数据、远洋数据、三泰金融等金融 BPO 企业，万国数据、中金数据等 IT 基础设施服务企业，上海微创、必捷必等软件外包企业，中银商务、飞翔 800 等语音呼叫外包企业，诺亚财富、研祥金融等金融服务项目，高瓴资本、高特佳基金等基金项目相继落户花桥国际商务城，形成了完备的服务外包产业链。

苏州高新软件园是由中国首批国家级高新技术产业开发区、江苏省首批国际服务外包示范城市之一的苏州高新区出资建设，园区以软件信息服务外包为突破口，重点发展软件外包、嵌入式软件、应用软件、数字多媒体、网络软件、软件培训等软件产业，构建了软件外包、业务流程外包、研发设计外包三大产业功能区域和外包人才、知识产权保护、技术支撑三大产业服务平台，外包产业集聚取得显著成效。

吴中科技园重点发展生物医药研发和服务外包、新能源新材料(光伏)以及软件研发、动漫制作、现代服务业等产业，入园企业已近百家，已经有 28 个项目被列入国家科技计划。其中生物医药产业的发展尤为突出。依托吴中区已有生物医药企业的蓬勃发展和华东地区综合条件最好的非人灵长类实验动物中心，吸引了一大批生物医药研发企业和服务外包企业落户，同时还精心打造了生物医药服务平台、检测服务平台、网络信息资讯平台和投融资平台。

5) 公共服务平台特色明显，产业拉动作用显著

各级政府和园区重视公共服务平台建设，已经建成一大批高标准、高效率、低价格的公共服务平台，对苏州的服务外包产业带动效应明显。2010 年 10 月投入运营的苏州国科综合数据中心，是亚洲首家获得 Tier IV 设计登记认证的数据中心。该中心以向高科技研发企业、金融服务业企业、新兴互联网服务提供商、政府服务机构等提供国际品质的互联网基础服务和增值服务为起点，以提供 ITO、BPO、金融后台等行业综合数据解决方案为目标，功能包含三大平台，分别为：苏州市高科技中小企业综合数据服务平台、苏州市电子政务、数字城市的运营支撑平台和 ITO/BPO/金融后台等行业数据外包服务平台。数据中心的成功运营，能够提升苏州 IT 高端基础设施环境和 IT 外包服务能力，提升苏州高科技产业和现代服务业招商的核心竞争力。

"十三五"期间，苏州市将进一步推动工业设计、技术服务、软件研发、生物制药等优势服务外包产业做优做强，提升产业的附加值和技术含量，加强服务外包和制造业的融合发展，加快外包研发中心的引进和培育，不断推进苏州市服务外包产业高端化、国际化发展，实现由外包大市向外包强市的转变。

2. 苏州市发展服务外包的优势因素分析

1) 区位优势明显，交通便利

苏州市紧靠上海，区位优势明显，交通便利。苏州自古有京杭运河贯穿而过，现在有京沪铁路、京沪高铁以及沪宁、苏嘉杭、312、204 等多条高速、国道经过。苏州虽然没有自己的民用机场，但邻近的机场比较多，主要有上海虹桥国际机场、上海浦东国际机场、南京禄口国际机场、杭州萧山国际机场、南通兴东机场等。其高速公路密度达到德国水平，是交通部授予的公路交通枢纽城市。

2) 制造业发展成熟

苏州制造业的发展已经相当成熟，对于苏州来说，正是因为具备深厚的制造业基础，在发展服务业中优势明显。服务外包和制造外包发展不是两条并行的直线，在一定的制造业基础上，服务外包可以与制造业发展实现很好的衔接。尤其是新兴产业和高新技术产业的快速发展，会释放出巨大的外包需求。2016 年，苏州市实现规模以上工业总产值 30 679 亿元。

3) 良好的教育体系，充足的人力资源

苏州人文环境好，教育体系比较完善，人力资源丰富。在苏高等院校有 20 多所，目前，这些高校纷纷设立了嵌入式软件、数字媒体技术、现代物流、动漫设计与制作、通信网络与设计等与服务外包密切联系的专业，以满足对服务外包人才的需求。苏州市已经认定了苏州索迪培训中心等 49 个市级服务外包人才培养培训基地。在充分发挥本地教育资源的同时，苏州市还创新服务外包人才培训模式，吸引海内外培训机构、服务外包企业参与服务外包人才培训。在积极推进服务外包培训工作之外，苏州市还在大力引进和培养服务外包人才等方面做了积极探索。为了加快服务外包人才集聚效应，苏州市成立了服务外包人才培训工作领导小组，出台了《苏州市加快服务外包人才培养的若干意见》，加大对服务外包企业和培训机构人才培养的政策扶持力度。

4) 完善的政策支持

为了支持服务外包产业发展，苏州市政府先后出台了一系列专项措施，在税收优惠、资金扶持、员工培训、特殊工时、认证补贴、技术改造、市场开拓等各个方面给予服务外包业极大的优惠政策。根据苏州市商务局提供的资料显示，苏州市政府先后研究制定了《关于促进服务外包发展的若干意见》《苏州市对中央财政服务外包专项扶持资金进行配套的实施细则》《关于加快服务外包人才培养的若干意见》《苏州市服务外包产业新三年跨越发展计划》和《关于促进服务外包跨越发展的若干政策》等一系列促进服务外包跨越发展的政策措施。2011 年，苏州更是将服务外包"十二五"规划列为全市"十二五"发展的专项规划之一，将苏州服务外包产业发展水平推向一个更高的高度。2017 年 7 月，苏州市印发《关于推进服务外包创新发展的若干政策》，这是自 2011 年苏州市制定服务外包专项政策以来的第三次修订。新修订的专项政策在原有的政策基础上，更加聚焦于创新发展，在鼓励服务外包企业做优做强、增强自主创新能力、走出去国际化发展、外包主体高端化发展等方面提出了系统性的支持措施。新一轮政策的实施，将继续保持苏州市服务外包的政策优势，推动全市服务外包产业持续健康发展。

5.3.3 西安市服务外包产业的发展

1. 西安市服务外包发展现状

1) 西安市服务外包业务增长迅速、结构升级加快

西安市是全国交通、信息、航空大通道的重要枢纽和西部地区连通东中部地区的重要门户，也是中国公用计算机网络和中国多媒体信息网络在西北五省的网络核心枢纽，拥有最大的网络传输线路。基于这样的区位优势和基础设施，西安市被全球著名的信息技术行业市场咨询和服务提供商 IDC 评为"理想的全球服务外包实施地"，2017 年全球服务外包大会上，西安市与其他 11 个城市被评定为"2017 中国服务外包风采城市"。而近年来服务外包的发展，更是有力证明了这一点。据西安商务局统计，2016 年西安市服务外包合同金额达 18.64 亿美元，同比增长 23.63%，合同执行金额达 10.6 亿美元，同比增长 28.17%。自 2007 年至 2016 年 10 年间，该市服务外包合同金额实现了 33 倍的增长，且 2016 年合同执行金额首次突破 10 亿美元，标志着服务外包产业进入了高速发展阶段。随着全球服务外包业务结构的调整，西安市服务外包产业

中附加值较高的 KPO 业务也在快速增加。据悉，近年来，随着爱立信、思特沃克、三星数据、中软国际等国际知名企业研发中心相继投入运营，西安市研发设计外包实力显著提升，带动高附加值外包业务强劲增长。2016 年，高技术、高附加值的信息技术外包和知识流程外包业务在合同金额中占比达 96.37%，竞争力强的高附加值业务特色更加鲜明。

西安市人民政府关于加快服务外包产业发展的实施意见指出：到 2020 年，全市有 3 个园区成为省级服务外包产业发展基地；15 家服务外包龙头企业跻身全国服务外包领军企业或成长型企业；40 家服务外包企业实施差异化、特色化发展，成为陕西省创新发展的品牌；8 家服务外包人才培训机构向培训规模化发展。通过不断优化产业结构，提高服务外包业务的高技术含量、高附加值占比和专业服务能力，进一步增强西安市服务外包产业的整体竞争力，2020 年，力争全市服务外包业务年均增长 25% 以上，其中离岸业务年均增长 20% 以上。

2) 龙头企业带动作用显现

2015 年年底，西安市拥有软件和服务外包企业 1 500 多家，从业人员达 14 万人，全市 1 000 人以上规模企业有 9 家，承接的离岸外包业务来自 76 个国家和地区，全市服务外包业务排名前 10 企业的服务外包合同金额合计达 11.9 亿美元，占西安服务外包合同金额的 79.64%，合同金额超过 5 000 万美元的企业有 5 家，超过 100 万美元的企业有 35 家。可见，在西安的服务外包业务发展中，龙头企业的带动作用十分明显。

3) 示范园区聚集效应凸显

西安市服务外包产业"一核六区"示范园区格局已经形成。产业发展空间已经由 2007 年年初的不足 0.4 平方公里发展为 17.5 平方公里。全市服务外包示范园区完成合同金额 8.89 亿美元，占全市总量的 99%，示范园区聚集作用不断凸显。随着产业聚集度的不断提升，汇丰银行软件研发中心、全球排名第一的呼叫中心企业法国 Tele-performance 公司、马来西亚云顶集团软件研发创新中心等世界 500 强项目和阿里巴巴、奇虎 360、腾讯、易迅等国内知名企业相继落户西安市。同时，微软创新中心、长城华韵等大项目正在办理落地手续。

未来，围绕建设国家示范城市要求，以西安软件新城(软件园)为核心，以经开区、碑林区、国际港务区、浐灞生态区、航天基地、航空基地、曲江新区、西咸新区为辐射区，构筑布局合理、特色鲜明、优势互补、创新能力强、价值链延伸、产业核心竞争力突出的"一核七区+西咸新区"的西安服务外包产业发展格局。在这一发展格局的基础上，西安将打造七大服务外包产业集群，即软件园着力形成软件服务外包产业集群；经开区形成"云服务"外包产业集群；航天基地形成以卫星技术为支撑的软件开发产业集群；航空基地形成航空研发设计产业集群；碑林区形成动漫游戏产业集群；浐灞区形成金融服务产业集群；国际港务区形成现代商贸物流产业集群等。

2. 西安市服务外包产业发展的优势因素分析

1) 科技实力雄厚、人才资源丰富

西安市是全国有名的科技和人才摇篮，全市拥有各类科研机构 3 000 多个，15 万以上电子信息类科技人才，拥有 100 多所高等院校，作为西部的教育中心，教育综合实力全国排名第三位，在校大学生近百万人，其中软件服务外包相关专业毕业生20多万人。

西安交通大学、西北工业大学、西安电子科技大学以及西北大学都成立了软件学院。2009年由西安市高新区与西安文理学院联合专门成立了西安市软件服务外包学院，启动了面向社会、高校的人才与产业相结合的培训机制。

除了自身培育服务外包人才之外，面向国际的人才交流也日益频繁。近年来，西安市高新区实施的海外学生实习计划，每年吸引美国、日本、印度等产业发达国家IT、金融等专业外籍学生到软件学院学习，促进西安市服务外包高端人才的培养与引进。此外，西安市还积极实施"国际化教育专项合作"等项目，设立专项资金鼓励企业引进高端人才，派遣员工进行海外研修，吸引海外高端人才。

2) 政府高度重视

西安市政府已将软件和服务外包产业确定为全市优先发展的重点产业，制定出台了一系列政策措施，从加强园区基础设施建设、扶持企业做大做强、鼓励企业开拓国际市场、加大人才培养力度、优化产业发展环境等方面给予奖励补助。2017年4月，西安市发布《关于加快服务外包产业发展的实施意见》，明确将以建设国家级服务外包示范城市为重点，构建全市"一核七区+西咸新区"的产业发展格局。各示范区也纷纷拿出了具体办法和举措，西安市高新区出台了《西安市高新区促进软件及服务外包产业发展扶持政策》，经开区出台了《关于促进服务外包产业发展的扶持政策及实施办法》等，为入园企业提供最全面的政策支持，具体如表5-5所示。

表5-5 西安市部分园区外包政策

时间	政 策 名 称
2010年6月	西安市经济技术开发区支持中小企业融资扶持政策
2010年11月	关于2010年西安市高新区软件及服务外包培训机构认定的通知
2011年3月	西安市高新区服务外包配套政策出台及实施情况
2012年1月	西安市高新区投资优惠政策33条导读
2012年9月	西安市高新区管委关于培育和发展战略新兴产业的若干政策实施细则
2012年12月	经开区推进产业优化升级实现新一轮跨越发展
2013年7月	西安市高新区5 000多万奖励高层次人才
2014年4月	西安市高新区鼓励企业进入全国中小企业股份转让系统挂牌交易暂行办法
2016年11月	西安高新区关于促进经济稳中求进的实施意见，推动专业园区建设

资料来源：西安市服务外包网

5.3.4 济南市服务外包产业的发展

1. 济南市服务外包市场状况

早在2006年，济南市就把发展服务外包作为落实科学发展、调整城市产业结构的重大举措，确立了"转变经济增长方式、抢抓服务外包头班车"的战略思想，打造"部—

省—市—园区—企业—培训机构"共建体系，并陆续出台相关的服务外包扶持政策。如今，通过大胆探索创新，与时俱进，积极推动新常态下服务外包产业的转型升级，济南已经逐渐发展成为环渤海地区人才聚集、特色产业聚集的重要服务外包交付基地。十三五期间，济南将致力于打造集国际信息技术服务外包离岸交付中心、国内中高端服务外包产业梯度转移示范区、环渤海经济圈服务外包特色产业重点集聚区和产业跨界融合创新发展先行区"四位一体"的服务外包创新名城。经过多年的培育和发展，济南市服务外包产业呈现出产业规模持续扩张、重点园区竞相发展、骨干企业带动能力强等稳健发展的态势。

1) 产业规模持续扩张

"十二五"期间，济南市服务外包产业持续高速增长，2011 至 2014 年服务外包合同额和执行额分别从 6.1 亿美元增长至 29 亿美元、4.6 亿美元增长至 25 亿美元，年均复合增长率达 70%左右，超过全国平均增长速度，领先山东省整体水平。

2016 年，济南市以提升和打造城市特色和品牌为宗旨，在特色载体布局建设、服务外包平台打造、服务外包产业规划编制、宣传推广等方面进一步加大工作力度，全力打造最具特色服务外包城市，服务外包保持稳步增长，2016 年，全市完成服务外包离岸执行额 170.8 亿元，同比增长 10.2%。2011 年至 2016 年服务外包离岸执行额的发展情况如图 5-15 所示。

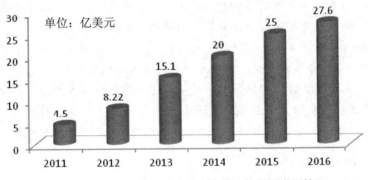

图 5-15　2011—2016 年济南市离岸外包执行额发展情况

2) 重点园区的带动作用明显

园区是服务外包产业发展的载体，是服务外包的"孵化器"。在济南市，齐鲁软件园、济南市药谷和济南市创新谷三大经济园区搭建起了服务外包产业茁壮发展的"温床"。齐鲁软件园继续领跑全市服务外包业务，目前入园企业超过 1300 家，从业人员近 7 万人，营业收入过亿元的企业 46 家。为贯彻落实国务院《关于加快发展服务贸易的若干意见》，抢抓中韩自贸协定正式生效带来的重大机遇，培育服务贸易国际竞争新优势，2016 年，济南市提出打造国内首个面向日韩的服务贸易园区，争取承担国家级层面区域自由贸易政策的先行先试。同时，加强调研，指导高新区创服中心提出园区信息宣传、人才培养、动漫技术、创业创新、云计算和形象展示等公共服务平台项目，为企业快速集聚做好前期准备。在园区尚未具备入驻条件下，促成 20 多家知名企业落户创新谷、齐鲁软件园等现有园区，如博彦科技、中国网库和软通动力等全球百强企业和国内知名企业。

◆经典案例◆

济南市三大服务外包园区

齐鲁软件园位于济南市高新技术产业开发区，成立于 1995 年 11 月，是一个以软件为核心，延伸至服务外包、动漫游戏、通信、半导体、系统集成等多个产业门类的 ICT(Information Communication Technology)专业园区。全国首批"国家火炬计划软件产业基地""国家软件产业基地""国家信息通信国际创新园(CIIIC)""国家软件出口(创新)基地""国家服务外包示范城市"示范区等"国字号"招牌也先后落户齐鲁软件园。园区企业主要承接 Microsoft、IBM、NEC、日立、瑞穗等 20 余家世界 500 强企业的外包业务，并有多家世界 500 强企业研发中心入驻。目前园区对日业务稳定增长，以 NEC 软件、瑞穗综研、日立系统、大和总研、富士软件等企业为开发中心开始向高端业务发展；面向欧美的招商也取得很大进展，沃尔沃、优创、安顾等知名服务外包企业已落户园区。同时，园区内另一发展载体——200 万平方米的齐鲁外包城将陆续投入运营，将成为济南市集生产、生活、生态于一体的世界知名服务外包基地。

济南市药谷成立于 1992 年 10 月，是国家科技部首批认定的国家级科技企业孵化器(山东省内第一家国家级科技企业孵化器)，该园区聚集了新药研发和产业化人员 10 余万人，主要从事创新药物的研发、产业化工作，承担着相关的国家、省部级课题，拥有齐鲁制药有限公司、山东福瑞达医药集团有限公司、济南市宏济堂制药有限公司、山东九州通医药有限公司、山东绿叶制药有限公司等一批骨干企业。

济南市创新谷是济南市着力打造的另一家服务外包示范园区，位于济南市西南部大学城，总体规划面积约 70 平方公里，其中，产业核心区规划面积 20 平方公里，重点发展高端研发、嵌入式系统、云计算、物联网、成果转化、信息服务等产业。孵化器一期项目计划 2014 年底完工，孵化器二、三期项目预计 2015 年上半年完工。建成后将是一个容纳从业人员 25 万人，年收入超过 1000 亿元的"自然、生态、现代"的智慧新城。

3) 骨干企业作用突出

谈起济南市的服务外包不能不提到浪潮集团。作为我国最早的 IT 品牌之一，浪潮集团同样在服务外包产业上独树一帜。该企业连续多年入选 IAOP"全球外包 100 强"，是中国服务外包十大领军企业之一。近年来，浪潮集团重点围绕教育信息化、出入境信息化、高性能计算应用等，大力开拓国际高端整体解决方案外包服务市场，并在济南市、上海、青岛、深圳、日本东京、日本大阪等地建设了多个软件离岸开发中心和海外市场与服务中心；同时与 IBM、NEC、Sanyo 等世界 500 强企业建立了双赢稳定的外包合作关系，并成为微软在中国唯一的有外包业务合作的云计算战略合作伙伴，引领济南市软件外包企业由低端外包向高端外包转型。

除了浪潮集团，本土其他企业也成长迅速，中创软件、万博科技、山东旅科、天和惠世、太古飞机等企业多次入选中国服务外包成长型百强企业。一个外包产业集群渐露头角，以浪潮、NEC 软件、日立系统、中创软件为代表的 ITO 企业在国内外小有名气；以东方道迩的地理信息处理、山东旅科的呼叫中心、戈尔特西斯的证券分析、优创数据的在线保险处理、易普特的数据处理为代表的 BPO 企业优势明显；以承接日韩动画为主的漫博通动画、海水科技、奥润智等动漫外包企业成长迅速；以凌佳科技的指静脉研发、沃尔沃的工程机械设备研发、鲁能智能的机器人研发为代表的高端研发设计企业竞争力日益增强。

除了培育本土外包企业，济南市还制定了一系列措施吸引多家世界知名跨国公司在该市设立研发机构或发包中心。NEC 软件、日立系统、沃尔沃建筑设备、大和总研、瑞穗综研、富士软件、大宇宙等相继落户，其中 NEC 软件(济南市)有限公司已经成为日本 NEC 软件在中国的发包中心，年发包量 3 000 多万美元，接包企业达 40 多家。目前，中国十大服务外包领军企业中多家都在济南市设立了法人企业或分支机构。

2. 济南市发展服务外包的优势因素分析

济南市服务外包的快速发展，不仅得益于济南市致力于发展服务外包而制定的政策措施，济南市现有的产业基础、区位和人才优势也是成为这一产业快速、持续发展的内生动力。

1) 建章立制，为服务外包发展保驾护航

2006 年成立了服务外包领导小组，建立了服务外包联席会议制度，研究和协调全市服务外包产业发展的重大问题。济南市商务局建立了重点外包企业联系人机制，及时了解企业在开展服务外包业务过程中的最新情况及问题。2007 年出台了《关于促进服务外包发展的意见》，把服务外包作为转变经济发展和区域竞争的热点，对外包的扶持资金由最初的 2000 万元整合到现在的 1 亿元，重点用于引导、扶持、奖励服务外包产业发展。大力实施"知识产权强市战略"，制定和完善知识产权保护等一系列法规、建立知识产权的长效机制，制定了《济南市保护知识产权专项行动方案》，对知识产权保护环境进行专项整治，严厉打击各种侵权行为。每个园区都建有 12330 知识产权维权援助站，此外还设立了知识产权保护基金，实行政府先行赔付，采取刑事手段侦查、民事手段诉讼的方式处理侵权案件，保护知识产权和信息安全的氛围日益浓厚，如表 5-6 所示。

表 5-6　山东省层面的服务外包政策汇总

时间	政　　策
2006 年	服务外包联席会议制度
2007 年	关于促进服务外包发展的意见
2008 年	山东省人民政府关于加快服务外包产业发展的意见(鲁政发〔2007〕78 号)
2010 年	山东省出台全省服务外包产业发展规划
2010 年	山东省人民政府办公厅关于印发山东省打击侵犯知识产权和制售假冒伪劣商品专项行动实施方案的通知(鲁政办发〔2010〕65 号)
2011 年	济南市高新区出台优惠政策大力扶持软件和信息服务外包产业发展
2012 年	关于印发山东省服务外包人才培训机构认定管理办法(试行)的通知

资料来源：山东省服务外包网

2) 信息技术外包基础雄厚

济南市是山东省重要的信息中心和网络枢纽，是第二家中国软件名城，全市累计有 8 家企业入围国家规划布局内重点软件企业；11 家企业入围全国软件百强企业；7 家软件企业通过 CMMI(软件能力成熟度)5 级评估；42 家企业获批省级软件工程技术中心称号。

济南信息技术外包领域基础雄厚，不但培育了浪潮、神思等一大批优秀的本土软件企业，还吸引了 NEC 软件、日立为代表的外资软件企业不断聚集，同时研发出众多业内知名的软件产品，如浪潮云计算、中创中间件、鲁能机器人、华天 CAD 软件等。同时在当前热门的云计算、大数据、移动互联、物联网等领域都有涉足。此外，为了营造更好的产业氛围、激发创新发展活力，济南市积极搭建公共平台、国家信息通信国际创新园、国家信息产业高技术产业基地、国家动漫产业发展基地等平台为信息技术外包领域的发展提供了极大支撑。

3) 得天独厚的区位优势

济南市是京沪高铁 5 个始发站之一，由北京市到济南市 1.5 小时，济南市到上海 3.5 小时，高铁、高速拉近了三大城市间的时空距离，为跨国公司和外包企业在济南市设点、拓展业务提供了极大方便。不仅如此，济南市还是中国唯一与山东省所有地市实现高速公路联网的省会城市。济南市周边 500 公里的范围内，涵盖了近 3 亿人口的经济发达区域，已经形成了"半日经济圈"。

4) 人才资源优势

济南市重视优化人才培养和引进扶持政策，实施人才引进与培养工程。一是在大学开展服务外包人才培训。济南市现有 66 所各类高校，其中有 17 所高校开设了信息技术专业，10 所开设了金融财务专业，7 所开设了创意设计和动漫专业，每年与服务外包相关的高校毕业生达 6 万人，与 IT 相关的有 1.5 万人，能够为企业提供丰富的人才资源。二是加快国外培训机构的引进合作。微软 IT 学院、印度优派、韩国动漫等一批知名培训机构相继入驻济南市，济南市成为微软在中国的服务外包人才培训和国际认证合作首个示范城市。三是加快推进培训机构、大学和企业之间的"3＋1""2＋1"人才培养合作，促成了山东师创、浪潮优派与济南市大学、山东商职学院等高校开设软件和服务外包本(专)科专业，将人才实训规模性、实质性地植入到高等教育中去。目前签约高校已达 32 家，在校生规模近 8 000 人。济南市是儒家文化的发源地，济南市人受儒家的"仁、义、礼、智、信"传统文化思想影响，具有突出的"忠诚守信、吃苦耐劳"的传统美德，由此影响到济南市服务外包企业人员流动率仅 5%，大大低于 20% 的全国平均水平，有利于企业经营管理和信息安全及知识产权的保护。

今后，济南市将瞄准北京市、上海、深圳等一线城市的知名服务外包企业和跨国公司，推动其在该市投资设立外包企业和开展外包业务合作，吸引其合作伙伴和其他外包企业聚集，形成外包产业链集群。针对欧美、日韩、中国港台、印度等国家和地区服务外包产业特点，开展有针对性的境外招商；规划建设若干各具产业特色的专业服务外包园区；进一步推进"2＋1""3＋1"外包人才培养模式，扩大培训机构与企业合作办学以及企业定制培训的规模，更好地服务于外包产业的发展。济南市将以招商促进、园区载体、人才支撑三位一体的服务外包发展模式，依托服务业和电子信息等产业的基础优势，加快壮大软件开发和信息技术服务外包，做大、做强动漫游戏外包，发展金融、财务外包，加快开发生物医药研发、工程工业设计外包，努力拓展数据备份、数据处理、售后服务、呼叫中心、物流供应、会展服务等多形式外包服务业务，努力将济南市打造成为"中国服务外包名城"以及"世界知名服务外包基地"。

5.4　中国发展服务外包的机遇与挑战

服务业全球化是经济全球化进入新阶段的主要标志。服务业全球化目前正处于蓬勃兴起阶段，它不仅从根本上改变了世界服务业的发展模式，而且正日益深刻地改变着世界各国经济、产业、技术的发展模式，并对各国在世界产业链中的地位和利益产生重大影响，成为决定各国国际竞争力的关键因素。我国既面临通过承接国际服务业转移加快发展的历史性机遇，同时也面临更多激烈的竞争和挑战，分析和把握这些机遇和挑战对于促进中国服务外包的发展意义重大。

5.4.1　中国服务外包发展面临的机遇

1. 服务外包的政策支撑力度大

从政策支持层面看，中国已经认识到服务外包的巨大作用，将大力发展国内服务外包与承接国际服务外包。无论是中央各部委还是地方政府均制定了支持服务外包发展的扶持政策。商务部在"十一五"期间开始实施了服务外包的"千百十工程"，采取"基地城市＋示范区"的模式，由商务部和当地省级政府任命共建，在全国建立 21 个服务外包示范城市。2007 年，国务院发布了《关于加快发展服务业的若干意见》。2010 年，国务院办公厅复函商务部(《国务院办公厅关于鼓励服务外包产业加快发展的复函》国办函〔2010〕69 号)，颁布了 20 项支持服务外包产业发展的政策措施，包括财税、人才培训、大学生就业、特殊工时、海关监管、电信服务、金融支持、知识产权保护、投资促进等，有效减轻了企业负担，对服务外包给予了积极的引导和鼓励。为保证离岸服务外包接包额的不断增长，商务部还与信息产业部、科技部、财政部等密切配合，为服务外包接包商提供资金支持及政策扶持。优惠的政策为服务外包的发展提供了机遇。

2. 国际产业的转移

全球服务外包的发展趋势不可逆转，国际产业转移的趋势逐渐由制造业向服务业扩展。改革开放 20 多年的经验证明，最先认识到、捕捉到国际产业转移最新动态的地区和城市，机遇抓得牢，经济发展就快。比如，上世纪 80 年代末，面对以加工贸易为主要特征的国际产业转移，广东最先行动，因而在世界打响了"广东制造"的品牌，广东成为我国经济发展最快的地区；上世纪 90 年代中期以来，国际产业转移的主要特征表现为世界制造业由发达国家向发展中国家转移，珠三角、长三角顺势而动，承接国际制造业转移，从而成就了中国两大经济发达地区。现在，以服务外包、服务贸易以及高端制造和技术研发环节转移为主要特征的新一轮世界产业结构调整正在兴起，这为我国城市发展面向国际市场的现代服务业带来了新的机遇。

目前，中国得益于政治稳定、经济发展平稳、投资环境不断改善、政府支持、法律法规逐渐完善、人力资源充足、劳动力成本低、交通通信等现代基础设施更加完备等诸多优势，成为越来越多的跨国公司的发包选择地，预计未来几年，将会有更多的外包业务转移到中国，给中国服务外包的发展带来商机。

3. 服务外包发展的内部竞争优势

首先是我国企业的自主创新能力增强和自主知识产权技术提高。虽然从整体看，中国服务外包企业的竞争能力有限，但是从纵向来看，中国企业的自主创新能力逐步增强，作为服务外包重要基础的先进制造业在参与国际产业分工方面竞争力在提高。中国企业已经开始注重培育自主品牌、重视关键技术研发。2016 年，全国共投入研究与试验发展(R&D)经费 15 676.7 亿元，较去年增长 10.6%。在中国政府特别重视自主创新和国际品牌的鼓励下，中国的自主知识产权技术发展迅猛，为服务外包产业的可持续发展甚至跨越式发展提供了支撑和可能。

其次是人力资源丰富，随着各种服务外包培训、实训的广泛开展，将造就大量高素质、低成本的专业技术人员，为我国发展服务外包提供人才基础和人才储备。

4. 服务外包发展新机遇——中国(上海)自由贸易试验区的建立

中央领导充分肯定上海建立的自由贸易试验区，要用开放带动改革，在扩大开放中拓展发展空间，用倒逼机制推动转型升级。上海自贸区管委会常务副主任戴海波曾表示，随着服务业的不断发展，上海自贸区在服务业扩大和拓展方面提出了更多的要求，服务贸易、离岸贸易等服务业比重进一步提升。目前已经宣布的试验区方案中涵盖了金融、航运、贸易、文化、社会服务、专业服务等 6 大领域 18 个行业的对外开放具体措施。由于简化的行政审批，使得区内注册企业能享受贸易、投资、金融、人员进出、服务进出、货物存储等方面的便利和自由，这些优越条件，无疑给中国服务外包产业发展提供了极大的空间。

试验区的六大功能定位，给服务外包的发展提供了新的契机：一是服务贸易创新的引领区。服务贸易和服务外包的本质接近。服务贸易提供的是服务进出口、商业存在、劳务输出等，形式上是国家之间的劳务服务。服务外包提供的是"中间服务"，其基础工具是"信息和网络技术"、交付成果"可数据化"，并且可以实现远程网上交付，形式上是境内外企业之间的智力、人力和技术的服务，最终实现发包方和接包方彼此内部的核心业务越做越好、越做越强的"双赢"目标。因此离岸服务外包属于服务贸易产业链中较高端的部分。试验区要成为贸易创新的引领区，发展服务外包就是一个最好的契机。第二，试验区要成为离岸型产业体系的集聚区，看其产业结构，几乎涵盖了服务外包的主要行业，包括数据服务、融资、租赁的流程设计和研发外包三大类型的业务。第三，试验区要成为投资服务的先导区，要打造中国企业"走出去"的服务高地和成本洼地，这与国办函〔2013〕33 号文《关于进一步促进服务外包产业发展的复函》有关加大国际市场开拓力度、打造中国服务外包产业整体形象、树立"中国外包"品牌的精神完全一致。试验区就是为中国企业(包括服务外包企业)和资本走向世界提供的一个最前沿、最开放的服务平台。第四，试验区要成为监管方式优化的先行区和政府管理创新的示范区，这样将保证企业在试验区内发展服务外包的低成本、安全性、规范性和可持续性的营商环境，使得在试验区内发展服务外包无后顾之忧，为服务外包产业发展完全开创了新的途径。

5. 服务外包发展新机遇——"一带一路"战略

在当前全球经济缓慢复苏的大背景下，加强区域合作是推动世界经济发展的重要动力，并且已经成为一种趋势。在 2013 年国家领导人出访中亚和东南亚国家期间，先后提出共建"丝绸之路经济带"和"21 世纪海上丝绸之路"的战略构想，得到国际社会高度关注和有关国家的积极响应。

一带一路

"一带一路"沿线国家和地区总人口约 44 亿，经济总量约 21 万亿美元，分别占全球总量约 63% 和 29%。该战略涵盖欧、亚、非各国，在国内涉及到东北、西北、西南、沿海、港澳台等多地区。"一带一路"沿线国家多为发展中国家，这些国家具有不同的禀赋优势，在农业、能源、交通、通信、金融、科技等诸多领域与我国有广泛的合作空间。多领域的合作可以通过过剩产能的转移和工业产品的互通带动国家间货物贸易和服务贸易的发展，加快我国产业结构的调整，其中，由于"一带一路"沿线国家多、距离长、人文风俗不同、配套服务需求得以快速增长。

从数据来看，"一带一路"战略实施以来，确实给沿线国家与我国在服务领域的合作带来了广阔的空间。据统计资料显示，2015 年，中国承接"一带一路"沿线国家服务外包合同金额 178.3 亿美元，执行金额 121.5 亿美元，同比分别增长 42.6% 和 23.4%。2016 年全年，承接"一带一路"相关国家服务外包执行额 841 亿元，占我国承接离岸外包的 17.2%。

5.4.2　中国服务外包发展面临的挑战

由于中国服务外包起步较晚，作为正在兴起的服务外包承接国，在承接服务外包业务的规模、能力、质量等方面与印度、爱尔兰等国家还有一定的差距。要想在全球服务外包中扮演重要的角色，就必须认清我国在发展服务外包方面所面临的挑战，并努力寻找和改进不足，依据服务外包的特点充分发挥自身优势。我国服务外包的发展所面临的挑战主要体现在以下几个方面：

1) 国内产业政策的执行力度和水平有待提升

当前，中国已经制定了促进服务外包发展的政策措施，各地政府对服务外包企业的争夺和竞争比较激烈，进入前所未有的白热化阶段。国家制定的支持服务外包产业发展的政策能否结合当地的实际、符合企业自身的发展要求，将是对政府管理水平的一次考验。如果无法对这些政策进行有效的执行，服务业的发展将会受到严重威胁。尤其是在知识产权领域的政策，我国的立法工作还亟待完善，越是高端的服务外包业务，越容易对数据安全、信息安全和知识产权保护等提出更高的要求。一些跨国公司存在对其知识产权保护的担忧，会极大影响到中国服务外包承接业务的开展。我国信息安全立法滞后和知识产权保护执法不力，成为一些关键数据和含有核心知识产权的服务业务难以向中国转移的主要原因，同时也是国内部分发包方(尤其是政府和国企)不愿轻易释放服务需求的重要因素之一。

2) 企业规模小，没有龙头企业的带领

人员是衡量服务外包企业实力的重要指标。尽管我国服务外包企业已成长起多家万人以上规模的企业，但总体来看，企业规模仍然偏小，竞争力较弱，长期处于国际服务外包价值链中低端。以领军型服务外包企业来说，印度超过 10 万人的服务外包企业有塔塔咨询服务公司(TCS)、Infosys、Wipro 三家，2015 年，仅 TCS 一家营业额就达到 145 亿美元。而直到 2012 年，文思、海辉两家国内大型服务外包企业合并后，我国才首次出现规模超过 2 万人的服务外包企业。服务外包企业规模偏小，难以形成全球营销和交付网络体系，客观上制约了我国在国际服务外包市场上的议价能力和市场开拓能力。

3) **产业升级的挑战**

受欧债危机舒缓、美国经济开始复苏等多重利好影响，全球服务外包产业复苏步伐加快，中国服务外包业在这一股行业暖流中也逐步向高端化方向演进。但目前中国服务外包业务大都集中在附加值不高的低端领域，向高端发展仍面临市场环境、人才体系、专业技术等方面的挑战。首先，整体市场环境能否提供产业发展机遇。中国服务外包产业得益于人力、市场等方面的优势，在过去几年里成为国际商家视野中的重要发包市场，涌现出了一批实力较强的服务外包企业，如东软、文思海辉等。但从总体看，中国服务外包产业仍处于成长阶段。在"十二五"期间，海内外整体市场环境能否提供机遇，成为产业升级换代面临的首要挑战。其次，人才体系能否满足产业高端化升级需求。人才资源是服务外包行业的核心资本，而人才也是目前制约中国服务外包发展的主要瓶颈，尤其是符合外包企业发展需求的专业高端人才更是匮乏，在外语能力、专业技能和项目管理上能满足需求的复合型人才不足，高级技术和管理人才短缺。高端人才能否持续供应，将是支撑产业未来向高端转移的又一挑战。最后，企业自身的专业技术及自主创新能力的提升。当前，中国服务外包位于产业低端的一个重要表现，就是项目类型集中在软件开发及测试、数据录入等领域，而从设计到整体解决方案、研发等高端业务领域，则很少甚至是几乎没有涉猎，这与企业的专业技术能力不高有很大关系。能力有限直接影响了业务空间及利润空间的提升，而专业技术能力的提升则有赖于企业自主创新能力的提升。在后危机时代，任何产业发展都要进入创新驱动、内生增长的发展轨道，服务外包产业也不例外。据前瞻网统计，目前我国服务外包企业的成本构成中，人力资源成本为最大支出，约占企业营运成本的60%，市场支出约占 25%，而技术研发投入份额较小，仅占 4%。未来随着产业的进一步升级发展，企业必须摆脱单纯依赖人力成本的发展模式，而应专注于整体能力的提升，从而对技术研发能力和自主创新能力提出了极大的挑战。

4) **区域间协调发展的挑战**

从企业的地区分布来看，不同地区服务外包产业发展差距较大。450 家重点服务外包企业中，约 79%的企业位于东部地区，中部地区重点服务外包企业略高于西部地区。从服务外包业务收入来看，东部地区企业服务外包收入占 450 家企业服务外包营业收入的 90%以上。从人均离岸服务外包收入来看，东部地区服务外包企业年人均离岸服务外包收入约为 2.81 万美元，中部地区为 2.18 万美元，而西部地区则低于 2 万美元。通过比较可以发现，东部地区服务外包产业发展遥遥领先于中西部地区，统筹协调推进区域服务外包业务发展是我国服务外包可持续发展亟须解决的重要问题。

服务外包是信息产业的核心，是信息社会的基础性、战略性产业。服务外包不仅能创造十分可观的经济效益，而且由于其强大的渗透和辐射作用，对经济结构的调整优化、传统产业的改造提升起到重要的推动作用，是国民经济和社会发展的"倍增器"。我们要紧密衔接国家区域发展规划和主体功能区战略，积极推进服务外包产业区域协调发展，形成区域间差异化、特色化的服务外包企业集群。综合运用财税政策及国家科技计划(专项)等，支持企业提升技术能力和综合服务能力，加强海外整体营销，鼓励服务外包企业走出去，形成外资、外贸、外经联动协调发展格局，全力打造"中国外包"品牌。

5.4.3　中国服务外包的发展趋势

在经济全球化的背景下，服务外包产业的快速发展，成为我国转变经济增长方式、优化产业结构，增强企业国际竞争力的亮点。服务外包产业作为我国战略性新兴产业的地位将随着服务业的整体发展而得到不断提升。以下主要从整体发展和重点行业发展两个方面来分析中国服务外包未来的发展趋势。

1. 服务外包市场总体发展趋势

1) 多元市场促进产业新格局

美欧日等发达国家和地区是中国服务外包传统的主要国际市场，随着"一带一路"国家战略的实施和我国传统产业尤其是制造业的转型升级，"一带一路"相关国家服务外包业务加速释放，在岸市场规模快速增长，中国服务外包产业有望形成发达国家、新兴国家和国内市场"三位一体"的产业新格局。

2017 年，随着美欧等发达国家和地区经济缓慢复苏态势明显，与美国、加拿大、欧盟等国家和地区的服务外包合作有望保持稳定增长，同时向更高水平攀升。"一带一路"相关国家有望成为新的增长点。新加坡、印度、印尼、马来西亚、巴基斯坦、泰国、阿联酋、沙特、俄罗斯及欧盟主要发达国家已与我国在服务外包领域建立了合作基础，2017年上述国家将凭借较好的经济发展基础与产业发展环境，成为我国开拓"一带一路"市场的优先级。

此外，随着"一带一路"互联互通工程建设的加速推进，我国在中亚、西亚等地区将获得更多工业技术服务、信息化解决方案、专业业务服务需求。安永咨询公司研究报告显示，2018 年中东北非地区服务外包市场规模预计将达到 70 亿美元，部分经济贸易发展良好的城市如迪拜等已经将服务外包列为重点发展对象。

2) 示范区域的带动及差异化发展

"十二五"期间，随着中国转变经济发展方式步伐的加快，将会有更多的城市将发展服务外包产业作为推动产业升级的重要途径。在政策的推动下，中国服务外包发展将呈现示范城市带动非示范城市、核心区域带动周边区域协同发展的趋势。核心区域由于其在产业基础、政策、资金、人才等方面的优势，在服务外包产业发展中发挥着产业集聚和业务集散的作用。随着这些核心区域商务成本的不断上升，以及区域经济一体化的推进，城市之间的经济交流不断扩大，核心区域的服务外包业务势必会向周边经营成本相对较低的区域转移和扩散，从而带动周边区域服务外包产业的发展。环渤海、长三角和珠三角等区域服务外包将以北京市、上海、广州等地为核心，逐渐向周边区域扩散，形成区域联动协作发展的局面。以南昌、成都、重庆、西安市等示范城市为核心的中西部区域，由于其具有丰富的人力资源、低廉的商务成本、不断改善的产业发展环境等优势，将会成为我国国际服务外包产业发展极具潜力的区域，这些示范城市的服务外包产业在进一步加快发展的同时，将会带动周边城市服务外包产业的快速发展。

各示范城市凭借自身的产业基础和优势，未来朝着差异化发展的趋势逐步显现。例如在长江三角洲服务外包产业格局中，苏州已初步形成了软件设计、动漫创意、研发设计、生物医药、金融数据处理和物流供应链管理等 6 大服务外包产业集群；苏州昆山花桥借助上海建设国际金融中心的契机，凭借毗邻上海的地理优势，大力发展金融服务外包，打造金融后台服务基地；无锡服务外包已形成以软件研发外包、集成电路设计外包、生物医药研发外包、影视动漫创意外包、物联网信息服务外包等高端业务为主的发展格局；南京大力发展通信电子、电力电气、工业设计和生物医药研发等领域的服务外包。

3) 广阔的内需市场

从我国当前经济发展所处阶段看，工业化和信息化的融合、制造业的升级换代、服务业的兴起，都会产生大量的服务外包需求，这为我国服务外包产业的腾飞提供了难得的机遇。在鼓励发包和接包双重政策的引导下，我国本土内需市场的潜力将会逐渐释放出来，在整个产业中的比重进一步加大。

由中国国际投资促进会和中国服务外包研究中心共同编写的《中国服务外包产业十年发展报告(2006-2015)》预测：在政策措施得当的前提下，未来 10 年，我国完全有能力超越印度成为全球第一大服务外包接包国，并将成为全球增长最快的发包市场。2025 年，我国服务外包合同执行金额有可能超过 3 万亿元(4 500 亿美元)；服务外包产业从业人员有望达到 2 000 多万，其中，高等学历从业人员 1 500 万，约占 70%；员工过万、合同执行金额超亿美元的企业 50 家左右；有望出现员工超 10 万、合同执行金额过百亿美元的服务外包企业。

未来 10 年，我国服务外包产业将步入大有可为的"黄金发展期"，成为接包发包并举、国际国内两个市场协调发展的全球服务外包中心。

2. 重点行业的发展趋势

1) 软件服务外包将继续发展

作为服务外包的基础性行业，软件服务外包将得到继续发展，这是由国内外巨大的市场需求以及我国丰富的软件开发和服务人力资源决定的。

近年来，我国软件服务外包市场在国家优惠财税重点政策支持下，整体上增长非常迅速。2010—2016 年，我国软件与信服服务外包产业规模不断提升，年均复合增长率约为15%，至 2016 年，我国软件外包产业规模达到 1.11 万亿元，2017 年全年软件外包行业规模继续增加约为 1.25 万亿元，软件外包业务占软件业务总收入的 20%以上。同时，我国软件离岸外包业务也实现快速增长，软件外包服务出口从 2007 年的 10 亿美元增长到 2016 年的约 127 亿美元，年复合增长率达到 32.63%，国内软件外包认可度不断提升。

国内随着技术进步和经济结构调整，IT 服务需求也会大幅增长。随着沿海地区人工成本和商务成本的提升，部分软件服务外包业务将会向中西部地区转移，服务外包的交付方式也会发生变化：一线城市接单，二、三线城市交付。目前，在我国中西部二、三线城市如西安市、成都、重庆乃至郑州等地，都拥有大量的软件服务外包企业，它们和沿海示范城市联手，承接境内外发包企业的软件外包业务。

2) 文化创意服务外包将得到突破性发展

以承接动漫设计制作为主体的文化创意服务外包行业将获得突破性的发展。目前，从沿海示范城市上海、杭州、深圳、无锡，到中西部示范城市长沙、成都，集聚了许多动漫创意设计企业。比如湖南长沙拥有 55 家动漫游戏企业和 300 余家动漫工作室，动漫原创人员近 3 000 人，动漫相关从业人员 3 万多人。

目前，我国已形成了上海、杭州、长沙、深圳、成都等几大动漫生产基地，它们一方面承接来自国外包括好莱坞大片等影视的后期制作业务，同时也积极设计开发拥有自主品牌的文化影视作品，并已先后创造了 3 个知名动漫品牌——"蓝猫""虹猫蓝兔""喜羊羊"。深圳华强数字动漫有限公司创作的《熊出没》系列等深得国内市场好评。我国文化创意服务外包产业在未来几年将得到突破性发展。

3) 生物医药研发服务外包将进一步发展

中国生物医药研发服务外包目前虽然处于起步阶段，还处于产业链的低端，但是，拥有雄厚的生物医药研发实力和得到了政府的高度重视，生物医药研发服务外包将会在未来几年得到进一步发展。

近年来，受益于全球研发支出的不断增长以及外包比例的不断加大，全球生物医药研发外包市场容量已由 2007 年的 150 亿美元快速增长至 2017 年的约 430 亿美元，复合增速高达 11%，远超同期全球研发费用增速，预计未来几年仍将保持 8%～10%的增速。中国医药市场的快速增长使得越来越多的跨国企业来华掘金，而国际医药产业链转移和庞大的市场催生外企加大对中国的研发投资，从而带动我国医药研发市场的快速增长。目前，我国已经形成了上海、北京市、南京、天津、广州等实力雄厚的生物医药研发基地，其中上海最为引人瞩目。在被誉为"张江药谷"的上海张江生物医药研发基地，集聚了一大批实力较强的生物医药企业，形成了生物医药产业集群发展的雏形，成为国内生物医药研发机构最集中、创新实力最强、新药创制成果最突出的标志性区域。上海市先后认定张江生物医药基地为上海市研发外包基地、上海市首批服务外包专业园区。目前，"张江药谷"已成为我国创新药物研发数最多，以美国、欧共体为目标的国际新药研发注册最多的园区之一，成为国内外生物医药领域专业 CRO 机构集聚度最高、承接研发外包业务最活跃的园区之一，集聚了 CRO 企业 40 多家，外包模式以离岸外包为主，业务面基本覆盖了产业链的全过程。2017 年 8 月，上海市发布《关于促进本市生物医药产业健康发展的实施意见》，该意见的总体要求是到 2020 年，上海市生物医药产业主营业务收入达到 3800 亿元以上，基本建成亚太地区生物医药产业高端产品研发中心、制造中心、外包与服务外包中心和具有配置全球资源能力的现代药品流通体系。意见还提出上海要围绕产业创新发展需求，发挥上海技术、区位和人才等综合优势，积极吸引和大力培育各种生物医药研发和服务机构，鼓励研发外包企业实现与国际标准的全面接轨。支持发展以市场为导向、企业为主体、高校科研院所为联合单位的生物医药第三方研发链和产业链，打造具有国际影响力的研发外包与服务中心。

4) 金融服务、通信服务、研发设计服务外包将成为重点领域

金融服务外包在中国方兴未艾，随着我国金融市场的进一步对外开放和中国金融改革的逐步深化，金融服务外包将会拥有更广阔的市场空间。其中在岸服务外包的市场空间将

会更大。金融服务外包将成为继软件服务外包之后我国服务外包的又一个重点领域。

随着 2013 年国务院正式提出"宽带中国"战略并付诸实施，各级政府、行业与企业对通信网络服务需求与信息化需求日益剧增，国内电信业固定资产投资额每年都保持在 3000 亿元以上。

随着 4G 网络建设的持续、"宽带中国"以及政府信息化浪潮等利好消息，加上社会经济发展导致人们对信息技术需求的不断提升，各大运营商需不断提升其网络质量、提高网络带宽，确保其在市场竞争中能够占得先机，这些都将使通信技术服务行业在一定时期内保持持续发展的态势。

以呼叫中心为主要业务内容之一的通信服务外包也将实现快速发展。地处中西部连接部的三线城市洛阳，以其成本和地缘优势吸引了中国移动的关注，规划建设了拥有 20000 个座席的呼叫中心，承接上海、北京市、广州、深圳等地的外包业务溢出，开展中高端呼叫中心业务，如电话调研、电话营销、客户咨询、技术支持、数据挖掘、客户管理等业务；中国平安也已经将数据录入中心从上海迁到洛阳。今后通信服务外包包括呼叫中心业务地域的分布格局是：沿海城市高端性服务业务，中西部城市基础性服务业务。

以工业设计为重点的研发设计服务外包也将成为中国服务外包的重点领域。中国拥有众多的研发中心和设计院、成千上万的科研人员以及每年数百万的大学毕业生、研究生，是研发设计服务外包的资源基础。随着科研体制改革的深化，大部分机构和人员都将成为研发设计服务提供商，在这一领域印度同中国是无法比较的。早在 10 多年前，许多世界跨国公司已经看到中国这方面的比较优势，纷纷在中国设立了研发中心，利用中国廉价而优质的智力资源，进行新产品、新技术的开发。

综上所述，随着服务外包新兴行业和领域的发展，中国服务外包将从低端业务领域向高端业务领域拓展延伸，产业咨询、软件与信息系统架构设计、研发服务外包等高附加值、高技术含量的业务比重不断上升，以金融服务外包、通信服务外包、研发外包等为重点的 BPO、KPO 高端领域将成为中国服务外包产业发展的重点。

本 章 小 结

1. 随着在岸和离岸服务外包需求的增加，政府的进一步推动，中国服务外包产业进入高速发展阶段，从产业结构看，ITO 占主导并依旧保持快速增长，BPO 和 KPO 占比会逐渐增大。

2. 在东部沿海城市，围绕"环渤海、长三角、珠三角"三大经济圈，形成了服务外包产业三大集群，每个集群内的各城市整合资源、协作发展，带动了周边地区产业整体发展，产业集群和规模效应逐步体现。

3. 中国 ITO 起步较早，当前正处于高速发展期，并且主要包括软件服务外包和云服务外包两种；中国 BPO 业务的发展晚于 ITO，目前还处于发展初期，并且多以业务环节外包为主；中国 KPO 从研发外包开始，多集中于金融、生物医药、动漫等领域。

4. 中国发展服务外包有几大环境：稳定的经济增长；国务院及各部委出台了一系列扶持政策措施，地方政府也配套出台特色产业政策，具备较完善的产业政策支持体系；中国的交通、通信、网络等基础设施为服务外包的发展创造了良好的外部环境；最后是充足的人才环境。

5．我国服务外包产业的发展从服务外包基地城市和示范区，到国务院批准设立 21 个服务外包示范城市，是我国服务外包发展的主导力量。

6．北京市凭借独特的市场、人才、技术、基础设施等综合优势，业务快速增长，产业高度聚集，规模不断扩张，实力显著增强，始终位于全国服务外包城市的领军位置。服务外包企业强强联合的大规模合并和海外并购不断深化、面向高端的知识流程外包进一步向纵深发展，大量服务外包企业通过整体解决方案和借助新兴技术实现高端化转型，这些构成了北京市服务外包产业发展的特点。

7．苏州市服务外包产业起步早、发展速度快、企业数量多、就业规模大，已成为本市服务外包业发展的亮点，目前，苏州拥有"国家级火炬计划软件产业基地"和"国家级动漫产业基地"等称号。该市发展服务外包有四大优势因素。

8．西安市服务外包的发展呈现：业务增长迅速、结构升级加快；龙头企业带动作用明显；"一核六区"示范园区格局形成等特点，并具有科研实力雄厚、人力资源丰富和政府高度重视等优势因素。

9．济南市服务外包产业呈现产业规模持续扩大、重点园区竞相发展、骨干企业带动力强、离岸市场开拓成效显著、三大业务同步增长等稳健的发展态势。济南市服务外包的快速发展，不仅得益于市政府制定的扶持政策，济南市现有的产业基础、区位和人才优势也是成为这一产业快速、持续发展的内生动力。

10．中国服务外包的发展趋势从整体和具体行业两个方面来分析，我国发展服务外包面临前所未有的政策支持力度、国际的产业转移等机遇，同时也面临国内企业规模小，在国际市场上的议价能力和竞争力弱、产业升级等带来的一系列挑战。

本 章 练 习

一、简述题

1．简述我国服务外包产业形成的"三大集群，东西映射，特色区域发展"格局的具体内容。

2．简述我国动漫产业外包三种模式的组织形式及特征。

3．简述北京市服务外包产业发展的特点。

4．简述我国服务外包的发展趋势。

二、论述题

1．论述中国发展服务外包的环境。搜集资料并与印度进行简单对比。

2．中国服务外包示范城市有哪几个？分别属于哪个集群带？搜集其他任意示范城市，并挑选两个做简单的对比。

3．搜集相关资料，谈谈对"金融上海、后台花桥"的理解。

4．搜集资料，论述中国建立自由贸易试验区对我国服务外包发展的影响。

5．我国服务外包的发展面临哪些挑战？针对服务外包企业规模小、缺乏竞争力，借鉴印度或其他国家的经验，论述如何来提高企业竞争力。

三、案例分析

服务外包——新一轮国际产业转移热点

与许多人不同，在广州工作的陈女士每天下午去办公室，晚上 11 点左右下班。由于时差及系统上的配合，她的公司里通常在一天中的 21 个小时里都有人工作。

陈女士所做的业务是为美国得克萨斯州最大的天然气及电力企业——TXU 公司服务。从去年开始，TXU 公司 250 万用户的账单资料分析将不在美国本土完成，而是交给大洋彼岸的广州凯基商业数据处理服务有限公司的陈女士和她的同事来完成。

在这个长达 10 年的合同中，凯基将负责处理 TXU 公司包括分析账单数据错误、调度客户的上门检修申请及为一些获得退税许可的用户办理退税手续等后台客户服务工作。当美国德州的 TXU 用户消费数据在进入主机系统出现故障时，或者有用户向 TXU 打电话抱怨自己的账单有问题时，跨洋连接的电脑系统会提示远在中国的工作人员仔细调阅系统数据，判断症结所在，并将分析结果提交给系统，进而保证远在美国的业务过程顺畅进行。不过，对于美国德州的 TXU 用户来说，他们可能怎么也想不到，帮他们发现问题的人原来身在遥远的中国。

陈女士从事的工作就是承接国际服务外包。服务外包和外资向服务业转移，是经济全球化的又一次浪潮。

回答问题：

1. 搜集相关资料分析国际产业转移共经历了哪些阶段，各阶段的特点是什么？

2. 我们如何抓住以服务外包、服务贸易以及高端制造和技术研发环节转移为主要特征的新一轮世界产业结构调整所带来的发展机遇？

第6章 服务外包决策与风险管理

📖 本章目标

- ■ 熟悉服务外包决策制订的基本模型
- ■ 掌握服务外包决策制订的框架和实施过程
- ■ 了解服务外包所面临的风险
- ■ 熟悉服务外包风险管理方法，并针对出现的风险，找到相对应的策略

📖 重点难点

重点：
1. 服务外包决策制订的基本模型
2. 服务外包决策制订的框架和实施过程
3. 服务外包风险管理方法

难点：
1. 服务外包决策制订的框架和实施过程
2. 针对出现的风险，找到相对应的对策

在这个狂躁的互联网风潮下，相信大家没有不知道"滴滴打车"这款打车神器吧，作为如今打车界叱咤风云的打车软件，在短短一年半的时间里，是如何利用移动互联网撬动一个封闭的保守行业的？创业过程中真的是一帆风顺吗？

"滴滴打车"创始人兼 CEO 程维在创业之前是阿里巴巴的员工，先在阿里巴巴B2B 工作六年，后在支付宝工作两年，做到事业部副总经理的级别。当他看到创业者拼杀，心里痒痒的，于是拿着 80 万创业资金、率领一支仅 10 余人的团队，开启了艰辛的破冰之旅。

有人说：一帮阿里销售的人做出来的产品，能好到哪儿去？没错，技术方面的确是这个团队的短板。两个月要把产品做好，程维觉得临时现招团队不仅会消耗大量的时间、财力，可能还会错失商业良机。因此，程维选择全部交由外包软件公司实现。外包费用大概是 8 万元。

如果程维当初选择组建自己的团队开发 App，会是怎样的情形？

首先要招聘一个 CTO，然后搭配的技术人员有：产品经理、UI 设计师、安卓工程师、iOS 工程师、后端工程师。至少 6 个人的配置。按照开发人员的工资，每月开支至少6～8 万元，还要算上招聘成本、办公场地等费用。按照团队开发产品的周期，招聘到位 + 磨合，至少 3 个月的时间，能完成产品第一版的开发。粗略估计，开发 App 的费用大概为 50 万元。

80 万的资金，技术开发团队就占去了大半，滴滴后期的运营就缺少足够的资金支持。而选择外包，费用大概是 8 万元。

选择自建团队的剩余资金：

$$80-50=30 万元$$

选择软件外包的剩余资金：

$$80-8=72 万元$$

现在来看，程维做出外包决策无疑是明智之举。滴滴通过软件外包，节省了近一半的创业成本，同时实现了滴滴创业初级阶段的历史性任务，为滴滴后续迅速占据国内市场创造了有利条件。

资料来源：http://www.jianshu.com/p/odd84e04fe4b

6.1　服务外包决策

服务外包决策是指对企业从是否进行外包关系构建、外包过程的互动行为等方面来进行研究，以确定是否进行外包以及外包哪些业务，并将这一结果做进一步可行性分析的过程。

服务外包决策是一个非常复杂的过程，做出有利的决策，能为企业提高效率、节约成本，进而增加利润。但有时，外包不一定是最好的选择，也有可能失败而使企业遭受损失。因此，企业在制订外包决策时需要考虑很多因素。下文就其影响因素进行详细分析。

6.1.1 服务外包决策的影响因素

尽管外包有很多优势，如降低生产成本、分散经营风险、获取外部稀缺资源等，但由于制订和实施外包过程中面临许多不确定因素和经营风险。因此，充分考虑和分析影响服务外包的因素对利用外包优势、规避外包风险至关重要。任何一方面的疏忽都可能使企业陷入外包风险之中，这会使外包收益大打折扣，甚至会导致企业业务的失控和核心能力的丧失。不同的企业，因所处的行业不同或自身情况不同，在考虑外包决策因素时也会有所不同，但基本上都包含以下几个方面：

1) 经济因素

企业采用外包战略的主要动力之一是经济效益，这也是外包产生时最主要的驱动力。外包的经济效益来自三个方面：一是成本的降低；二是使固定成本变成可变成本；三是减少投资风险。专业知识及技术的重要性和接包商的规模经济极大降低了项目费用，可提高开发项目的速度并降低实施项目的风险。

2) 环境因素

对企业外包计划的制订影响较大的也包括环境因素。企业在进行外包决策时需要考虑的环境因素包括以下几点：

(1) 接包商的整体素质。接包商的整体素质包括接包商的产品质量、服务质量和技术水平等。

(2) 市场因素。市场因素包括市场上接包商的数量和市场的成熟度两个方面。在市场成熟度较高的状况下，外围接包商的数量和接包商的服务质量相应也会比较高，此时企业会更信任市场，倾向于将自己的非核心业务活动外包给接包商，增强企业核心竞争力。如果市场成熟度较低，企业往往选择内部经营，降低接包商的违约风险。

(3) 其他企业外包的决策。其他企业的外包决策也会影响潜在发包商外包决策。如果其他企业在业务外包之后，获得了不错的效果，则潜在发包商也会引入该项外包，以期获得相同，甚至更好的成果。

3) 战略因素

随着企业不断聚焦核心能力，在外包理论的发展、演化以及外包实践的推动过程中，外包已经成为企业发展和价值创造的新的增长点。通过外包，一方面能够使企业实现多方面的增值；另一方面也能将企业内部最具竞争力的资源和外部最优秀的资源有效地进行整合，从而产生巨大的协同效应，并使企业最大限度地发挥自有资源的效率，获得竞争优势，提高对环境变化的适应能力。外包已经成为企业战略规划中考虑的重要内容。

4) 管理因素

由于服务外包是一种介于市场交易和纵向一体化的中间形式，发包商和接包商之间实际上形成了一种委托代理关系，接包商比发包商拥有更多关于产品和服务的质量、成本等信息，从而导致信息的不对称。另外，合作双方理念和文化的差异、无效的沟通机制等因素都可能导致外包的失败。因此，强化对外包过程的管理非常重要，为此可以通过建立相应的管理协调机构，构建畅通的沟通渠道，解决外包过程中出现的问题和矛盾，防止意外的发生。此外，还可以通过细化外包合同、建立质量保证体系等管理控制手段，强化对外包过程的监督，以减少外包过程中因信息不对称造成的风险。

5) 风险因素

外包失败的案例使人们对外包风险给予了极大的关注。将业务进行外包时应考虑的风险因素有：

(1) 创新能力减弱。外包可能会使企业在某方面失去发现重大技术创新的机会。

(2) 信息不安全。特别是在信息外包中，信息的安全是企业在进行外包时需要重点考虑的风险，以防止公司的机密信息被泄漏。

(3) 管理的失控。由于将业务外包后，企业缺乏对业务的实时监控，增大了企业责任外移的可能性，导致质量监控和管理难度加大。

(4) 外包会对企业员工产生负面影响。如果企业外包一些业务，有些员工会觉得企业运营出现了问题，或者在同行业中竞争力劣于其他企业，这种认识可能会降低员工的工作积极性。

6) 文化因素

一方面，企业在进行外包决策时不可忽视文化的地域性和国别性的差异。深入了解接包商的地域性文化特征，可以进行良好的沟通交流。如果外包企业不能正确处理企业间的文化冲突，不能全面考核各接包商，不能对这些接包商进行有效管理，结果可能会导致整个外包业务的失败。

另一方面，在技术创新、频繁变化的市场环境下，企业文化的创新势在必行。外包是企业战略性调整的一部分，战略性的外包则强调企业应突出自己的核心业务和核心能力，将非核心业务外包出去，精简流程，使组织结构更加灵活。组织结构和运行方式的改变会对企业原有文化造成冲击。显然，要应对这些挑战，企业还应培养创新精神的企业文化，如此才能更好地实施外包。

实施外包决策实质上是企业对自己的重新定位，重新配置企业的各种资源，构筑自己的竞争优势，从而使企业获得持续发展能力。

6.1.2　服务外包决策模型

作为一种新兴的商业模式，服务外包的市场规模持续扩大。企业进行外包决策时最关心的就是确定何种业务可以或者需要外包，而哪些业务适合自身完成。因而，外包决策的核心内容就是要通过建立一套外包/自制的选择标准来衡量企业内部的哪些业务适合外包，这就用到了服务外包决策模型。运用决策模型可以使选择标准具体化，且能提高决策效率。

服务外包决策模型是指企业在进行业务外包时运用经济数学方法建立的，对未来外包活动进行分析决策的数学模型。对于该模型的研究，不同学者研究视角不同，主要有一维决策模型、二维决策模型和"3W-H"决策模型。

◇ 一维决策模型

Venkatesan(1992)建立了一维决策模型，即只用一个变量"是不是核心业务"来进行外包决策。

◇　二维决策模型

Quinn 和 Hilmer(1994)提出了二维模型,将影响外包的因素划分为两部分:一是潜在的竞争优势,指在考虑交易费用后,企业某项业务对于竞争力的影响程度;二是战略性的风险程度,当外包失败时,对企业潜在的破坏程度。模型给出企业应采取的策略:当两个指标处于低水平时,企业应直接外购;两个指标处于高水平时采取内部完成;而当两个指标处于中间水平时,则可以进行外包。具体如图 6-1 所示。

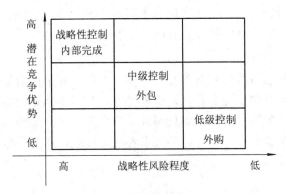

图 6-1　二维外包决策模型

一维模型考虑因素过于简单。二维模型隐含一个假设——外包的业务是同质的,即没有考虑到外包业务本身的特性,特别是业务的技术特征和技术含量,而在特定的情况下,这一因素会对企业外包决策产生重大影响,甚至是起到决定性的作用。一般来说,业务的技术特征越突出、技术含量越高,外包交易双方的信息越不对称,从而导致外包的谈判成本越高,外包合同关系越不确定。因此,有必要在外包决策分析中引入外包业务复杂性这一因素。在重点考虑此因素的情况下,国内学者构建了服务外包的"3W-H"决策模型。该模型在考虑外包业务复杂性的同时,也考虑了其他细分因素。

◇　"3W-H"决策模型

"3W-H"决策模型,即:What(外包什么),具体指外包的业务类型;Where(外包到哪里),即企业对外包服务提供商的区位选择;Who(外包给谁),即企业对服务提供商的选择;Hong long(外包期限),即指企业与外包服务提供商合同期限的长短。

发包企业显然是服务外包决策的主体,应该明确企业服务外包业务的类型,该业务是全部外包还是部分外包,做出战略性决策;服务外包的区位选择直接关系到企业在实施外包后能否降低成本和提高运营效率;服务外包供应商是提供外包服务的第三方专业机构或企业,对服务外包的成功实施至关重要;服务外包合同期限是发包企业和接包企业之间的合作时间,关系到企业未来发展。影响服务外包决策的四个因素如图 6-2 所示。其中每个因素中还包含诸多子因素,具体情况详述如下。

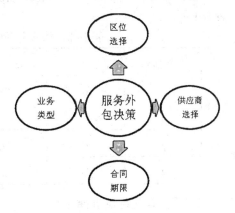

图 6-2　服务外包"3W-H"决策影响因素

1. 业务类型的选择

服务外包能够给企业带来巨大的收益，使企业专注于发展能够获取竞争优势的核心竞争力，但并不是所有的外包都能取得成功。例如，国际某知名公司把客户服务中心的一部分运营活动外包到国外，导致客户怨声载道，使其不得不停止客户服务中心的外包活动。因此，需要对外包的业务类型的可行性进行认真的研究和分析，以确定服务外包活动所带来的收益大于其成本。服务外包的业务类型有信息技术外包、业务流程外包、知识流程外包。它们涵盖的范围比较广，选择哪种业务进行外包，需要分析业务类型所具有的特征——业务的复杂性、市场竞争性以及资产专用性。

1) 业务的复杂性

业务的复杂性是指服务外包业务的复杂程度。业务的复杂性会导致交易不确定性、信息不对称，影响到服务外包企业其他活动的外部性。交易不确定的影响就是决策主体的有限理性，不确定性程度越高，谈判成本就越高。信息不对称会导致拥有价值信息的一方产生机会主义，同样增加谈判成本。业务的复杂性程度越高，服务外包企业会出现外部性，外部性会增加其治理成本。

2) 市场竞争性

市场竞争性是指外包市场中存在一定数量的接包商，其获取的利润高于市场平均利润时，潜在的进入者就会加入市场竞争行列。市场竞争性程度的高低会影响机会主义成本的大小。较高的市场竞争性，意味着存在大量的潜在进入者，会使机会成本得到控制。市场竞争性较低，一方面，接包商会将接包价格确定为边际成本之上，使企业的谈判成本增加；另一方面，缺乏竞争性会导致较高的合同终止的外部性风险。

3) 资产专用性

当一种资产用于创造某种产品具有特殊价值，而用于创造其他产品价值就会降低，那么这种资产就具有专用性。服务外包企业与接包商的合作中含有较高资产专用性的外包业务，将会降低服务外包企业的讨价还价能力。因此，资产专用性程度越高，机会主义风险就越大。

根据业务的复杂性、市场竞争性及资产专用性程度的高低，可以实施的外包策略如表 6-1 所示。

表 6-1　根据不同的业务特征所实施的不同决策

外包情景	业务复杂性	市场竞争性	资产专用性	风险	外包决策
1	低	低	低	机会主义	整体外包
2	低	低	高	安全	部分外包
3	低	高	高	较高	选择性外包
4	高	高	高	高	不可外包

2. 服务外包区位选择

服务外包的区位选择是指服务外包企业对接包商承接地的选择，即在岸外包、近岸外包还是离岸外包。

在岸外包和近岸外包在地理位置上比较近，语言和沟通方式比较接近，教育、经济和文化上具有趋同性，工作团队比较协调、资源相对稳定，且通讯更为方便和便宜。但是由于距离较近，人力资源等成本也较为相近，成本一般比离岸外包高。

离岸外包固然能够使成本降低，但由于信息不对称、文化背景、法律法规的影响，企业很难确保接包商按照契约履行相应的责任，这会额外产生成本。因此，企业在进行外包决策时应充分考虑各方面的因素，根据实际情况确定外包形式。

1) 市场规模

市场规模指一国服务外包发展水平及市场成熟度。服务外包涉及 IT 技术支持、软件开发、数据录入、金融分析及各类知识性研发服务，一国的服务外包发展水平越高，市场成熟度越好，服务外包企业更倾向于选择该承接地。

2) 人力资源

人力资源因素包括劳动力成本和劳动力素质。人力资源因素在服务外包企业选择接包商中起到至关重要的作用，劳动力成本直接影响到服务外包的成本，劳动力成本的高低是外包企业考虑的一个关键因素。而劳动力素质在一定程度上决定了外包活动完成的质量和成功与否。因此，服务外包企业在追求劳动力低成本的同时，也要求劳动力具有一定的科学文化素质。

3) 基础设施

基础设施建设状况是服务外包企业选择接包商承接地的另一个重要原因，主要包括基础设施建设完善程度和使用费用两方面。服务外包是借助 IT 技术进行的，接包商承接地的网络通讯基础设施发展水平，比如计算机、网络设施和网络宽带等，是服务外包企业考虑的因素之一。另外，如果使用成本过高，也会导致外包成本的急剧增加。

4) 国家宏观环境

国家宏观环境包括一国的经济发展状况、政治法律因素、社会文化因素、技术因素以及全球化因素等。营造良好的宏观环境无疑是加快发展服务外包的重要途径。服务外包企业对接包商承接地的选择时会考虑这一因素，从而制定自己的决策战略。

3. 接包商的选择

在选择接包商的时候，不能单纯地从哪一个方面来决策，而必须对一些相关因素进行综合评价。影响接包商选择的因素有很多，主要因素有以下六种：

(1) 服务质量因素。企业在进行外包时，要对质量严格把控。与服务外包的发包商签订的外包契约中，有严格的关于质量要求的条款，如果最后的产品质量不能达到合同中规定的水平，不但最后不能拿到服务报酬，同时还将受到 3~4 倍于服务报酬的罚款。因此，发包商在选择接包商的时候，首先考虑的是服务质量。

(2) 价格因素。价格因素也对接包商的选择起着决定性的影响。因为现在的服务外包市场竞争对手众多，吸引发包商的一个重要因素就是接包商的报价。

(3) 信息安全因素。在服务外包业务中，存在着大量的数据的转移，因此如何保证这些数据的安全成为考核接包商的一个重要指标。

(4) 接包商所在地的综合环境因素。主要包括接包商所在地的政治、经济、商业、基础设施、通信设施、人口、资源、成本、政府支持等环境因素。

(5) 接包商的经济实力。经济实力包括货币资金、固定资产净值和债务。经济实力是评价接包商综合实力的重要指标，也是接包商顺利完成外包业务的经济保障。

(6) 技术管理水平。接包商拥有先进的技术和管理方法，就可以为若干公司提供服务，因此，接包商为保持技术领先增加投入时，将会带来更大的收益。选择这样的接包商，会产生双赢的结果，有利于关系的稳固与持久。

从选择接包商所考虑的要素来看，应该采取层次分析法(AHP)进行决策。

知识拓展

Saaty 教授在 20 世纪 70 年代中期提出了层次分析理论，也就是 AHP(Analytic Hierarchy Process)法。AHP 法对问题处理的步骤是：在对问题充分研究后首先分析问题内在因素间的联系，并把它分为若干层次：方案层，准则层，目标层。方案层是决策问题的可行性方案，准则层是评价方案优劣的准则，目标层是解决问题所追求的总目标，把各层间要求的联系用直线表示出来构成了一个层次结构图。

这种方法既不单纯追求高深数学，又不片面地注重行为、逻辑、推理，而是把定性方法与定量方法有机地结合起来，使复杂的系统分解，把多目标、多准则又难以全部量化处理的决策问题化为多层次单目标问题，通过两两比较确定同一层次元素相对于上一层元素的数量关系后，最后进行简单的数学运算。因此可以说它是一种简洁实用的决策方法。

依据层次分析法，接包商的层次结构如图 6-3 所示。

AHP 法

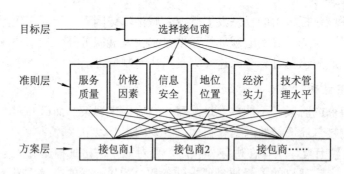

图 6-3　接包商选择的层次结构

4. 服务外包的合同期限

外包合同期限是指发包商与接包商之间建立的合作关系的合同时限，分为长期合同和短期合同。长期合同意味着企业更倾向于将业务外包给外部接包商，与外部接包商之间建立了一种稳定的、持续的合作关系，从而降低外包决策的不确定风险。短期合同意味着接包企业将承担较少的责任，发包商和接包商之间更类似一种简单的交易，而不是一种持续的稳定关系。

6.2　服务外包决策的实施

制定外包决策后，要落实行动。在实施服务外包决策前，需要对其过程进行分析，内容包括：业务类型、外包业务的成本和收益、外包接包商的具体选择标准、整个过程的风险分析等。外包决策在具体实施过程中也需要按照一定的流程来进行。

6.2.1　分析服务外包决策的实施过程

企业进行外包决策过程分析的目的是为"在哪里完成这项业务"做出更为理性的决策。在上述的"3W-H 模型"中阐述了外包决策的各项标准，本节来分析如何在实施过程中落实这些标准，主要从四个方面来介绍。

1．业务类型

企业要成功实施业务外包，必须选择正确的外包对象，即要确定哪些业务适合外包，哪些业务必须自制。由于不同业务活动所需投入的资源不同，对企业竞争优势的重要程度也不同，因此，可以据此将企业从事的业务分为核心业务和非核心业务。核心业务(例如软件企业的研发、制造企业的生产制造等)是企业投入资源最多的，对企业存亡具有关键性作用的业务，往往也是企业擅长的、能创造高收益、有发展潜力和市场前景的业务活动。而非核心业务围绕核心业务，对企业的战略重要性相对较低。比如，制造企业的财务活动、人力资源业务等。

理论上，业务的性质越复杂，对企业的竞争战略越重要，出现信息不对称的可能性就越大，因此，企业越倾向于内部化，而不是外包。而非核心业务对企业竞争优势的影响相对较弱，因而，可以根据需要将这类业务外包，甚至可以通过市场采购，以降低风险，提高企业资源的利用效率。

2．外包业务的成本和收益

企业在初步确定了拟外包的业务后，还应进一步预测和分析外包该项业务将发生的成本和收益，以此作为对外包业务决策的最后把关。若实施该项业务外包的各项收益总和大于各项成本总和，即收益成本比大于 1，则应该选择外包；若收益成本比小于 1，则一般不该选择外包。对收益成本比略小于 1 的情况，可视收益提升的可能性大小对是否外包业务进一步判断。若收益提升的可能性较大，如某些成本指标下降的概率较大时，则将该业务外包还是可行的。

3．接包商的选择

当企业确定外包业务后，下一步工作就是选择合适的接包商。接包商的选择过程可以分为以下步骤：

1) 分析环境

这是选择接包商前的准备工作——分析外部环境。主要分析业务外包相关行业的市场成熟度、接包商的数量、接包商的服务水平、接包商的地理位置分布等。如果相关行业的市场成熟度不是很高、接包商的数量和质量也不高，外包业务虽然对于企业来说是非核心业务，但出于对风险的考虑，企业就需要暂缓对业务的外包。

2）确定外包模式

通过对外包的需求分析和企业自身能力定位的综合分析得出具体的外包模式，它也是接包商选择的重要准备工作。基于不同的外包模式对接包商的选择标准也是不同的，外包模式的确定，可以为接包商初选范围和评价标准的建立奠定基础。

3）制定接包商综合评价指标体系

接包商综合评价指标体系是企业对接包商进行综合评价的依据和标准，是反映企业本身和所处环境所构成的复杂系统的指标，按隶属关系、层次结构有序组合的集合。制定该体系需要考虑的因素在"选择接包商"一节中已经详细说明，这里不再赘述。确定评价指标后，按照影响因素的大小，分配不同的权重，并根据全面性、简明科学性、稳定可比性、灵活可操作性的原则，制定综合评价指标体系。

4）成立评价小组

企业必须建立一个小组以控制和实施接包商评价。成员以来自采购、质量等与外包合作业务关系密切的部门为主，成员必须有团队合作精神、具有一定的专业技能。评价小组必须得到发包商和接包商企业最高领导层的支持。

5）接包商参与

一旦企业决定进行接包商评价，评价小组必须与初步选定的接包商取得联系，以确认他们是否愿意与企业建立合作关系，是否有获得更高业绩水平的愿望。发包商应尽可能早地让接包商参与到评价的设计过程中来。然而因为企业的力量和资源是有限的，企业只能与少数、关键的，甚至是唯一的接包商保持紧密合作，所以参与的接包商不能太多。

6）评价并选择接包商

评价接包商的一个主要工作是调查、收集有关接包商的生产运作等全方位的信息。在收集接包商信息的基础上，就可以利用一定的工具和技术方法对接包商进行评价。评价后有一个决策点，根据一定的标准选择接包商，如果选择成功，则开始建立合作关系，如果没有合适的接包商，则返回相关步骤重新开始评价。

7）建立合作关系

确定好合适的接包商后，需要与该接包商进行相应的谈判，签订双方互惠的合同，建立外包合作关系。

4．风险分析

外包在给企业带来收益的同时，也蕴含着较高的风险，这些风险对企业而言意味着一种不确定的潜在损失和成本。因此，在做外包决策过程中，一定要进行外包风险分析，这是企业进行外包决策的重要依据。

◆**经典案例**◆

　　德阳银行股份有限公司成立于 1998 年，是德阳地区唯一一家地方性法人股份制商业银行。经过十多年的发展，如今，德阳银行已经成为西南金融界不可忽视的一支劲旅。在立足地方、快速发展的同时，德阳银行将视线投向了更加广阔的市场，在积蓄了资本和力量后，德阳银行的领导团队果断决定在成都设立分行，拓展新市场。

随着公司业务与规模的不断扩大，公司人力资源管理面临的挑战和压力越来越大。首先，由于银行需要给客户提供高品质的服务，所以专业人员需求量大，对客服人员的要求相对较高，但是，这一工作人群流动性又大，于是，招聘和保留专业员工成了公司人力资源管理面临的一道难题。与此同时，德阳银行由于在用人方面受到人员编制和人工成本的限制，无法满足实际用工需求。部分编制外员工由于长期处于临时工身份，劳动权益难以得到保障。为了解决以上难题，也为了给企业瘦身，节省人力、物力和时间成本，德阳银行股份有限公司决定采用专业的人力资源外包服务公司提供的 HR 流程外包服务。

在选择人力资源外包服务供应商时，德阳银行股份有限公司首先收集了若干家 HR 外包服务商的信息，包括公司历史、成功实践、长期合作伙伴等。结合自己要外包的 HR 项目，终点圈定了几家外包服务商。之后通过各种渠道(例如：通过工商局查询企业是否有不良的记录，对公司服务客户的电话拜访，实地拜访外包商等)对有意向的外包商的资信状况与服务能力进行翔实的调查。综合考虑各种因素后，通过对圈定公司的综合打分，德阳银行股份有限公司认为把此项目外包给搜才智领人力资源有限公司性价比最高。搜才人力资源有限公司，专业为企业提供 HR 流程外包服务，且有与多家银行合作的成功案例，业内口碑良好。

双方签订合同后，搜才人力为德阳银行提供了人力资源解决方案，向银行提供人力资源派遣服务。公司安排经验丰富的驻点管理人员与德阳银行人力资源部和用人部门接口，定期开展工作沟通会，及时协商解决合作过程中出现的问题。通过搜才人力提供的一系列服务，德阳银行既拥有了高素质的员工，又节省了人力资源管理成本。

6.2.2 服务外包决策的实施流程

服务外包决策的实施过程分析主要基于"3W-H"模型开的，但是企业在具体实施业务外包时，要考虑的因素和步骤主要包含以下方面：

1) 成立外包项目领导小组

在企业开展非核心业务外包项目时，应成立项目领导小组，由企业最高领导亲自指挥，协同财务部、技术部和所有涉及外包的部门经理，共同商讨、做出决策，并制订实施外包后达到的预期目标。

2) 成立外包项目工作小组

外包工作小组应只属于公司的决策层，应受领导小组的直接领导，这样有利于企业战略目标的实现。外包工作小组的成员应由技术部门、财务部门等的带头人和专家组成。

3) 找出企业中需要外包的非核心业务

决策层应领导外包项目工作小组，结合企业的战略，运用价值链对企业的经营活动进行分析，找出企业需要外包的非核心业务，同时对此业务进行技术专业性分析。

4) 开展市场调研

在分析出非核心业务后，外包工作小组应针对相关的非核心业务外包开展市场调研。

调研主要从两个方面来进行：一是同行业其他企业的外包状况；二是市场中接包商的情况，并最终得出外包市场成熟度的情况。

5）制订接包商方案

结合企业内、外的分析，外包服务小组可以着手制订接包商方案的建议书，在征得公司管理层批准后即可确定公司的外包接包商方案，为公司的外包工作指明方向。

6）编写外包任务书

外包工作小组按照接包商方案，组织各部门的专业人员编写外包任务书，这是外包工作开展的关键一环，外包任务书一般包含以下内容：

（1）公司概况。公司概况包括公司的规模、产品质量、计算机设备等状况。

（2）外包任务的具体描述。这部分是外包任务书的核心部分，包括对外包任务详细即明确的描述、公司和外包公司的接口、工作要求及质量标准等。

（3）奖惩条例。外包任务书要说明将实行的奖惩条例以明确接包商的责任和权益。

（4）承包时间。要明确一个外包合同的实施期限。一般来说，通用性强的外包项目的外包合同期可略短一些，随着外包业务专业化程度的不断提高，合同的期限也要相应延长。

（5）结算方式。企业应根据自身的实际情况，来选择合适的结算方式。

（6）报价清单。报价清单为各家企业提供了一个统一、明确的报价格式，有利于比价。

7）询价

在编写好外包任务书以后，公司可以将外包任务书发送给可能提供相关服务的接包商，向他们询求方案和价格。

8）对接包商进行技术评估

根据相关接包商的回复，公司要组织专业技术及管理人员对各个接包商的资质进行考察和评估，制订接包商的技术评价表，并将技术上符合要求的接包商推荐给公司采购部门。

9）商务谈判

公司的采购部门在收到技术部门的技术评估意见后，即可与技术合格的接包商进行商务谈判。

10）发包

外包工作小组向公司决策层提交技术评估报告和商务谈判结果，经公司决策层讨论决定最终的接包商，并由采购部门代表公司和被选中的接包商签订合同，至此，发包工作结束。

6.3 服务外包的风险管理

当企业选择服务外包，那么企业和接包商之间就是一种委托代理关系，由于委托代理关系中的信息不对称和利益不一致将导致代理成本的产生，因此不可避免会有风险的产生。风险识别和评估后，要对风险进行控制，这也是风险管理过程中最后一个步骤，也是整个风险管理成败的关键所在。

6.3.1　服务外包的风险

服务外包风险是指企业在业务外包的过程中，由于对核心竞争力的认识能力有限和各种不确定因素的存在，使企业预期收益和实际收益相违背，从而造成各种损失可能性的一种风险。外包从制造业延伸到服务业，范围和深度都在不断加强。服务行业的特殊性和多样性决定了服务外包与制造外包相比面临着更大的不确定性和风险性。这些风险主要表现在以下几个方面。

1. 服务外包中的决策风险

当企业决策者决定将非核心业务外包给接包商的时候，他必须考虑两个方面的问题：其一，是否具有很强的协调外包环节价值链的能力；其二，能否将价值链的优化与企业的需求有机地结合。如果这两个方面能够得到很好的满足，则企业的外包业务决策就是成功的，并将获得可观的利润。但是，实际情况却十分复杂，企业在进行决策时面临很多不确定因素，一旦决策失误，将会给企业带来很严重的负面影响。外包决策风险主要包括企业的有限理性和外包交易的"锁定"风险两个方面。

1) 有限理性风险

有限理性风险是指主观上追求理性，但客观上只能有限地做到这一点的行为特征。企业决策层的有限理性将造成两个不可避免的结果：首先，既然人是有限理性的，那么企业管理层在进行外包决策时就不可能做到面面俱到，企业受限于管理层的知识和个人背景，可能做出一些不明智的决定。其次，契约的不完善性。企业所面临的经营环境充满了各种不确定性，企业不可能搜集到所有与外包契约安排相关的信息，更不可能预测未来可能发生的所有变化，从而无法在签订契约前把这些变化讨论清楚，并写入契约条款中。契约的不确定性既增加了外包的事后成本，也助长了接包商的机会主义行为。

选择合适的接包商是外包企业在竞争中取得成功的关键一环，这其中冒着很大的决策风险。接包商选择不当常常引发接包商能力不足风险。由于服务外包中的双方信息不对称，如果发包商无法查实信息而轻信接包商的许诺，有可能选择了能力不足的接包商。另外，虽然最初服务接包商的能力与服务发包商的业务互相匹配，但是随着竞争的升级和客户需求的不断变化，发包商对服务接包商提出了更高的要求，而接包商因为能力有限或不能与外包企业一同应对未来的各种变化，最终导致其能力发展、技术改进和知识创造不能满足现阶段外包服务的要求。

2) 外包交易的潜在"锁定"风险

"锁定"效应是指外包企业无法摆脱与接包商的交易关系，除非企业愿意支付高额的转移成本。接包商可以利用"锁定"效应在外包续约谈判中相要挟，企业将处于要么接受不利的契约条款，要么支付昂贵的转移成本的两难境地。"锁定"风险直接导致了业务外包谈判和决策成本的提高，甚至造成新的成本，如重新选择接包商的转移成本等。而造成"锁定"的主要因素有 3 个：

(1) 资产专用性。在外包决策阶段如果企业计划在外包交易中投入大量的专用性资产，那么企业将面临由此引起的"锁定"风险，即使不考虑前期投入的专用性资产，更换接包商的代价也是昂贵的。

(2) 仅有少量可选的接包商。接包商的力量随着他们数量的减少而增加，可以替换的选择太少使得外包企业对接包商的依赖加强。而没有足够的接包商参与到竞争中来也使外包企业的交易费用增加。

(3) 外包企业缺乏外包合同的专业知识。若企业由于缺乏订立外包合同的相关专业知识，从而签订了一个缺乏适应性的长期合同，可导致企业"锁定"于外包的长期合同中。

2. 服务外包中的信息不对称风险

在企业和外包接包商的交易中，当交易的一方掌握了另一方所不知道的信息时，交易便处在不对称的信息结构中，导致企业在实施外包过程中存在种种风险，如果不加以重视和管理，则企业不但无法从中受益，反而会受损。服务外包中的信息不对称风险主要包括逆向选择风险与道德风险两个因素。

1) 逆向选择风险

逆向选择风险源于契约签订之前双方信息不对称，如果外包交易中的供应商掌握的信息多于发包商，那么供应商可能故意隐藏自身能力和资质等真实信息，而作为委托人的发包方因未对承包商进行详细调查而无法把握来自承包商的风险。此时，供应商可能称自己拥有实际上并没有掌握的技术或是许诺提供超出其自身能力的服务，而发包商缺乏关于接包商资质的综合信息以致选择了不适应自身的承包商。

2) 道德风险

在外包过程中，由于发包商往往不可能全面、细致地观察服务供应商的努力水平和服务质量，也不可能对其外包过程进行直接的监督和控制，所以服务供应商很可能存在偷工减料、泄漏机密信息、降低服务水准等损害客户利益以换取自身利益最大化的行为。

3. 服务外包中的管理风险

管理风险是服务外包中首要的和最基本的风险。发包商的业务一旦交由接包商来管理，发包商的高层管理人员无法对外包的内容进行直接控制，也无法得到来自接包商人员的直接报告，这就意味着作为一个管理者必须始终将权利授予他人，以便完成必须完成的任务，但是这样做的同时也等于在一定程度上对业务失去控制。管理的风险主要有以下两种。

1) 发包商失去灵活性

发包商和接包商签订外包合同时根据的是当时的业务需求。外包合同开始履行后，时过境迁，发包商的业务需求可能发生较大的变化，这时，合同规定的外包额度无法满足发包商的需求，使发包商灵活度降低。

2) 外包交易中的协调风险

外包交易中的协调问题是指在外包过程中，双方的沟通也存在一定的风险。发包商和接包商是两个独立的经济实体，两者的战略目标、管理理念、企业文化等方面不同往往造成沟通障碍，容易产生误会。如果没有权责明细的契约作为约束，企业和外包团队之间互不信任、相互指责和推诿，那么有效的合作就难以持续进行，外包执行和实施成本将激增，甚至导致外包以失败告终。

服务外包的风险种类、风险事件及风险因素如表6-2所示。

表 6-2　服务外包中的风险及因素

风险种类	风险事件	风 险 因 素
决策风险	管理层的有限理性	决策层的知识能力有限、契约不完善、供应商的选择与决策
	外包交易的潜在"锁定"风险	资产专用性、少量可选的接包商、外包企业缺乏外包合同的专业知识
信息不对称风险	逆向选择风险	接包商技术力量不强、接包商管理能力不济、资金不足
	道德风险	偷工减料、泄漏机密信息、降低服务水准
管理风险	发包商失去灵活性	随着业务的变化，不能随意变换合同
	外包交易中的协调风险	外包契约的不完善、企业文化的冲突

6.3.2　服务外包的风险管理

上文介绍了基于委托代理理论下的服务外包存在的各种风险。风险识别后要对具体风险开展针对性的调控措施，从而有效规避风险，或是将风险可能造成的不良影响减至最低，这个过程就是服务外包的风险管理。

此前，外包协会(Outsourcing Institute，OI)就外包成功因素对一千多家外包企业进行了一项调查，调查结果如图 6-4 所示。

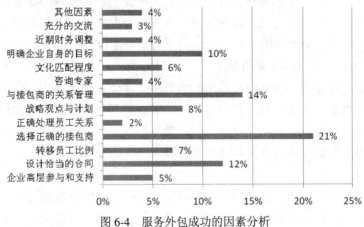

图 6-4　服务外包成功的因素分析

从图中可以发现，影响服务外包成功的因素中，选择正确的接包商影响力最大，占比达到 21%，其次是与接包商的关系管理和设计恰当的合同，分别占比 14% 与 12%。对风险的管理也主要从这三个方面来着手。前文已经介绍如何选择合适的接包商，下文重点从另外两个因素来阐述。

1. 选择合适的接包商

作为服务外包整个生命周期中的第一个阶段，服务提供商的选择无疑是外包活动成功与否的第一项重要决策，也是近年来服务外包领域的讨论热点问题。

对于大多数选择将业务外包出去的企业来说，外包业务的成本占企业产品或是服务总成本的 70% 以上。如何降低企业总成本的问题，实际上就是如何降低企业外包业务的总成本问题。研究表明，通过选择具有较高接包能力和资信水平的服务提供商能够给企业带来诸如降低成本、增加企业柔性、提高企业竞争力等优势。

2. 与接包商的关系管理

服务外包过程中的伙伴关系管理主要是增强伙伴之间的沟通、协调、了解与信任，促使双方合作关系的顺利进行，从而使双方建立长期的合作关系。有效的关系管理是任何一个成功的服务外包方案的关键性因素之一。

关系管理机制的实施包含以下几个方面：

1) 组建发包商内部的管理团队

创建一个发包商内部的管理团队从长远来看，意义十分明显。对发包商而言，通过这一管理团队集中处理外包关系，有助于他们把握外包关系的整体绩效；而对于接包商而言，他们可以借助这个平台，定期与发包商的公司高层亲密接触，分享公司的长期战略，通过沟通了解，他们可以设计出更优的执行方案，不仅更容易满足发包商的目标，而且可以带来增值。

2) 尊重接包商对于盈利的追求

服务外包发包商应该尊重接包商对于盈利的需求。一个长期的服务外包合作可以显著降低发包商的成本。但是，对于接包商来说，对利润的追求也是必要的，这是接包商提供稳定服务水平和保证服务质量的动力。

3) 清晰界定发包商的责任

通常情况下，在服务外包的合作过程中，较多强调的是接包商的职责，而忽视了对发包商职责的确定。一旦双方建立了合作关系，双方就将面临持续的创新和优化的挑战。因此，只强调一方的职责是不够的，对发包商的职责的界定也同样重要。

4) 建立知识共享和信息共享的制度

关系的维护也依赖于企业间知识与信息的共享。在知识经济时代，知识上升为企业中最具有战略性的资源，尤其是蕴含于公司的组织实践和文化中的知识，知识本身只有在交流中才能获得更大的发展。建立企业间知识与信息的共享机制，创造自由、开放的交流气氛无疑有助于服务外包合作双方建立基于互惠协议的信任关系。

5) 实行跨文化管理

由于业务外包涉及不同企业，乃至不同国家的企业之间的资源整合，因此企业在这种由外包而形成的竞争和合作关系中，不可避免会由于文化差异而造成沟通不畅，产生矛盾和误解，所以实施业务外包的企业必须增强文化协同管理意识，加强文化协同管理。比如，着力营造相互信任与合作的文化氛围。相互间的坦诚与信任有助于信息的有效沟通，及增进相互间的理解与支持，从而有利于促进相互间的有效协作，以达到最有效地实现内外部资源的整合；还可充分利用科技提供的各种沟通工具与网络，尽力消除沟通障碍。

3. 设计恰当的合同

在服务外包的过程中，企业和接包商的关系实质上成为委托人和代理人的关系，两者的效应最大化目标往往是不一致的。因此，企业必须设计出一个接包商能够接受的契约即合同，使得接包商在追求自身效用最大化的同时，实现发包商企业效用的最大化。设计合同时，必须要考虑激励约束机制。只有建立有效的激励和监督机制，才能实现外包活动的持续、健康的运行。

1) 完善的监督机制

在合同执行期间，对接包商的有力监督可以进一步降低来自接包商的风险。对接包商的监督主要包括服务质量监督、项目进度监督和项目成本监督三个方面。

(1) 服务质量监督。服务外包项目的实施可以划分为多个阶段，在完成每个阶段的任务后，接包商应向发包商递交该阶段的项目进展报告，只有当发包商在对进展报告进行审核之后，接包商才可以开始下一个阶段的工作，如果某一阶段的工作出现问题，接包商应立即予以修正。

(2) 项目进度监督。在保证质量的前提下，按时完成服务外包项目，是对接包商一项基本要求。因为一旦项目的进度不能得到保障，将会对以后的各项工作产生负面影响，因此，发包商应当对外包项目的进度进行严格监控，做到对每个阶段、每个细节的进程了如指掌。如果发现接包商的某段工期超出预期时间，则应尽快提醒接包商采取有效措施，督促其尽快完成任务。

(3) 项目成本监督。发包商在项目执行之前，应当将每一阶段的费用按照比例进行划分，接包商应严格按照规定执行。除此之外，发包商还要随时对预算费用和实际费用进行比较，一旦出现成本超支的现象，要及时与接包商进行沟通，询问费用超支的具体原因和情况，并尽快找出合理有效的措施来控制成本的增加。

2) 灵活的激励措施

(1) 合理的奖励措施。发包商应根据服务外包的范围，按照接包商所提供的产品质量设定不同的级别，从而给予不同的奖励。同时，如果接包商在项目完成的过程中，在某些领域实现了技术的改进和突破，同时帮助发包商实现了业务上的盈利，发包商应当给予接包商额外的奖励。

(2) 收益共享。企业将自身利润增长的一定比例分配给接包商，来激励接包商更好地为企业目标服务。它能够保证接包商的行为与企业的目标的高度一致，强调的是双方之间利益的共同性，而不单单是接包商完成的质量。

通常，利润分享较适用于那些增长迅速、盈利能力强的企业，在这些企业中，存在接包商获得高额报酬的可能性。在稳定和下滑的企业中，由于利润率较低和竞争激烈，利润分享的激励作用就不是很大。

(3) 竞争激励。即引入竞争压力，把一项业务分给两个或三个接包商，或事先拟定后备方案及后备接包商，这样可以给接包商带来一定的压力，促使接包商能够更好地完成外包项目。

(4) 信誉激励。对于外包来说，信誉激励是相互的，一方面，发包商良好的信誉可提升接包商对其在付费等方面的信任度，更愿意积极地与其协作，对发包商后期与其他企业的合作起着重要的作用；另一方面，接包商优良的信誉也会在很大程度上消除发包商对产品质量的担心，是接包商赢得顾客的重要保证。由此可以看出，信誉是外包双方得以谋求长期利益最大化的手段之一。

除了上述四种激励方式之外，还有级别激励、期权式激励等。在实际的接包商关系管理当中，这些激励方式往往是交错运用，发包企业需根据自身的需求、市场状况、接包商的特性以及外包业务的性质等诸多因素综合考虑，最终形成一种组合的激励方式。

对服务外包风险的管理在通过权衡风险和收益后，有两种处理方法：一是通过完善监控手段，规避或是合理转嫁不可承受的风险；二是采用风险分担的激励机制，创造外包各利益团队沟通和信任的合作环境。对外包风险管理的最终目标是提升发包商的核心竞争力。

本 章 小 结

1．服务外包决策的影响因素：经济因素、环境因素、战略因素、管理因素、风险因素和文化因素。

2．企业制订服务外包决策时应该考虑四个因素：外包什么(What)，即企业应该将什么类型的业务进行外包；外包到哪里(Where)，即企业对外包服务提供商的区位选择；外包给谁(Who)，即企业对服务外包供应商的选择；外包期限(How long)，即企业与服务外包供应商的合同期限的长短。

3．对服务类型进行选择的时候，针对外包业务的复杂性、市场竞争性、资产专用性程度的高低不同，外包企业会采取不同的策略。

4．服务外包的区位选择是指服务外包企业对接包商承接地的选择，主要考虑的因素包括：市场规模、人力资源、基础设施和国家宏观环境。

5．在选择接包商的时候，不能单纯地从哪一个方面来决策，而必须对一些相关因素进行综合评价。接包商的选择影响因素有很多，主要有六种：服务质量因素、价格因素、信息安全因素、接包商所在的环境因素、接包商的经济实力、技术管理水平。

6．企业进行外包决策过程分析目的是为"在哪里完成这项业务"做出更为理性的决策。对过程分析包含四个要素：业务类型、外包业务的成本和收益、接包商的选择、服务外包决策形成中的风险分析。外包决策的实施流程包含成立外包领导小组、外包工作小组、找出公司的非核心业务等十大步骤。

7．服务行业的特殊性和多样性决定了服务外包与制造外包相比面临着更大的不确定性和风险性。这些风险主要表现为决策风险、信息不对称风险和管理风险。

8．基于委托代理理论下的服务外包存在的各种风险，风险识别后要对具体风险开展针对性的调控措施，从而有效规避风险，或是将风险可能造成的不良影响减至最低，这个过程就是服务外包的风险管理。在风险管理中主要从三个方面来着手：选择合适的接包商、与接包商有效的关系管理和设计恰当的合同。

本 章 练 习

一、简答题

1．简述服务外包决策的影响因素有哪些？

2．在选择接包商时，评价指标有哪些？

3．与接包商关系管理策略中，具体措施有哪些？

4．简述监督机制中包含对哪些方面的监督？

二、论述题

1．试论述服务外包所面临风险类型的具体含义。

2．若公司领导让你制定一个服务外包规划书，请根据本章所学内容试制定一份简略版计划书。

第 7 章 服务外包的人力资源需求

本章目标

- 了解服务外包行业人才供需现状

- 掌握服务外包人才的需求特点和能力要求

- 熟悉我国服务外包人才的培养现状

- 熟悉我国部分行业的专业技术认证

- 理解服务外包人才的职业素养和行为规范

- 掌握我国现有的服务外包人才培养模式

- 熟悉培养多层次人才的措施

- 理解并掌握职业规划的概念、重要性；了解如何制定自身的职业规划

重点难点

重点：
1. 服务外包人才的需求特点和能力要求
2. 服务外包从业人员所具有的独特职业素养
3. 制定自身职业规划的方法

难点：
1. 服务外包产业发展与人力资本互动关系的体现
2. 建立健全多层次、全方位的培训体系

案例导入

服务外包——一个新兴的产业，它基于信息网络技术，其服务性工作通过计算机操作完成，并采用现代通信手段进行交付。就是这个普通人不太了解的新兴产业，在 2012 年国内外经济发展面临严峻考验的形势下，以服务外包离岸执行额 4 141 万美元、同比增长71.8%的高速增长，为全市开放型经济工作上交了一份优异的成绩单。

然而正当我市服务外包这一朝阳产业迅速发展的时候，却暴露出人才短缺、劳动力流失的问题。"服务外包的关键，就是人才问题。有了人才，才能谈发展！"市外经贸局一位负责人这样说道。

市劳动部门发布的信息显示，湖州市分局外包人才需求量逐年增多，仅湖州多媒体产业园在 2015 年之前就需要服务外包人才 1 万至 2 万人。而目前稳定从事 ITO 产业的人口不足 5 000 人，人才增速与发展速度相比严重滞后，并且全市服务外包人才的需求与供给也存在着巨大的缺口。一些园区反映，在服务外包招商引资过程中，几乎所有的投资商都将人才集聚能力甚至有无专业人才培养机构作为先决条件。而目前，湖州市 5 家省级国际服务外包人才培训机构年培养专业从业人员不足 800 人。随着产业的进一步做大，企业对具有实战经验和管理能力的专业人员以及精通国际规则、熟悉国外语言的高端复合型人才需求尤为紧迫。"不缺订单，缺人才"已经成了湖州市服务外包企业业主时常挂在嘴边的话语。

资料来源：http://hzrb.hz66.com/hubaoshendu/2013-04-15/18941.html.

7.1 服务外包的人力资源状况

任何产业的竞争说到底都是人才的竞争，知识和技术密集型的服务外包产业更是如此。可以说，服务外包产业的发展，人才是关键。纵观服务外包企业的整个业务流程，从最开始的接单，到协调组织资源管理实施，再到最后的技术实现，人力资源相对每一个环节而言都是至关重要的。

7.1.1 服务外包行业人才供需现状

目前，服务外包产业已成为我国经济可持续增长的新动力。我国与全球近 200 个国家和地区开展了服务外包业务，服务外包不仅是提升"中国制造"国际竞争力的重要手段，也是引领服务贸易发展、改善服务贸易结构、扭转服务贸易逆差的重要抓手。但我国服务外包人才供给与业务快速发展极不协调。总体来看，服务外包产业普遍面临人才短缺、结构矛盾突出、招人难、留人难、培训力度小等问题。

1. 我国服务外包产业的发展

2016 年，在全球投资贸易低迷的情况下，我国服务外包继续快速发展，离岸服务外包日益成为我国促进服务出口的重要力量，对优化外贸结构、推动产业向价值链高端延伸发挥了重要作用。随着服务外包市场规模的扩大，从业群体也不断壮大，吸纳大学生就业稳步增长。2016 年新增从业人员 121.1 万人，其中大学(含大专)以上学历 80 万人，占新增从业人数的 65.9%。截至 2016 年底，我国服务外包产业从业人员 856 万人，其中大学(含大专)以上学历 551 万人，占从业人员总数的 64.4%。2009—2016 年我国服务外包从业人员状况如图 7-1 所示。

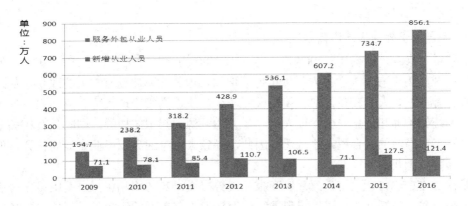

图 7-1　2009—2016 年我国服务外包从业人员状况

2．服务外包发展与人力资本的互动关系

服务外包是知识密集型和技术密集型产业。研究表明，人力资本积累和服务外包产业发展具有双向相互促进的重要作用。

1) 服务外包通过示范带动等多种效应，促进人力资本发展

服务外包，特别是离岸服务外包产业的发展具有很强的外部性，可以促进承接方人力资本的提升。首先是示范带动效应。发包方在进行外包的过程中，为了使项目能够顺利完成，会选择性地转移一些必要的技术和管理方法，这就为承接方企业学习、模仿和创新提供了很好的示范。其次是人才培养效应。发包方通常会为本方员工提供较多的学习机会，如与承接方教育机构(大学、职业学院等)直接合作，或开展在职培训，弥补承接方劳动力在知识和技能上的不足。再次是竞争效应。承接方企业面临来自国内外企业的竞争，必将加大研发投入、加大人才培养力度、提高自主创新能力，从而提高企业生产和经营管理效率。最后是经验积累效应。接包方企业员工经验不断积累、业务逐渐熟练，增加了劳动者本身的人力资本水平积累，有助于提高组织成员间的默契程度和团队合作意识。

2) 人力资本通过要素效应，促进服务外包产业的发展

首先是人力资本具有积累性和扩张性。随着人力资本积累的增加，人力资本的收益率将会提高。也就是说，随着人力资本投入增加，可以提高人力资本要素本身的效率，直接为服务外包产业发展做出贡献。比如，我国在 2006 年商务部开展服务外包"千百十"工程以来，每年安排专项资金，引导和鼓励有条件的高校完善和提升与服务外包密切相关学科的建设，积极促进高校与企业之间的合作，逐渐建立了一批服务外包人才培训基地。另外还引进国内外知名培训机构和大型企业开展服务外包培训，积极实施服务外包人才培训和培育工程，为我国服务外包产业发展提供了智力支持。其次是人力资本可以通过外部效应，促进产业发展。一个拥有较高人力资本的人对周围的人会产生更多的有利影响，提高

周围人的效率。因此，针对服务外包产业的人力资本投资所形成的专业化知识、素质、技能能够使其他要素投入产生递增收益，能够提升投资者自身的生产效率，而且能够影响到投资者周围的人，促使他们提高生产效率。

只有服务外包产业规模与人力资本协调发展，才能起到相互促进的作用。但是就目前来看，我国服务外包人才供给与业务快速发展不协调，服务外包产业普遍面临人才短缺、结构性矛盾等突出问题。

3. 我国服务外包人才供需状况

从数量上来看，据统计，2004 年，全国仅 280 万名毕业大学生，2017 年毕业的大学生人数在 800 万左右。大学生人数每年持续增加，但就业率却没有太大的改观。从人力资源层次上看，低端人才较多，中、高端人才较少，缺乏高级管理人才、离岸服务外包接单人员、系统架构师和信息安全管理人才。从人力资源的知识结构看，同时具有相关知识和能力且有工作经验的复合型人才匮乏。因此，导致大批量的高校毕业生涌向社会，但企业可用的却寥寥无几。

早在 2010 年 11 月 8 日，《重庆商报》就曾报道：2010 年 10 月，美国爱玛客服务工业有限公司和美国新世基科技集团到重庆，带来了 1 亿美元的服务外包订单，预备在重庆找协作伙伴，但调查的结果却是重庆几乎没有可以契合他们需求的公司。与世界服务外包商比较，中国服务外包人才还严重缺乏。经济全球化的大趋势致使服务业的全球化，信息技术的大变革致使世界经济重心从制造业向服务业转移。中国作为服务外包的开展中国家，这次转移中需要数以万计的外包人才。

"未来几年，中国仅离岸服务外包的人才缺口超过 30 万。"在 2013 年中国校企合作服务外包及软件人才培养高峰论坛上，服务外包行业内的培训专家蒋唯游表示。服务外包行业属于知识密集型行业，发展迅速，对人才的需求量巨大。根据我国服务外包行业的发展速度，未来 5 年，大约需要 60 到 70 万专业人才，而全国的服务外包及软件专业人才供给能力只有 30 万左右。2015 年 9 月，中国外包网报道称：作为我国服务外包的示范点，江苏服务外包执行额一直稳居全国前列，据不完全统计，未来五年，随着外包产业的发展，江苏省外包企业高端研发、领军型人才、一般性人才缺口总额将达 50 万。据南京市商务局相关负责人介绍，目前江苏境内，仅南京一地，服务外包人才缺口将近 20 万。

一方面是很多大学生苦于找不到就业岗位；另一方面，很多服务外包企业苦于招不到合适的人才。人才培养链脱节是我国服务外包业发展的最大瓶颈。

服务外包产业发展的人才需求是跨学科复合型人才，能够理论与实践相结合，具备创新能力和国际交流能力。具体地说，服务外包对人才的能力和技能需求是：英语水平、专业知识(比如金融、财会等)、技术能力、咨询和业务拓展能力、项目管理能力、动手能力、沟通与协作能力等。而目前我国的教育体系，无论是理论研究还是课程体系，无论是学校教育还是业务实践，都难以满足服务外包人才的需求。

4. 服务外包对人才的要求

1) 服务外包对人才的能力需求

服务外包对人才的能力需求分别从入门级员工、中层管理人员和高层管理人员三个层面应具备的能力来分析，如图 7-2 所示。

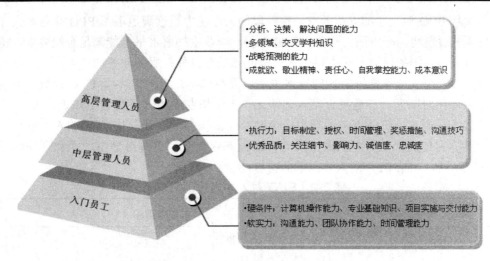

图 7-2　服务外包对人才的能力要求

2) 服务外包对人才素质的要求

首先是 ITO 对人才的素质要求。在 ITO 实际业务中会涉及不同岗位的人才，其对人才素质的要求也不尽相同。以计算机网络技术专业 IT 服务外包方向培养为例，需要掌握 IT 服务外包流程规范、具有自我管理能力、具备良好的沟通技巧等技能。ITO 对人才的需求可以分为两个方面：一是在专业技能方面，需要掌握信息系统构建、信息系统运行与维护、IT 设备配置与管理、操作系统配置安装、安全方案制定与实施、网站建设与维护、网络工程监理等；二是在素质方面，需要具备团队协作、规范服务、交流沟通、强烈的事业心、高度的责任感、工作踏实、勤奋努力以及自我管理等技能。

如果按照 ITO 的基础技术服务、系统操作服务、系统应用服务这三类业务划分，则需要的人才素质如表 7-1 所示。

表 7-1　ITO 对人才素质的需求

业务类型	基本技能需求
基础技术服务	在 C、C++、Java、J2EE、Net、Oracle 等方面较强的技术能力 团队合作与项目管理能力 解决问题的能力 较强的行业技能 程序设计语言知识
系统操作服务	较强的分析能力 较好的沟通技巧 解决问题的能力 团队合作与项目管理能力 较强的行业技能
系统应用服务	较强的技术和分析能力 解决问题的能力 业务知识 良好的沟通技巧

其次是 BPO 对人才的素质要求。现阶段的人才能力远远满足不了 BPO 企业对人才的要求，主要表现为四个方面：一是语言能力弱，毕业生外语水平不能满足企业要求，特别是日语方面，每年的日语专业本科生远远不能满足对日外包服务业务的需求；二是技术能力局限，大部分人能够熟练掌握的技术主要局限在 Java、Net、C++、C 等领域，中高端开发型人才相对缺乏；三是复合型人才缺乏，大学毕业生中具备复合型知识构成(服务外包相关技术和至少一门外语沟通能力、金融专业知识和软件开发技能等)的人才缺乏；四是职业素养有待提升，大学职业素质教育课程普遍缺乏，老师对学生的职业规划辅导不够。综上所述，归纳 BPO 对人才需求的特点，如表 7-2 所示。

表 7-2 BPO 对人才素质的需求

业务类型	基本技能需求
企业内部管理服务	流利的外语表达能力 演讲与交流能力 计算机的基本操作技能 倾听的技巧 数字化以及分析技巧 专注与准确方面的表现
企业业务运作服务	较强的技术和分析能力 出众的外语口语表达能力和写作能力 团队管理和项目管理技巧 倾听的技巧 解决问题的能力
供应链管理服务	较强的行业分析能力 较强的技术和分析能力 出众的外语口语表达能力和写作能力 团队管理和项目管理技巧 倾听的能力 解决问题的能力 业务知识

 知识拓展

一个呼叫中心的 Leader 应具备相当的领导才能。领导才能是许多特点的组合：自信、果断、勇敢、公正、勇于进取、道德感和自我牺牲精神等。领导才能并不完全是天生的，后天可以培养。西点前任校长潘模将军曾说过："给我一个人，只要他不是精神分裂症患者，我都可以把他培养成为一个领导人(Leader)。"

美国通用电器公司这样解释 Leader 这个词：Listen(倾听)、Explain(说明)、Assist(援助)、Discuss(讨论)、Evaluate(评价)、Respond(回答，负责任)。

电话客户服务中有一个 80/20 法则，即 80%的时间在听，20%的时间在说，可见倾听有多么重要。尤其是对于一个 Leader 来说，需要了解业务代表的想法、体会业务代表的情绪，所以倾听业务代表的诉说是非常必要的。

Leader 应该把业务代表做的工作予以说明，对自己的工作完全了解了，才会主动去做并且保持热情。

讨论是一个相对来说较高的境界。Leader 和业务代表做讨论能让业务代表感到备受重视，并且可以挖掘员工头脑中的经验。

业务代表的工作需要得到正确的评价，不合理的评价会影响到业务代表的工作积极性。作为最基层的领导，一定要有丰富的知识，要非常熟悉自己所处的领域。不仅要知道，而且要把自己知道的一切，用有趣而且有力的话说出来。一个人要想清晰地讲话，首先必须思考清晰，而清晰、合乎逻辑的思考就意味着能表现出明确、积极的行动。

最后是 KPO 企业对人才的需求。ITO、BPO 业务基本上是照章办事，如数据录入、贷款流程处理、来料加工等。而位于业务流程最高端的 KPO 则可以创造附加价值。因此，承接 KPO 业务比承接 ITO、BPO 业务更需要较高的科技知识储备和经验积累。

离岸的 KPO 产业还需要较高程度的国际化背景，需要流畅的外语沟通交流能力、前沿的计算机基础知识和应用技能，另外，还需要离岸外包特殊的行业和专业背景知识。KPO 人才还需要掌握外包服务国相应的信息保密和知识产权的法律要求、商业规范、标准和习惯，即文化背景。

▶经典案例◀

Evalueserve 公司——KPO 的开创者

Evalueserve 简称 EVS，中文名称为易唯思，是知识流程外包的开创者，通过位于智利、中国、印度和罗马尼亚的全球研究中心，提供市场调研、商业研究、数据分析、投资研究、知识产权研究、市场营销支持和知识技术服务等客户化服务。此外，Evalueserve Circle of Experts(易唯思的子公司)还提供各种领域专家的全球网络。

易唯思公司是全球知名的知识外包公司，也是进入中国的第一家知识外包公司。易唯思商务咨询上海有限公司 2005 年正式在中国上海运营，正在为来自全球的客户提供涉及中国及日本、韩国的定制服务。在公司现有的人员构成中，20%的员工为外籍员工，90%的员工毕业于中国及国外的顶尖学府，75%以上的员工具有硕士学历，是典型的知识型团队。随着中国经济模式从劳动密集型向知识密集型转型，知识外包行业在中国，尤其是上海具有明显的广阔发展空间。下面是易唯思商务咨询(上海)有限公司招聘 Business Analyst——Telecom 电信方面商业研究员的简章：

Description of Role(职责描述):

1. Understanding clients requirements (what needs to be done and how), under the guidance of a project manager

2. Conducting extensive research on a variety of research/consulting projects

A. Developing knowledge of research topic

B. Data collection – primary and secondary

C. Data collation and analysis

D. Data presentation in English

E. Paying attention to details

3. Participating-in brainstorming sessions for problem structuring, issue analysis & decision tree analysis, hypothesis building & validation, development of insights and recommendations (throughout the project)

4. Participating in client communication (including both telephone and face-to-face discussions) throughout project lifecycle

5. Ensuring perfect delivery on tasks as allocated

Expected Qualifications and Skills(期望条件和技能):

1. Language skills (verbal and written): Excellent English skills

2. Degree (bachelors and/or masters degree or equivalent) majored in IT related

3. 0-3 years of experience in market/business research and/or consulting roles; should have experience in working in IT industry

4. High confidence

5. Ability to learn problem structuring, issue/decision tree analysis, hypotheses development and validation will be a plus

6. Knowledge of different cultures and ability to work in an international environment

7. Exceptional learning capabilities and a good work ethic

8. Should be ready to work in a demanding and intellectually stimulating environment

9. Excellent MS Office skills

10. Excellent time management skills

11. Positive attitude and solution orientation – people who only identify problems need not apply, we look for people who not only identify problems but also offer solutions

从招聘要求技能上来看，首先要有比较突出的外语能力，否则连起码的招聘信息都看不懂，此外还涉及熟练运用办公软件，积极的工作态度，不仅善于发现问题还要提出解决问题的办法，强烈的自信心，了解不同文化且具有在国际环境下工作的能力等。

7.1.2 服务外包人才需求特点

为了把握服务外包人力资源的需求特点，首先必须充分认识这个新兴行业的一些共性特点：

(1) 服务外包依赖计算机和互联网技术的支持，这就要求从业人员具备信息技术的开发和管理能力，或是熟练掌握计算机应用软件、网络、企业管理信息系统等工具和环境，具备较强的计算机基础知识和应用能力。

(2) 服务外包企业资源的复合性很强，这是由深度的专业细分来决定的。在服务外包行业，这种专业细分不是学科基础知识的细分，而是在应用技能和业务流程方面的细分。例如，从事财务外包的专业人员，可以通过承担某一个专业流程的工作环节为任何行业提供服务，这就提高了服务外包企业的效率，降低了成本。这种复合型的业务特点，不仅要求学生具备熟练掌握相关专业实务的能力，同时还需要对不同行业加强了解。

(3) 从行业本质来看，服务外包属于第三产业，也就是服务业，与制造业有本质上的区别。在制造业生产过程中，劳动者是与机器打交道。而服务产品的生产和销售具有同步化，也就是说产品的生产过程也是服务提供的过程，劳动者必须在服务过程中与客户直接交流，这对从业人员的综合素质特别是职业素养有较高的要求。在对大量服务外包企业的调研过程中发现，企业普遍反映不能适应工作需要的员工有超过一半不是因为技术能力不行，而是因为个人素质或工作态度有问题。

(4) 服务外包的产品和服务具有"无形化"的特征，客户只能对服务提供过程进行控制和监督，特别是要求服务提供方按照一系列国际标准的认证，加强流程化管理以保证服务交付质量。这就要求从业人员对管理流程、国际质量认证标准、信息安全保护等相关管理知识和工具加强学习，适应企业工作需要。

综合上述，服务外包企业对人才的需求特点，从能力定位看可称为"四位一体"，即掌握从事服务外包工作的专业技能、了解服务外包行业规则和企业运营管理流程、具备服务外包企业要求的员工素质、拥有一定的外语应用能力，如图 7-3 所示。其中，如果针对国内市场的服务外包，外语应用能力可以降低要求，但如果从事离岸服务外包业务，外语能力是必需的，并占据首要位置。

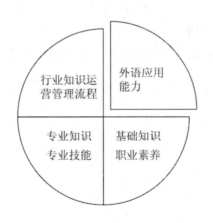

图 7-3　"四位一体"能力定位示意图

7.1.3　我国服务外包人才培养现状

随着我国的服务外包产业"内外"市场的同时爆发以及产业规模的高速增长，中国的服务外包人才却逐渐呈现出数量、质量、结构与企业需求不匹配的情况，诸如人才短缺、结构不合理、人才能力较弱、人才供给不通畅等问题越来越严重,人才缺口已成为制约该产业发展的主要矛盾。一方面是每年有 800 万左右的大学毕业生;另一方面是服务外包人才缺口如此之大。造成这种不匹配的原因主要有以下几个方面:

(1) 高校的培养模式落后。我国服务外包人才的培养主要渠道是高校的培养,但目前普遍存在教学与企业需求脱节,人才培养方向单一的问题。由于我国服务外包产业刚刚兴起,且以计算机软件开发服务为主体,学校对人才培养的要求和目标不清晰。在开设专业时,对服务外包企业的人才知识、技能要求不清楚,在人才培养中只注重计算机知识,而忽略了行业专业知识;注重 ITO 人才的培养,却忽略了广泛的 BPO 和 KPO 业务的人才培养。传统的学历教育课程更新周期长,教材更新慢,内容陈旧,难以反映最新技术的发展前沿。许多企业反映,由于服务外包专业课程设置无法适应企业对人才知识结构及工作能力的需求,导致服务外包企业难以从毕业生中直接用人,往往需要投入大量的人力、财力对新入职的毕业生进行专业培训。

师资队伍与行业脱节,"双师型"人才紧缺。服务外包行业要求教师具备良好的行业背景、项目参与和开发经验、敏锐的行业发展预测能力和科学研究能力。目前许多高校老师理论水平较高,但缺乏实际项目参与的经验,对社会实际需求了解不多,课程过分偏重于理论,偏重于基础知识的构建,在教学的实用性方面存在缺陷,直接导致了学生所受教育与市场需求的脱节。此外,服务外包人才培养的实训实习条件较其他专业要求更高,许多高校实训实习条件不足也直接影响到学生在校期间实践能力的培养。

(2) 人才结构不合理。我国虽有众多的高校开设了 IT 专业,拥有丰富的专业人才储备,但培养的人才结构不合理,复合型中高端人才和适用型技术人才短缺,这成为我国服务外包产业发展的瓶颈。以软件产业为例,我国软件人才结构呈典型的橄榄型,如图 7-4 所示,既缺乏掌握基础专业知识的初级软件工程师,又缺乏熟悉客户语言和文化背景、精通国际规则、具有国际市场开拓能力的软件高端人才,而处于中间的系统工程师则严重过剩。一般来说,基础人才、中级人才和高端人才呈现金字塔结构才能使软件产业健康、快速发展,如图 7-5 所示。不管是最大的独立软件公司 Microsoft,还是印度的软件业,人才构成都呈金字塔结构。

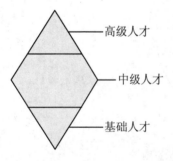
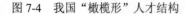

图 7-4　我国"橄榄形"人才结构

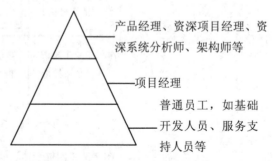

图 7-5　软件行业"金字塔形"的人才结构

(3) 缺乏对服务外包的宣传和社会认知。服务外包业属于新兴产业,在国外也不过才发展了 30 多年,在国内发展时间更短。自 2006 年"千百十"工程启动,国家首次正式提出服务外包这一概念以来,才不过短短十二年时间而已。整个社会对服务外包产业的认知处于相对空白的状态，甚至片面地认为服务外包是"发包商不愿意做的、低端的工作"，而没有看到服务外包作为知识密集型、绿色低碳以及推动我国经济转型升级的战略性先导产业所带来的巨大发展潜力及重要性。例如，呼叫中心产业是我国 BPO 产业相对较为成熟的细分领域之一，但是也是目前人才流失率最高的行业，其原因之一就是呼叫中心企业的员工被普遍认为是低端话务员，工作单一且价值较低，员工长期处于工作压力和社会尤其是周围人群不认可的巨大精神压力之下，从而导致职业满意度较低，员工离职率居高不下。而同属于服务外包领域内的 ITO 产业，则因为一般被归入大 IT 产业领域内，社会认可度较高，情况相对较好。因此，服务外包产业社会认知及认可度较低是目前整体产业呈现中高端人才极端缺乏，吸引不来也留不住人才的根本原因，也影响了学生进入行业的积极性。

7.2　服务外包人才适用的职业资格认证

职业资格证书制度是一项国际通行的行业准入制度。服务外包工作的专业性和技术性要求相关的从业人员具有一定的任职资格和任职能力，开展服务外包职业准入标准认证是发展服务外包业务的基本条件。

7.2.1　服务外包人才资格认证

国内的企业大都"只愿乘凉、不愿种树"，擅长"拿来主义"，什么人才可以迅速赚钱就直接"挖墙脚"，而不愿花人力、财力去培养。适应市场需求，加强企业职业培训素养和证书教育是发展服务外包人才培养的一个重点。虽然有国际外包中心的推动，但是目前国内市场认可的企业职业资格证书凤毛麟角。而在跨国公司中，GE 财务培训、花旗银行的金融培训、Microsoft 公司的系统工程师培训等是行业内中高级职位的通行证。

◆经典案例◆

花旗银行的员工培训体系

在员工培训方面，花旗集团是业界的佼佼者。集团通过系统而科学的培训体系来发展员工，提高员工技能，增强员工的领导力，致力于让更多的花旗金融领导人成长起来。

新员工导入：新入职的花旗员工，必须参加一个为期 2~3 天的花旗质量治理培训，目的是让每一名花旗员工明白客户满意度的重要性；而后会在各个部门之间进行为期 10~12 个月的轮训，熟悉银行业务、政策、业务规则等，了解各业务部门的运行情况。作为花旗银行未来的治理者，也将被安排到海外培训，了解花旗银行在亚太地区的业务状况，开拓国际化视野。10~12 个月的治理培训生培训，目的就是让他们尽快实现从学生到职业金融人士的转变，为一年后走向治理岗位做预备，他们在近一年中所要学习的东西是其他员工 2~3 年才能学到的，这也是花旗银行招聘定位于高层次人才的一个重要原因。

常规培训：在花旗中国，培训大都集中在上海总部进行，包括在岗和课程培训。在各种培训课程上，公司从菲律宾马尼拉的花旗亚太区金融治理学院或其他国家与地区请来资深培训师，为员工进行时间不等的培训。人力资源部门每年都会推出培训计划和内容，花旗还开发了网上培训课程，员工可以根据需要随时上网学习，并可以参加网上考试，考试合格会获得认证证书。

海外培训：花旗集团在全球通过各种方式来培养下一代的金融领导人。花旗在美国总部设有高层治理人员培训中心，为来自全球各地的花旗高层人士提供培训。花旗集团在菲律宾的马尼拉设有亚太区金融治理学院，花旗中国也会选择优秀的员工，派遣他们去参加综合培训，参加2周到一个月时间不等的海外培训。

"人才库"计划：花旗在全球都设有"人才库"计划。被列入"人才库"计划的员工，包括各个部门的骨干和精英员工，他们对花旗的历史和文化了解得比较透彻，工作年限比较长。假如花旗集团在美国、亚太等国家或地区有相应的职位空缺，便会在花旗中国的"人才库"中选择员工中的精英人才来应聘海外的职位，有机会和花旗其他国家的人一起面试其他国家的职位。

这种培训体系只有像花旗银行这样的国际知名企业才有实力去做，如海外培训、海外资深讲师，是很多民营企业所不能比拟的。这种培训系统重点在于目标明确，新员工培训的目标就是从生疏到熟悉到融合，业务骨干培训目标在于能在日后企业发展中真正发挥骨干的作用。

目前国内比较知名的培训体系是 H3C 认证体系。它是中国第一家建立国际规范的完整的网络技术认证体系，充分考虑客户不同层次的需求，致力于为全球客户提供全面、专业、权威的网络技术认证培训。H3C 认证是中国第一个走向国际市场的 IT 厂商认证，在产品和教材上都具有完全的自主知识产权，具有很高的技术含量，并专注于客户技术和技能的提升，得到了电信运营商、政府、金融、电力等行业客户和高校师生的广泛认可，成为业界有影响的认证品牌之一。

2008 年 9 月，大连"国际服务外包人才测评中心"成立，该中心引入了全国最大的计算机认证考试平台以及国际化标准的人才评估体系，填补了国内软件及服务外包产业人才评估的空白。该中心由大连软件园股份有限公司 DLSP 与全球最大的计算机认证考试服务公司——美国普尔文(Prometric)有限公司及美国教育考试服务中心(ETS)等公司强强联手，建立了一套被国际认可的标准化服务外包人才评估体系，为服务外包企业及从业人员提供超过 60 家国际信息公司及认证机构的权威认证考试，同时还可以提供 IT 行业认证、教育及职业资格测评、外语能力测评等服务项目。其中 IT 行业认证包括 Microsoft、Oracle、Sun 等；教育及职业资格考试包括 USMLE 医学考试、ICMA 会计考试、IEEE 考试等；英语测评考试包括 GRE、TOEFL、GMAT 等。

7.2.2　部分行业的专业技术认证

目前，国内外尚未形成较为系统的服务外包职业资格认证体系，但是在服务外包业务中，广泛应用的一些技术领域的专业认证已经得到服务外包企业的认可。比如 Microsoft 的开发技术、网络技术、商务管理、呼叫中心、动画制作、Office 应用等，都已经成为服务外包企业选聘员工时考核的重要技能。

(1) 信息技术类外包人才认证如表 7-3 所示。

表 7-3　信息技术类外包人才认证

认证门类	认证机构	认证类别	具备的技能
H3C 认证	H3C 公司	H3CNA (助理网络工程师)	定位于中小企业网络基本配置操作和设备维护，包括计算机网络基础、网络设备操作入门、网络的建构、网络设备互连实践、H3C 设备的安装与调试
		H3CNE (网络工程师)	对数据通信网络有全面深入的了解，掌握面向中小型企业的网络通用技术，并具备设计中小企业网络以及使用 H3C 网络设备实施设计的能力
H3C 认证	H3C 公司	H3CSE (高级网络工程师)	掌握包括路由、交换、组播、基本安全特性等部署园区网络所需要的全方位的理论知识和操作技能，可以胜任大中型复杂网络的建设和管理工作
		H3CIE (互联网专家)	必须在网络技术领域有长期的实践经验、熟悉网络设备产品和相关技术理论的网络工程技术人员、网络设计者和网络维护者。此认证将证明掌握了深厚的网络理论知识，拥有丰富的行业或运营网络设计、实施与维护经验，具有对全系列 H3C 网络产品的深刻理解
Cisco 认证	Cisco 公司 (思科)	CCNA 认证 (网络支持工程师)	拥有足够的网络知识去提供服务给中小型企业，能够安装、调试和设计企业局域网、电信运营商广域网、安全和无线等中小型网络
		CCNP 认证 (网络高级工程师)	具有丰富的实用网络知识，可以为具有企业网络、电信运营商大型网络的安装、配置、设计和排错能力，同时掌握网络流量优化技术
		CCIE 认证 (互联网专家)	被视为全球 Internetworking 领域中顶级认证证书，使工程师在今后快速变动的网络环境中驾驭 Cisco 设备所需要的专业知识，成为 CCIE 除了整个产业的认同之外，也是你不断持有最新网络知识的指标，成为一位最具竞争力的人
Sun 认证	Sun 公司	SCJP (Java 程序员)	是各种 Java 认证的基础，学习一门 Java 的基础课程
		SCJD (Java 开发员)	是一种高级的 Java 技术培训认证，完成一个程序的设计方案，回答与此方案相关的一些问题，具有用 Java 开发应用程序的能力
Microsoft 认证	Microsoft 公司	MCSD (认证开发专家)	使用某种语言设计并快速开发出 Windows8 应用程序
		MCSE (认证解决方案专家)	掌握了比较全面的知识，能够提供比较全面的解决方案

(2) 管理及金融类人才认证如表 7-4 所示。

表 7-4　管理及金融类人才资格认证

认证门类	认证机构	认证类别	适应岗位
会计认证	财政部	CPA(注册会计师)	从事社会审计、中介审计、独立审计、会计咨询等
	ACCA 协会	ACCA(特许公认会计师认证)	从事审计、投资顾问等
金融认证	保监会	保险代理人从业资格认证	保险代理人
		保险经纪人从业资格认证	保险经纪人
		保险公估人从业资格认证	保险公估人
		中国寿险管理师、理财规划师、员工福利规划师	寿险管理员、理财规划员、员工福利规划员
	中国银行业协会	银行从业资格认证	个人业务、公司业务、会计出纳、客户经理等
	中国证券业协会	证券从业资格认证	证券经纪、证券营销、柜员、证券分析师、投资顾问
	中国期货业协会	期货从业资格认证	期货公司的所有岗位
	CFA 协会	CFA(特许金融分析师)	全球投资业最为严格与含金量最高的资格认证，可供职于会计师事务所、银行、投资公司等从事分析师岗位
物流认证	中国商业技师协会市场营销专业委员会	物流职业资格认证	物流专员
	中国物流与采购联合会	物流职业经理认证	物流管理
	英国皇家物流与运输学会	ILT(国际物流职业资格认证)	物流专员、物流规划、物流管理
呼叫中心认证	工业和信息化部	客户信息服务师资格认证	呼叫中心一线运营管理工作的主管人员、质量管理人员、督导人员
人力资源认证	劳动和社会保障部	企业人力资源管理师	人事专员、人事管理
	人力资源认证协会(HRCI)	人力资源高级专业人员、人力资源专业人员证书及全球人力资源管理师	人事专员、人事管理

(3) 数字媒体类人才认证如表 7-5 所示。

表 7-5　数字媒体类人才资格认证

认证门类	认证机构	认证类别	适应岗位
Adobe 认证	Adobe 公司	Adobe 认证平面设计师	平面设计、多媒体、网页设计
		Adobe 认证数码视频师	动画设计、动漫视频制作
		Adobe 认证网页设计师	网页编辑和设计、网络工程高级管理
Autodesk 认证	Autodesk 公司	3D MAX 认证(3D 工程师)	3DMax 动画设计
		Maya 动画工程师	Maya 动画设计
		AutoCAD 工程师	CAD 动画设计
		Revit Architecture 认证	建筑设计、工程技术人员
Macromedia 认证	Macromedia 公司	网页设计师	网页设计人员、Web 开发人员
		互动多媒体工程师	动画设计、视觉设计

另外，在服务外包领域，随着信息技术和业务流程的不断融合，软件系统和网络技术在企业中的应用不断深入，企业级数据库、信息资源管理平台、信息安全服务、云计算等信息技术和产品开发与维护也会催生出越来越多的技术和岗位资格认证。这些认证一般和企业的产品应用直接相关，培训和认证的费用也比较高，但一旦获得认证，就业前景就会很好。例如，IBM 软件测试专项认证培训、甲骨文数据库专项认证培训、Cisco 网络工程师认证培训等。

 知识拓展

CCIE（Cisco Certified Internetwork Expert）的中文直译是思科认证互联网专家，作为 Cisco 认证体系中最高级别的资格证书，CCIE 不仅代表着一种资质，更意味着对网络技术的独到见解。Cisco 公司对 CCIE 注入了太多的关注与期望，此证书的发放也是一直严防死守，所以获取 CCIE 证书并不是一件轻松的事情。尤其是对于国内想拿该认证的人来说，首先需要克服语言上的障碍，通过笔试拿到上机考试的资格，之后花费一笔不菲的考试费用。要顺利拿到一张 CCIE 证书无论是在人力、物力、时间、金钱等各方面都需要付出极大的代价，事实上这也是 CCIE 的价值所在。从 1993 年诞生到 2011 年 1 月份，18 年的时间里，全球只有 27 000 多人拿到这个认证，平均全球范围内一年只有 1 500 人通过。中国大陆共有 CCIE 近 5 000 人。一般来说在相对严格的条件下诞生的资质认证往往比较权威。拥有 CCIE 资格认证的网络工作人员不仅出现在 Cisco 的金、银牌代理机构，也成为众多公司、单位的猎取对象，甚至挂个名每年都会有十几万的收入。获得 CCIE 认证不仅证明你的技术达到了专家水平，得到业界认可和肯定，更是一种荣誉的象征，一种自我价值的体现。获得 CCIE 认证是每位网络技术人员的梦想。

国内早期参加 CCIE 培训的人员，基本上都是清一色的网络从业者，在业内摸爬滚打多年，几乎人人都具备良好的专业技能和实际经验，所以所获得的资质与水平比较相符，为中国的网络建设与发展做出了很多贡献。目前，CCIE 群体已经是一支不可估量的队伍，希望加入他们的人数在不断增加。

7.2.3 服务外包从业人员的职业素养

服务外包产业的诞生，彻底改变了中国传统制造业的产业格局。企业借助外包不但可以获得技术专利，更能推动收入的增长。从事外包行业的企业人都深刻感受到人才素质是企业发展的关键。在《世界是平的》一书中，托马斯·弗里德曼提到了碾平世界的十大技术力量，但是通读全文，弗里德曼更强调的是人的想象力。21 世纪的核心竞争力是态度和想象力。而尊重每一个人，是现代服务外包企业所有员工要实践的理念。

目前，服务外包从业人员无法满足企业的用人需求。服务外包企业普遍反映，新聘用的大学毕业生离职和解聘的主要原因，不是因为技术不行，而是不具备相应的职业素质要求。2009 年，苏州工业园区服务外包职业学院专门对国内 20 多家有代表性的服务外包企业进行调研走访，以"您觉得哪些职业素养在企业中占据重要地位"作为调研内容，企业反馈的答案分别是沟通、团队意识、职业态度、情绪压力管理、职业礼仪、职业规划、问题解决、时间管理、自我激励、安全诚信等，统计结果如表 7-6 所示。

表 7-6 服务外包从业人员职业素养调研情况

项目	有效沟通	团队意识	职业心态	职业规划	安全诚信	职业礼仪	情绪管理	时间管理	问题解决
企业占比/%	100	88	88	59	25	60	78	35	56
项目占比/%	15	14	14	10	4	10	13	6	9

从表中不难看出，所有的企业认为"有效沟通"是必要的职业素养，而有近 90% 的企业同时选择"团队意识"和"职业心态"，还有将近 80% 的企业选择了"情绪管理"，这充分体现出服务外包行业的特殊性。

服务外包作为现代服务业的主要组成部分，具有区别于制造业的典型的服务业的基本特质。例如需要和人打交道、服务提供的过程就是销售的过程、服务质量取决于客户体验等。同时服务外包是基于合同约定的委托服务关系，如何按照合同约定，以客户指定的技术标准、交付期限、质量约束等条件完成，需要整个业务团队的协调工作，严格按照业务流程，并不断地和客户沟通，最终使客户满意。以上种种就是服务外包行业的独特性，对服务外包从业人员也提出了较高的职业素养要求。

目前高校培养学生职业素养的体系比较刻板，单纯地强调职业素养的"用"，而忽视文化的"体"，实际的效果比较差。有人提议以《弟子规》为基础构建服务外包职业素养标准。《弟子规》是一部成书于清朝并广为流传的儿童启蒙读物，目的就是要对孩子进行启蒙教育，为将来成长和发展奠定基础。它采纳《论语·学而》篇中"弟子入则孝，出则弟，谨而信，泛爱众，而亲仁，行有余力，则以学文"的文意，加以引申扩展，列述弟子在家、在外、待人接物、为人处世、求学等方面应具备的礼仪与规范。这些理念正好与责任心、团队合作沟通、职业礼仪规范、情绪与压力控制、学习能力等服务外包从业人员五大职业素养的形成相对应。

(1) 职业素养是一个很大的概念，专业是第一位的，但是除了专业，敬业和道德是必备的。在弟子规"入则孝"部分，由弟子在家孝顺父母，延伸出敬业、尊重等现代服务外包特色的职业素养。现代服务外包企业不像"中国制造"时代偏重员工的技术能力，而是强调"做人"在"做事"之上，先学会做人，再强调做事，所以员工要有责任心，要注重细节，尊重上司和同事。"入则孝"中的具体模块所对应的素养如下：

- ◇ 须敬听，须顺承——尊重领导和同事；
- ◇ 冬则温，夏则清——富有责任心；
- ◇ 亲有过，谏使更——学会换位，懂得兼听则明；
- ◇ 丧三年，常悲咽——善于反思。

(2) 现代服务外包特色的职业素养之一就是会沟通、有团队合作精神。"出则弟"对应沟通合作。

在传统文化浸染较深的沟通过程中，不仅在言语层面上，更延伸到多方面的价值体系，包含了非语言沟通，如身体语言、时间、沉默和空间等。正是因为语言沟通体系的博大精深，员工在现代服务外包日常语言沟通过程中才表现得尚礼、含蓄，其传播价值因而显得规范和适宜。

团队合作精神要求团队员工必须精诚团结、相互协作。培养团队协作精神有利于服务外包人才综合素质的提高。通过培养团队协作精神，有利于提高从业人员与人共事时奉献、进取、团结合作的人际交往能力和作风，养成民主意识，提高心理素质，有利于创新能力的培养等。

(3) 服务外包企业员工另一种素养是形象控制。有专家指出："形象是当今社会的核心概念之一，人们对形象的依赖已经成为一种生存状态。这就是说，形象可以决定发展，形象直接决定效益。"良好的职业形象能够拉近交往者之间的心理距离，消除心理隔阂，建立沟通与信任。"谨而信"中的具体模块所对应的素养如下：

- ◇ 冠必正，纽必结——学会服饰、妆容管理，着装庄重；
- ◇ 步从容，立端正——学会肢体语言管理，举止优雅；
- ◇ 凡道字，重且舒——学会语言管理，言谈得体；
- ◇ 见人善，即思齐——善于见贤思齐，升华气质。

有调查结果显示，当两个人初次见面的时候，第一印象中的 55% 来自外表，包括衣着、发型等；第一印象中的 38% 来自一个人的仪态，包括举手投足之间传达出来的气质，说话的声音、语调等；而只有 7% 的内容来源于简单的交谈。也就是说，第一印象中的93% 都是关于个人外表形象的。而个人形象作为企业形象的一部分，充当与客户沟通的工具，在很大程度上影响着企业的发展。

(4) 现代服务外包管理中还有一个非常重要的特质，就是情绪控制和压力缓解。迷茫、失望、沮丧、挫败、疲惫等这些令人不安的情绪，在企业中普遍存在，已经开始影响企业的有效运转，甚至威胁到企业的生存与发展。如何在复杂多变的管理环境中进行有效的情绪压力管理，实现企业经营目标并塑造竞争优势，成为管理者最关心的问题之一。员工的情绪对企业来说是一种资本，对企业的发展起着至关重要的作用。特别是对服务型企业来说，员工情绪不能很好地控制，就不能实现有效沟通，也就不能很好地服务客户。

自我管理从塑造积极心态开始。态度决定一切，有什么样的态度，就会选择什么样的行为；有什么样的行为，就会有什么样的结果。积极心态有两种表现，一是不轻言放弃；二是不怨天尤人。塑造积极心态有很多方法：构筑正确的价值评估体系；有开悟的精神；增强抗挫折的耐力；不自责，相信自己；学会压力管理等。在《弟子规》中，待人层面主要是"礼"，而接物层面主要是谈"心"，以心接物，在今天的服务外包层面上仍然有着重要价值。"泛爱众，而亲仁"中的具体模块所对应的素养如下：

　　◇　凡是人，皆需爱——掌握情商法则，学会情绪控制；

　　◇　能亲仁，无限好——不断自我修炼和提高。

　　(5) 从"学习"层面上来说，服务外包培养的员工需要具备终身学习的能力。21 世纪的企业是学习型的组织，要求每一位员工必须肯学习、善于学习、努力进取。这与《弟子规》中"行有余力，则以学文"一脉相承。

　　《弟子规》在构建现代服务外包企业员工职业素养标准中有着巨大的价值和功用，学生不再枯燥、机械被动地接受服务外包职业素养，而是从传统文化认识入手，特别是通过《弟子规》行为规范养成教育的激发，强化了主体意识。人文教育和职业素养教育并行发展，让学生真正成为职业素养教育的主体、认知的主体。以此为标准，提高大学生的服务外包职业素养，未来服务外包企业才会走得更加健康。

7.3　我国服务外包人才的培养

目前，中国正在大力发展现代服务业，从"制造大国"向"服务大国"迈进也会遇到难题。我国发展服务外包业面临的关键问题是人才瓶颈，大力加强服务外包人才培养，提高人才有效供给能力，提升人才质量，对我国服务外包产业可持续发展具有决定性作用。

7.3.1　现阶段我国服务外包人才培养模式

我国拥有大量具有熟练技能且不断增长的专业人力资源。根据当前的人口结构，在未来 50 年，中国将保持大约 7 亿的工作适龄人口。尽管中国的人才优势明显，却缺乏实用性服务外包人才，具体体现在"硬技能"(语言、服务交付能力等)和"软技能"(实践能力、国际经验等)两个方面。随着全球服务外包业的日益发展和完善，中国和印度已成为全球最大的外包基地，这意味着服务外包业对人才的巨大需求，同时，随着服务外包层次的提高以及服务外包领域的扩展，对人才的要求也将越来越高。因此，加大服务外包管理人才的培养力度，对我国服务外包产业发展具有重大意义。

1. 高等院校培养服务外包人才

目前，高等院校是人才培养的主体。以软件外包为例，我国软件人才总计有将近 80%

来自高校和职业技术学校的软件相关专业。这部分人员是我国软件行业从业人员的主体，学历以本科为主，大学学历占软件从业人员总数的比例达到 74%。

近几年，我国高校毕业生(包含本科和研究生)达到 600 万以上，其中工科占比最大，达到 35% 以上，这为软件外包提供了丰富的毕业生资源。但由于软件外包人才需求的特征，专业化外包人才依然严重紧缺。从知识储备的角度看，软件服务外包行业人才具有复合型特征，一是具备熟练使用或开发软件及信息网络的知识；二是具备软件服务外包领域的基础知识，如外包业务开展过程中的基本原则、交付工具使用等；三是具备项目涉及专业领域的知识，如承接金融信息化外包业务的人才，需要具备金融管理方面的知识，对于这种涉及多个领域的交叉学科，开展的高校并不多，大多数院校依旧停留在 IT 专业知识的定向培养上，即使有所交叉也只是浅层次的，并没有实现完全的知识融合。从实践性特征看，衡量软件服务外包行业人才是否适应行业发展趋势的关键，就是灵活使用外包软件开发、设计、测试和项目管理的知识和工具，对操作系统、应用程序、网络管理和行业知识有广泛了解，并能将职业技能与实际岗位需求结合起来。由于目前高校在教学实施过程中仍以理论教授为主，而实践动手能力和职业素质的培养相对不足，因此学生所学的理论知识与实际工作岗位能力相差甚远。从沟通交流的角度看，沟通与交流能力的国际化特征对软件服务外包从业人员的外语水平提出了较高的要求，外包技术和管理人员应具备读写和口语交流技能，以语言为工具，能与国外客户顺畅交流。但是，高校培养的毕业生的外语水平通常不能满足企业承接境外业务的要求。以成都市为例，该市有许多服务外包企业从事对日业务，但成都专门设置日语专业的高等院校只有 7 所，每年毕业的日语专业本科生不足 500 人，远远不能满足企业对日外包发展的需求。

2．服务外包企业培训

服务外包企业培训是一种新兴的培训方式，其主要特色是服务外包企业委托国内外高校、科研机构以及培训机构为其培养合格的服务外包人才。这样做的最大优点在于能实现"产、学结合"，实现"定制化培养"，具有很强的实用性和针对性。中国最大的 IT 服务公司文思海辉的真实举措很好诠释了"行家＋跨界＋创新"这一中国服务外包中大数据人才"定制化"的新标准。

中国服务外包产业需要大量的应用型人才。按目前国际技术发展应用的潮流来说，大数据人才是急需的重点方向。中国信息通信研究院发布的《中国大数据发展调查报告(2017)》称，2016 年中国大数据市场规模达 168 亿元，预计 2017—2020 年仍将保持 30% 以上的增长，未来中国将形成全球最大的大数据产业带。Gartner 近期的报告预测，由于大数据热潮的出现，全球大约会新增 440 万个 IT 职位，数字庞大到惊人的程度。但目前政府和企业还没意识到及时呈梯次地培养中国大数据人才的重要性。业内专家早已指出：大数据的提出和应用是信息化发展的必然阶段，国内的高等教育以往在这方面基本处于空白状态，亟须提早进行人才储备，纳入高等教育体系。

中科院专家认为"作为一个新兴产业，大数据产业受人才储备、人口素质的制约较大，关键在于科技和教育的融合"。大数据时代，除了要把已有的资源凝聚好，还需要最大限度地激发科技资源的潜能，积极改变现有教育资源结构，有意识地开展"订单式"人才培养。文思海辉所参与倡导建立的"大数据研究生培训体系"，无疑把数据紧缺人才培养向前务实地推进了一大步。据了解，这个培训班招生方向主要面向 IT 行业以及企业用户，培养的职业方向涵盖了大数据的工程师、规划师、分析师、架构师、应用师等多个细分领域和专业，面向大数据领域在职研究生学历和能力教育，实现"订单式培养"。该体系由中科院、世界 IT 巨头 IBM、中国科技服务旗舰企业文思海辉共同领衔，实现了产、学、研三方的有效融合。三方共同拿出研究生教育、大数据研究和商业最佳实践中的核心资源和成果，目标是培养出当前云计算、大数据产业紧缺的中高端人才。就文思海辉来说，"行家+跨界+创新"这种对大数据人才的要求，实际上是基于长期服务于国际和国内客户所总结出来的经验。这样的培训体系，不仅仅是引入各方的优秀资源，本质上更是一种大胆的创新。真正的大数据来自各行各业，各个生活范畴及各个专业领域，作为培养服务外包的专业人才，必须首先打破学科、院校、培训机构、企业，甚至跨越意识形态和国界，构建一个真正的跨界人才的供应链。

3. 社会职业培训

社会职业培训机构是院校培养和企业培训的融合，其主要着眼于实际应用型人才的培养，注重人才的实际动手能力和职业能力，既能结合高校人才培养现状，又能把握企业对服务外包人才的特殊要求。通过校企合作方式为从业人员提供更好的职业发展机会，为服务外包企业提供量身定制的专业化人才。随着服务外包产业的迅速发展，社会职业培训机构越来越多地受到服务外包企业的关注和青睐。

以青岛市服务外包人才培养情况来看，首先进行了院校人才培养改革。2009 年以来，青岛农业大学、山东科技大学及青岛理工大学增设了软件和服务外包专业；青岛职业技术学院入选全国首批 10 所服务外包人才培训校企联盟成员，并与青岛软件园合作共建服务外包学院；青岛滨海学院成立软件与服务外包学院。其次是探索校企合作新模式。如青岛英谷教育科技股份有限公司采用"全新校企合作人才培养模式——高校 121 工程"，与高校一起联合招生、共同培养、协同就业，现已与青岛农业大学、曲阜师范大学、潍坊学院等山东省内 14 所高校签订了合作协议。再如青软实训与青岛市内 9 所高校合作共建服务外包专业，联合培训服务外包人才。这种校企合作联合培养模式取得了显著成效。

虽然我国在服务外包人才培养方面取得了一定的成果，但是三大培养模式提供的服务外包人才，数量上还远远满足不了企业的需求，人才结构上也存在着失衡问题。目前，高校培养的复合型、跨行业、外语沟通能力强的实用性人才数量少；企业内部培训虽然效果好，但成本较高，员工流动性风险大；专业培训机构多数周期较短、师资力量薄弱，学员在实际项目操作运用方面与企业有一定的差距。因而探索并建立与我国服务外包产业发展相适应的人才培训服务体系显得尤为迫切。

7.3.2 示范城市服务外包人才培养

1. 苏州服务外包人才培养经验

苏州市服务外包产业起步早、发展速度快、企业数量多、就业规模大、发展环境整体较好，已经成为苏州开放型经济的一大亮点。2017 年 1—10 月，完成接包合同额 99.59 亿美元，离岸执行额 46.25 亿美元，分别占全省总额的 24.29% 和 26.61%。近年来，苏州在积极推进服务外包培训工作、大力引进和培养服务外包人才等方面做出了积极探索。通过加大政策扶持力度、积极引进教育资源、构建多层次的服务外包人才教育培训体系，逐步缓解了服务外包人才的供给短缺问题。初步形成了由高等院校、职业教育机构、服务外包企业、社会培训机构共同参与的多元化、多渠道、多层次的服务外包人才培育体系。昆山市 2011 年被认定为国家级服务外包人才培训中心，花桥开发区被认定为省级服务外包人才培训基地。苏州市 2018 年人才发展目标：到 2018 年，服务外包从业人员数量达到 35 万人以上，新增培训实用人才 10 万人、新增吸收大学生就业 8 万人。

1) 加大财政资金支持力度

我们在第五章提到过，苏州市为了加快服务外包人才培养，制定一系列的政策文件，加大了对服务外包企业和培训机构的财政资金扶持力度。此外，昆山还针对当地情况出台了《关于实施加快领军型创新人才引进计划的意见》《关于加快优秀人才引进与培育的若干政策》《关于引进和培养服务外包人才的实施办法》等政策措施，这里不再赘述。

2) 建立人才培训体系，推动培训模式向订单式、实训式转型

苏州市服务外包人才培训体系主要由学历教育、培训机构、实训基地和企业培训四个方面构成，基本形成了以普通高校、职业技术学院等学历教育为基础，专业培训机构、企业等非学历教育为依托的服务外包人才培养体系。

(1) 高等院校层面。

第一，增加服务外包课程设置。近年来，苏州市各高校纷纷增设了嵌入式软件、数字媒体技术、现代物流、动漫设计与制作、通信网络与设计等专业。除此之外，苏州工业园区政府还帮助院系与外包企业之间建立联系，鼓励各类创新培养模式。

第二，各个园区引进高校资源联合办学。比如苏州独墅湖科技创新区与国内著名大学开展合作办学。中国科技大学软件学院、南京大学苏州研究院、东南大学软件学院、四川大学苏州研究院等高校先后落户园区；昆山软件园加强与成都电子科技大学、苏州大学等合作，加快培育服务外包人才。

第三，加快与全国各地高校合作。昆山市政府与东北、安徽、广西等 100 多所高校签订合作协议，为服务外包企业在全国招募人才。

(2) 职业教育层面。

第一，建立服务外包职业学院。从"世界工厂"向"世界办公室"转变，在这场博弈中，于 2008 年 5 月，催生了"中国服务外包第一校"——苏州工业园区服务外包职业学院。这是近五年内，江苏批准新建的少数几所高校之一，在众多高校中独立使用"服务外包"，苏州工业园区服务外包职业学院是第一个，也是唯一的一个。学院学制 3 年，已经形成了师资培养、研究咨询、培训服务、技能鉴定全链条的培训服务，并根据市场需求进行课程体系建设、编写教材，通过与服务外包产业集群对接，为课堂教学和学生就业提供空间。

第二，树立"为产业办教育"的理念。学院经过大量市场调研后发现，在苏州服务外包领域，ITO、BPO 和 KPO 这三大重点业务的人才需求最为紧缺。针对这一状

况，学院开设了软件技术、计算机网络技术、软件测试技术、动漫设计与制作等 18 个专业 33 个专业方向，实现了学院专业链与地区产业链之间的高度铆合。在课程设置上，构建了"2+3 矩阵"式现代服务业人才专业课程体系，开设公共素质、公用技能课程和职业知识、职业技能、职业拓展课程，实行"项目化"教学，让学生真刀实枪接项目、做项目，并开设《IT 素养》等服务外包课程，培养职业人。同时强化外语应用能力，开设了英语、日语、韩语等课程，并把外语课当成专业课来教，设置四个学期的英语课，采用小组讨论、角色扮演等模拟职场环境的教学方法，全方位培养学生的英语语言能力。

第三，培养方案的实时更新。与传统高校人才培养方案几年甚至十几年一变不同，在服务外包职业学院，人才培养方案根据市场岗位需求实时调整、年年更新。学院专门成立了发展咨询委员会，聘请 40 位专家学者、政府和行业代表、知名服务外包企业专家担任委员，定期举办学院发展规划专家论证会，为学院发展把脉，以适应不断变化的外界要求。学院与多家知名企业合作，通过共建实训室、定向班、实习基地、承接项目等多种模式，实现人才与企业需求同步发展。

(3) 培训机构层面。

第一，大力发展服务外包培训机构。苏州全市认定了苏州科技学院等 27 个市级服务外包人才培训基地，培训的主要领域包括：信息技术、动漫游戏、集成电路设计、现代物流、信息安全、客户服务、金融财会、设计研发、实用外语和项目管理等。培训的对象包括：服务外包新从业人员、在岗人员及企业中高层管理者。

第二，积极吸引海内外培训机构。苏州软件实训基地、SUN 华东实训基地、索迪—IBM 实训基地、安博实训基地和印度 NIIT 相继在苏州落户。昆山市注重发挥安博、央邦等龙头培训机构的作用，开展定制培训、从业人员资质培训、国际认证培训等业务，强化培养"外语 + 软件 + 专业"(即"1+1+1"型复合人才)。安博教育集团培训中心已被认定为"教育部软件人才实训基地"。工业园区的培训机构多数采用订单式培养，很多国内培训机构与国际知名培训机构、企业和中介组织合作，研发适合园区企业需求的培训课程。

(4) 企业培训层面。

第一，坚持对新上岗的应届毕业生培训。苏州工业园区许多企业为应届毕业生提供数个月的实训与企业文化培训，并给予实习补助。培训讲师均为本企业具有丰富实践经验的技术管理人员。教材一般由企业组织编写。与培训机构相比，企业实训目的更明确、效果也更显著。

第二，立足成为院校的长期实习基地。苏州工业园区企业与相关职业学校或高校签订长期的实习基地协议，不仅为院校的课程设置与教学内容提供咨询，而且为应届毕业生提供实习机会。由业务主管人员作为实习指导老师，制定每天的专业技能工作清单和每周的评估标准，定期进行讲解、讨论和分析。经过两个月左右的强化实习和团队训练，学生不仅丰富了实践经验，企业也能获得实用性人才。

第三，把企业的培训前置到学校。远洋数据等企业把培训工作前置到校园里，使学生毕业后可以直接上岗，提高了培训效率。

3) 建立服务外包实训公共服务平台

苏州市依托服务外包职业学院、服务外包人才实训中心等机构，按照"先进性、公益性、公共性"的原则，着力建设一批面向全市的共享型、开放式的实训平台。苏州国科数据中心是苏州工业园区政府为科技创新和产业转型重点打造的公共技术服务平台。平台立足苏州、面向全国，为高科技中小企业、政府机构、新兴互联网服务企业、现代服务企业提供国际一流的 IDC 基础服务和云计算专业服务。欧索公司搭建了人才公共服务平台。通过建设数字企业园区、建立培训数据库、利用 SaaS 平台，实现了线上和线下培训相结合，从招生到就业全流程的服务，加强了院校和企业对接。

2. 成都服务外包人才培训经验

服务外包是成都市重点发展的新兴产业之一，经过前几年服务外包市场的快速增长后，受全球服务外包交付市场及企业自身转型升级的调整期影响，2017 年上半年，成都市离岸服务外包合同金额为 7.87 亿美元，同比增长 18.86%；离岸执行金额 6 亿美元，同比增长 21.03%，高于全国平均增速约 9 个百分点。作为国家授予的"全国服务外包人才培训中心"，成都市在人才培训资金扶持、校企合作、人才培训机构认定、公共平台建设及人才引进等方面都有一定的优势。

1) 加大政策支持力度

2010 年，国务院表示加大对我国服务外包产业发展的支持力度，其中包括对服务外包企业新录用大学生(含大专)给予每人 4500 元的培训补贴，给予培训机构每人 500 元的培训补贴，并降低了补贴门槛。按照国家要求，成都市配套制定了相应的政策，继续大力加强对服务外包人才培养的支持力度，在 2011 年服务外包专项资金中，将服务外包人才引进和培养作为重点支持内容：一是服务外包企业每新录用大学(含大专)以上学历员工从事服务外包工作并签订一年期以上合同的，按不超过核定人数给予企业每人 3000 元的定额培训支持；二是服务外包人才培训机构培训的大学(含大专)以上学历人员并从事服务外包业务，同时与本市服务外包企业签订一年以上劳动合同的，给予培训机构每人 500 元的定额培训支持；三是对经认定的服务外包人才培训机构与服务外包企业合作培训或定向培训的成都市服务外包企业急需人才项目，给予培训机构每个培训项目 10 万元的支持；四是对参加服务外包职业技能培训后取得《职业培训合格证书》或《职业技能资格证书》的失业人员给予培训补贴，补贴资金在各级政府安排的就业专项资金中列支；服务外包企业组织从业人员培训，培训经费从企业职工教育经费及各级财政安排的服务外包专项资金中列支。

2) 由人才培训组织体系来制定培养目标

成都市就业局和商务局共同负责组织认定服务外包培训企业和培训机构，根据全市服务外包行业发展规划和用工需求，制定服务外包从业人员培训和就业计划，负责指导企业和定点培训机构按照国家职业标准或服务外包行业标准开展针对性强、时效性强的培训，并对培训质量进行监督检查。在 2010 年成都市服务外包行业培训就业行动计划中，提出了培训目标以不断满足当地企业用人需求，主要包括八个方面的培训：信息技术系统操作服务、信息系统应用服务、基础信息技术服务、企业业务流程设计服务、企业内部管理数据库服务、企业业务运作数据库服务、企业供应链管理数据库服务和语言培训(英语、日语、韩语等)。

3) 认定服务外包人才培训机构，加强校企合作

从 2009 年开始，成都市分两批认定了 24 家服务外包人才培训机构，并对认定的培训机构，按照国家及地方政策给予相应的培训支持。充分利用各类院校的优质资源，推动电子科大、四川大学、信息工程学院等院校与服务外包企业的合作，提升学校培养服务外包人才的动力和高校毕业生进入服务外包企业的工作意愿。目前，多数市属高校和中等职业学校成立了服务外包专业或在专业内设立服务外包方向的培养目标。2011 年 9 月，亚洲第一大软件公司印度塔塔信息技术有限公司下属的塔塔中国公司与成都大学签署联合人才培养协议，在学校组建"塔塔定制班"，塔塔会在"定制班"中嵌入相应课程体系和独有的教学评定，实现学校与企业人才的无缝对接，培养高水准的外包专业人才。成都市同时鼓励国内外知名培训机构和大型企业发展培训业务，以增加培训机构数量，提升培训质量，对输送人才数量多、质量高、有特色的服务外包培训机构给予奖励。

4) 搭建服务外包培训公共平台

为实现成都服务外包行业主管部门、服务外包企业、高校及服务外包人才培训机构、个人终端学习者之间专业技能学习、知识共享与信息互通，在成都市商务局的指导下，建成了由成都服务外包行业协会运营、成都晟峰软件有限公司提供后台支撑及维护的服务外包行业在线培训公共平台。在线培训公共平台展现了服务外包产业国际国内信息资讯，聚焦成都外包的魅力及规划，为个人学习用户提供在线产业资讯、就业方向引导、"校园行"系列公益讲座、国际及国内名校开放课程等知识分享服务，为在校学生及拟从业者搭建动态了解成都服务外包产业发展、拓展行业背景与专业知识的窗口。

5) 加强高级人才的引进

根据成都市新近出台的《成都市中长期人才发展规划纲要》及《成都市引进高层次创新创业人才实施办法》的精神，成都市商务局启动"成都市服务外包高端人才引进实施方案"的编制工作。通过制定该方案，争取将服务外包作为全市高层次创新创业人才引进的重点行业，在引进服务外包高层次人才上有所突破。这种高层次人才主要包括服务外包行业的领军人才、海外和沿海城市有服务外包行业多年从业经验的中高端管理、研发等人才，尤其是紧缺岗位人才。

3. 合肥服务外包人才培养经验

合肥服务外包产业起步比较晚，但发展迅速，通过加强基础工作、健全政策体系、推进园区建设、培育领军企业、引进重点项目、创新人才培训机制等措施，逐步形成了点面结合的服务外包发展格局。据商务部统计，截至 2015 年 9 月底，合肥市共有服务外包企业 377 家，从业人员 12.6 万人，接包合同执行金额 3.78 亿美元。到 2020 年，服务外包合同执行金额将达 50 亿美元，合肥市将打造服务外包国际中心。

在服务外包培养方面，合肥走出了一条被商务部称为"合肥新模式"的培养道路。从学校和企业的深度融合，到学校和培训中心的学分互换，学以致用、因用设学的培养模式，为创新道路做了生动的诠释。

1) 建立高校、企业、培训机构共同合作的培训服务体系

全市涌现出一批以安徽服务外包人才培训中心、安徽菲斯科培训咨询有限公司、安徽通信成业服务有限公司培训分公司等为代表的服务外包人才培训机构。安徽服务外包培训学员与 40 多所院校签约，基本形成了比较实用成熟的课程体系。培训后的大学生可直接进入通信运营商和服务外包机构工作，基本做到了高校、培训机构、企业、学生的无缝对接。

经典案例

校企融合，企业设在学校里

在绿树掩映下的一所教学楼的一楼，合肥橡树动画有限公司就"落脚"在这里，成为一家"长"在校园里的企业。公司总经理经过多年动漫制作实践发现，刚出校门的学生在工作岗位上总要有一段时间的适应期，而现在市场经济的快节奏却让企业没有等待的时间。提前介入人才培养，或许是个不错的选择。于是，在 2009 年，公司就搬到了学校里，开始了校企合作之路。学生参与动画片的制作就是实战的过程，学校老师和公司员工对学生进行联合指导。

与动漫学院相隔不远的是信息工程学院。院长很兴奋地表示，他们学院有 14 名学生可以进入科大讯飞开始最后一年的实训学习。他们采用的是"3 + 1"的教学模式，前 3 年在学校学习基础课程，最后 1 年到企业进行实习实训。这 1 年中企业和学校将制定联合培养方案，联合帮助学生完成毕业论文，联合将学生推向就业市场。

2) 积极探索"学分互换"、产学研相结合的人才培养模式

安徽服务外包产业培训中心落户于安徽服务外包产业园。春节前，培训中心的教室里座无虚席，200 多名来自各大高校的学生在这里接受培训，他们最终将走向合肥、南京和武汉的多家企业。在这里诞生了被国家商务部誉为大学生就业的"合肥创新模式"，走出了一条合肥服务外包人才培养的创新路径，这就是在全国率先提出的"学分互换"模式。对于本科生来说，用培训中心的课程学分替换掉学生日常部分课程所需修满的学分；对于高职院校来说，用培训中心的课程替换掉他们的部分课程。一方面，培训不会占用学生的学习时间；另一方面，培训内容与工作接轨，减少了学生走出校门后的"磨合期"。目前，培训中心通过"学分互换"的模式与全省 50 多所高校建立合作关系，从 2006 年至今输送了近万名服务外包人才。

3) 政府的支持力度

在《合肥市承接产业转移促进服务业发展若干政策(试行)》中，对于新设立的服务外包企业和服务外包专业人才培训机构，合肥市将在税收上给予奖励；对于获得国家人才培训资金支持的服务外包企业和培训机构，市财政将给予资助；鼓励高等院校、职业学院、培训机构和服务外包园区或企业共建服务外包人才实训基地，年实训规模达到 300 人以上的实训基地，给予 20 万元的一次性支持，年实训规模达到 100 人以上、300 人以下的实训基地，给予 10 万元的一次性支持。

综合上述三大示范城市的人才培养经验，分别涉及政府、高校、职业学校、企业等主体，培养模式有校企合作、企业内部培训、人才引进等。他们的经验可以为我国建立完善的服务外包培训体系提供些借鉴。

7.3.3 培养多层次服务外包人才的措施

在 7.1 节介绍过，目前，服务外包人才培养存在高校教育脱节、人才结构失衡的问题，良好、健康的人才结构应该呈现"金字塔"结构，基础技术人才作为塔基、高端人才作为塔顶；而现阶段我国人才结构是基础人才和高级人才严重缺乏，中级管理人才严重过剩的"橄榄型"结构。没有基础技术人才作为塔基，我国的服务外包产业很难实现快速发展。处在"金字塔"不同位置的人才，因能力需求不同，采用的培养模式也不尽相同，具体如图 7-6 所示，针对不同的人才，采取不同的培养方式。

1. 技术人才

技术人才是外包企业的基础，他们是外包业务真正的实施者。由于服务外包产业涉及的行业比较广泛，金融、物流、软件等行业都有涉猎，这也使得技术人才的能力需求因为所处行业不同而各不相同，可以通过以下渠道进行培养：

(1) 我国高校丰富的教学资源、雄厚的师资力量为外包技术人才的培养奠定了坚实的基础。针对外包企业的需求特点，鼓励学校在软件、金融等外包相关专业开设外包基础知识课程，进行复合型人才试点培养，通过学科融合(比如在软件学院开设金融专业的基础知识，或是在非软件学院开设软件类课程)或双学位学制的设立来满足外包企业对具备专业背景知识的技术人才的需求；扩大工程硕士的培养规模；加大与外包企业的交流合作力度，通过联合开发培训课程教材、邀请企业技术人员来校进行专家讲座、推荐学生到企业实习等多种方式推动校企合作、产学结合，培养服务外包企业需要的技术人才。

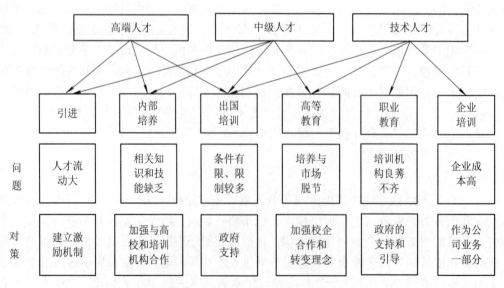

图 7-6　服务外包人才培养体系

(2) 职业培训机构。他们虽然在知识文化积淀上无法与正规院校相比，但他们能够紧随市场动态，及时调整培养方案。加之培训时间短、培养方式灵活、针对性强等特点，可以为外包企业提供量身定制的专业化人才。印度服务外包发展迅速，职业培训功不可没。当然这种培养方式只能满足外包企业对一些高重复性、低附加值且技能要求不高的工作岗位的需求。对于需要专业背景知识、技能要求较高的工作岗位，单靠职业培训是远远不够的。此时，职业培训机构可以充当辅助角色，为外包企业的在职人员提供新兴技术培训，使技术人员不断更新自身的技能，与行业发展同步；或是对刚毕业的学生进行上岗培训，缩短企业用人标准与新毕业学生实际能力之间的差距。但目前中国的服务外包培训市场刚刚起步，缺乏规范管理，培训机构良莠不齐，急需政府相关部门的支持和引导。

(3) 外包企业自建的培训机构。有实力的外包企业根据自身的业务特点，培养对口的外包技术人才。比如大连东软信息学院，在课程设置上，强化语言能力的培养，增设了许多实用技术课程，而且对于大学三年级以后的学生，东软会根据自身业务的变化，开设更加具有针对性的课程，此外，学院还为学生营造了一个实际办公环境，让学生在校期间熟悉企业的运作环境。东软信息学院的学习、培训都是围绕企业开展的，有效缓解了企业对人才的需求压力，但是这种模式也给企业带来了很大的成本压力，且对企业自身的实力要求较高。后期这些外包企业可以转变策略，将外包人才培训看做是企业业务的一部分，不仅让自身走出承受不起的困境，也可以为中国服务外包产业建立人才库。

(4) 出国培训。出国培训的培养对象包括学校和企业两个来源。学校把在校学生送到国外优秀的外包企业进行实训，不但可以了解外包产业的国际化流程，还可以弥补毕业生项目经验不足的缺陷，解决培养与市场脱节的问题。企业也可以选派优秀员工，通过"走出去"战略，让受训员工亲身参与国外知名外包企业的技术实现流程，了解前沿技术，培养具有国际视野的外包技术人才。

2．中级管理人才

我国外包企业规模普遍较小，接手的外包订单规模也相对较小，而每个订单都需要管理人员组织实施，这使得我国服务外包产业发展所需要的管理人才急剧增加。国内外包企业对复合型人才趋之若鹜，懂技术、精外语、善管理的复合型外包管理人才十分短缺，可以通过以下渠道培养：

(1) 高等教育。高等院校培养的研究生和优秀本科毕业生具备系统的管理理论知识，个人综合素质比较高，是我国服务外包企业管理人才的主要来源。但这些刚毕业的学生由于缺少实践机会、管理经验匮乏，需要经过一段时间的实战锻炼才能够胜任管理工作。现在的解决方法一般是毕业生到企业进行基层岗位的实训，积累经验后再上升到管理岗位。为了使学生毕业后即能上岗，可以把实训部分前置到高校中，创造条件为在校学生提供更多模拟演练和实习的机会。比如，鼓励高校举办各类竞赛、创建虚拟办公环境、扩大MBA 的培养规模或邀请外包企业的管理人员到学校举办专题讲座，通过实际案例了解服务外包管理流程，以及与外包企业签订协议，为学生提供实习机会等。

(2) 内部培养和出国培训同样适用于培养中级管理人员。内部培养是指发展企业内一些在日常工作中逐渐展露出管理才能的优秀技术人才。他们的实践经验丰富，又具有技术基础，只是缺乏管理知识。企业可以通过校企合作，利用高校的教育资源和师资力量，开设培训班为这些有发展潜力的技术人才提供项目管理、实践管理等具有实践性的指导课程。还可以鼓励和支持技术人才到学校攻读 MBA 学位，培养具有系统管理知识的技术人才。内部培养使企业更加重视对员工的能力和素质的培养，不仅为员工提供了更为广阔的发展前景，而且增加了员工的忠诚度，可谓一举两得。

出国培训也是很重要的培养模式，中国的服务外包企业要想打入国际市场，将有发展潜力的技术人才或管理人才送到国外培训不失为明智之举。到欧美日等发包企业实践锻炼，可以使国内企业更加了解发包方的需求特点和运作模式，熟悉这些潜在客户的语言和生活习惯；而到知名接包企业参加实训，可以学到国外先进的服务外包管理经验。由此可见，不论是到发包企业还是知名接包企业学习实践，都会使受训人员受益匪浅。

(3) 人才引进。吸引相关行业中的管理人才到外包企业任职。这些人才具备丰富的管理知识和实践经验，对行业发展和市场动态也都很熟悉，所欠缺的只是外包行业相关的知识和技能，企业只需要对他们进行外包基础知识和技能的短期培训，就可以达到中级管理人员的需求标准。然而管理人才的引进存在流动率高的风险，因此建立人才激励机制很有必要。

3. 高端人才

高端人才是外包企业的领军人物，是决策的制定者和组织愿景的构建者，主要负责开拓市场、参与国际服务外包竞争。这要求他们精通国际服务外包行业规则，熟悉客户语言和文化背景，了解国际企业运作管理模式，对世界前沿的技术动态和发展趋势有较高的敏感度，并持之以恒地关注整个行业的发展方向，以便做出有利于企业发展的决策。我国的服务外包企业之所以难以直接接触真正的发包市场，尤其是利润率更高的欧美新兴市场，正是因为缺乏熟悉国际服务外包市场的高端人才。而企业对高端人才的这种能力要求决定了他们无法依靠教育机构培养储备，只能通过具体的实践锻炼积累经验，不断成长。

此类人才主要是靠引进、聘请相关行业的高级管理人员或是吸引海外具有服务外包企业从业经验和对国际外包市场熟悉的外包人才回国任职。相关行业的高级管理人员熟悉本行业的市场现状和发展趋势，具备出色的市场开拓能力，能够快速熟悉外包市场，并担负起相应的责任；海外归国人员对国际服务外包市场十分了解，熟悉客户语言和文化背景，手中还可能握有大量的客户资源，是不可多得的外包领军人物。

其次可以内部培养，让熟悉海外客户的优秀管理人员接受企业内有经验的高端人才的指导，言传身教，了解企业如何开拓市场、争取外包订单，熟悉国际服务外包市场运作规则，通过具体实践不断学习成长。相比而言，内部培养是一种较为稳妥的培养方式，培养对象主要是企业内部具有发展潜力的管理人员，对企业文化十分熟悉，忠诚度较高。而且，这些被培养的管理人员已经积累了丰富的外包项目管理经验，对外包市场也比较熟悉，经过几个项目的锻炼，应该可以成长为企业急需的高端人才。

此外，出国培训也可以作为培养外包高端人才的一种途径。这种培养模式将使受训人员直接置身于国际服务外包市场，通过参与国际服务外包市场开拓、亲身体验外包项目的谈判和接单过程，开阔眼界和视野，努力造就国际化、高素质的服务外包高端人才。

综上所述，服务外包人才培养应该充分调动社会各界的力量，整合国内外资源，建立服务外包人才培养体系。

服务外包市场已经成为国际化人才的竞争地，我国的服务外包产业要发展，必须对服务外包专业化人才培养予以充分重视。现在，我国服务外包人才培养体系已经初步建立，下一步的工作就是要加强落实并不断完善，努力造就一批能够进入国际、善于开拓市场的高端人才，培养一批懂技术、精外语、善管理的管理人才，形成一只具有专业背景和相当规模质量的专业技术队伍，为服务外包产业顺利发展保驾护航。

7.4　职业规划与服务外包

中国有一句古语："凡事预则立，不预则废。"规划了不一定能成功，但不规划则成功的几率更小。明确的职业理想会使大学生在校期间有针对性地、有步骤地培养自己的职业素质。

◆经典案例◆

大学生 A 和 B 在学校的表现都属于优良的水平。毕业以后，分别进入了不同的单位工作。三年之后，两个人的命运却产生了差异，A 已经成为公司的骨干，担任部门主管，每月的收入在 5000 之上；B 还是公司的一般职员，收入只有 2500，正准备寻找机会跳槽。在这三年期间，两个人都跳过槽，都换过 3 家公司，可是最后的结果却大相径庭。A 毕业后进入一家卖电器的店做销售代理，工作中勤学好问，很快掌握了销售技巧，成了卖场一名不错的销售员；一年之后，跳槽到规模更大的电器连锁店做组长；第三年，跳槽到国内知名的电器销售连锁店做部门主管。B 毕业后进了一家卖电讯器材的公司做销售员；一年后跳槽到一家网络公司做网管；第三年，进了一家生产企业做办公室的文员。认真分析两个人的经历，发现 A 一直在自己熟悉的电器销售行业工作，其间跳槽也是为了有更好的位置，B 却没有找准自己的发展方向，在不同的行业跳来跳去，最后还是只能从事低岗位的工作。

从上述案例可以看出，进行职业规划的重要性。

7.4.1　职业规划的概念

1．职业规划的定义

职业规划是指个人结合自身情况以及眼前的机遇和制约因素，为自己确立职业目标，选择职业道路，确定教育、培训和发展计划等，并为自己实现职业生涯目标而确定行动方向、行动时间和行动方案。包括职业定位、目标设定、通道设计三部分内容。通常我们常说的职业生涯设计实际上是指对职业通道的设计。

职业通道是一个员工的职业发展计划。对企业来说，可以让企业更加了解员工的潜能；对员工来说，可以帮助自己更加专注于自身未来的发展方向并为之努力。职业发展计划要求员工、主管和人力资源部门共同参与制定。员工提出自身的兴趣和倾向，主管对员工的工作表现进行评估，人力资源部门负责评估其未来的发展可能。而对在校学生来说，职业通道就是如何通过知识、技能的学习来实现职业规划目标的步骤和方法。

◆ **经典案例** ◆

华为员工职业通道的设置

华为在很早以前就设置了两个平行的职业通道：管理类——行政干部，其发展路径为基层业务人员→骨干→基层管理者→中层管理者→高层管理者；技术类——技术专家，其发展路径为基层业务人员→骨干→核心骨干→专家→资深专家。

两类职位的级别基本对应，对应的级别可以享受相同的待遇。这样，华为人就有了更明确的工作目标——选择适合自己或愿意去走的职业上升通道。管理型人才可以走管理专家的道路，技术型人才可以走技术专家的通道。两条职业通道的设置，有效避免了大家都走管理独木桥的局面。

2. 职业规划的主要原则

制定职业规划时需要坚守四大原则。

(1) 喜好原则。只有做自己喜欢的事情，才有可能在遇到重大困难时不放弃，在碰到强大对手时仍坚持，在面对巨大诱惑时不动摇。

(2) 擅长原则。做擅长的事，才有能力做好；有能力做好，才能解决具体的问题。只有做自己最擅长的事情，才能做得比别人好，才能在竞争中脱颖而出。

(3) 价值原则。认为这件事够重要，值得去做，否则很难坚持下来。

(4) 发展原则。得有机会去做，有机会做了还得有足够大的市场、足够大的成长空间，这样的职业才有奔头。

如果一个人做自己喜欢的同时也是自己最擅长的事情，而且觉得这件事值得你去做，那么做成的概率会很大；如果这件事情还很有发展前途，那么就可以获得更长久的成功。所以要想获得职业生涯的真正成功，坚持这四条原则非常重要。

7.4.2 职业规划的重要性

职业规划需要遵循一定的原则，对自己的认识和定位很重要。特别是对大学生来说，从学校走向社会，将会面对一个全新的世界。走入社会，使学生能够立足的是其选择的职业。它不仅是生活的基础，更重要的是能体现出每个人存在的价值。有关调查发现，有76.6%的学生对"如何规划自己的职业生涯"毫无头绪或仅有初步了解，如图 7-7 所示。在走出校门之前，根本没有考虑工作的发展前景如何，只考虑待遇怎么样、工作地点是不是大城市等因素。他们也不知道自己将来要从事哪个行业、想要应聘哪些岗位，很多人并没有考虑或很少考虑到自身的发展问题。而制定职业规划可以很好地找到自己的定位，了解并认识自己。大学生需要对自己的个人特点进行了解，通过对自身的了解，对自己的性格特点、职业倾向等进行分析，如基本能力、工作风格、兴趣爱好、价值观念等，进而找到自己最适合的，并可以根据自身专业明确自己未来可选择的行业范围、职业范围和岗位范围，这样才能更好地为就业打下基础。

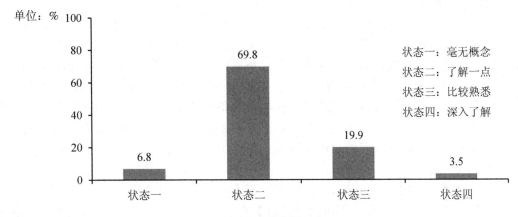

图 7-7　对职业规划的认知

职业生涯规划的好坏必将影响整个人生历程。我们常常提到的成功与失败，不过是所设定目标的实现与否。有自我职业规划的人会有清晰的发展目标，每个人的成功不仅与收入有关，还与自己的职业生涯规划有关。有目标的人才能抗拒短期诱惑，坚定地朝着自己的方向前进；有目标的人才会感觉充实。而个体的人生目标是多样的，如生活质量目标、职业发展目标、人际环境等社会目标，整个目标体系中的各因素之间相互影响，而职业发展目标在整个目标体系中居于中心位置，这个目标的实现与否，直接引起成就与挫折、愉快与不愉快的不同感受，影响着生活质量。

职业规划也是对个人角色有效定位的一种方式，每个人只有找准自己的角色定位才能取得最大的成功。很多时候失败的人并不代表没有能力，而是角色定位失败。

7.4.3　个人职业规划的制定

有一个学生，毕业 2 年多换了至少 4 次工作，涉及了不同的行业，每份工作都没有超过 6 个月。已经 30 多岁了，还没有找准自己的位置，还不知道自己适合做什么。这就是没有认真分析过自己，没做好个人的职业规划。就像本节刚开始的例子一样，自身的职业规划没做或没做好，就没有自己为之奋斗的目标，盲目跳槽、频繁更换行业，最后是一事无成。如何做好个人的职业规划，可以从以下几个方面来考虑：

(1) 分析自己的性格和爱好。每个人的性格不同，有的人性格外向，善于言谈，人际关系能力强，喜欢在公众面前发表自己的言论；而有的人性格内向，忠厚老实，喜欢独立思考问题；有的人对事情执着，遇到挫折不气馁；有的人则脆弱，容易被失败击垮。制定个人的职业规划时一定要分析自己的性格，如果是热情、善谈、喜欢挑战的人，相对来说比较适合做销售、公关等；如果内向、认真，可能适合做财会工作。性格是很难改变的，也并不是不可改变，如果你性格内向，但又想从事营销或是公关之类的工作，那必须改变以适应该类行业的需求；如果你无法改变，那么最好选择与性格相匹配的职业。

爱好也是要考虑的重要因素之一。比如从事营销工作，只有你喜欢才能主动投入，才能有所收获；如果你不喜欢，所有的工作都是在被动地接受，工作状态更谈不上积极应对，没用心自然难以获得好的结果。

(2) 分析自己掌握的知识和技能。每个人都有自己擅长的知识和技能。有的人动手能手强，有的人操作能力弱；有的人抽象思维丰富，有的人逻辑思维能力强。分析自己学习和掌握的知识技能，罗列出哪些是自己精通的，哪些是自己熟悉的，哪些是自己的弱项。然后再分析自己所要从事的工作，胜任岗位要求需要具备哪些方面的知识和技能，结合自己的实际，确认自己和岗位相吻合的条件以及不足之处。比如岗位要求具备较高的计算机水平，而自己在这方面欠缺，就可以通过参加培训班或是请教别人传授相关知识，来提高自己这方面的知识和技能。只有做到上述这些方面，才能让自己在工作中立于不败之地。

(3) 分析自己掌握的或能够调配的资源。这里的资源不仅包括金钱，还包括自己在社会上的人脉。从事一项工作，不可能所有的事情自己都很擅长，如果碰到自己不擅长的事情，就要想自己能够调动的资源，自己的同学、朋友、亲戚等有谁擅长此类事情或从事过相关的行业，可以向他们请教，直接掌握问题的关键点，避免工作中走弯路。

(4) 对职业环境的分析。职业环境又分为社会环境和企业环境两部分。首先看社会环境，包括就业政策和市场需求。目前我国的就业政策以市场调节为主，即毕业生在国家和学校的指导、帮助下，自行与用人单位沟通，进行双向选择，国家不再进行干预。这使得应届生的就业竞争十分激烈，就业形势非常严峻。做职业规划的时候要对就业形势有所了解，不能盲目乐观，也不要盲目悲观。对于市场需求要考虑行业和地区两个方面，大城市由于机会多，更容易吸引应届生，在做职业规划的时候要弄清楚选择大城市的利弊。对于行业，如果是非常热的行业也需要谨慎，这种行业往往已经进入卖方市场，用人单位更挑剔，要求也更严格。其次是对企业环境进行分析，这涉及具体进入的行业，有些信息如果在做职业规划时能够很好地了解一下，那对将来的面试会有很大的帮助，比如行业发展状况、受什么影响最明显、行业的优势和问题、行业前景等。以投资行业来说，如果想从事贵金属投资业务，就要弄明白贵金属价格走势受到什么因素影响，目前贵金属市场表现如何等。对于企业就要从企业实力、企业制度、企业前景等方面来考虑，有发展潜力的企业才能提供良好的发展前景，即便是小公司，也可以考虑；相反如果目前状态尚佳，但已经没有上升空间的企业，不建议列入规划中。

(5) 确认自己的发展目标。可分为主要人生目标和短期目标。主要人生目标是一个人终生所追求的固定的目标，生活中其他一切事情都围绕着它而存在，确定职业将有助于实现人生主要目标。之后，应该考虑人生和职业规划中的具体细节，即短期目标，比如做一个五年计划，五年内需要达到什么的职位、需要掌握哪些知识、具备哪些能力等。

(6) 行动起来并坚持不懈。良好的动机只是目标得以确立和开始实现的一个条件，但不是全部。如果动机不转换为行动，动机终归是动机，目标也只能停留在梦想阶段。有些人奋斗一辈子也没能够实现自己的人生目标，更不用说懒惰了。除了认准目标外，还要集中精力全力以赴，坚持不懈地走下去，不管遇到什么挫折，都不要放弃。同时一定要认真学习，只有这样，才能获得成功。

综合以上因素，个人职业规划模型如图 7-8 所示。

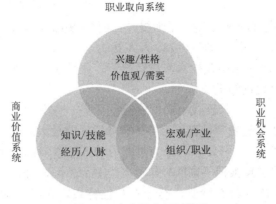

图 7-8　个人职业规划模型

7.4.4　服务外包企业对人才的招聘

服务外包企业的招聘渠道分为：电子商务人才招聘平台(招聘网站)、自主培训和实习生、各种专业培训机构、员工推荐、招聘会、高校合作、合作单位招聘、内部高级人才挖掘、各种专业组织以及猎头公司等。其中，电子商务人才招聘平台、自主培训和实习生、各种专业培训机构、员工推荐这几种方式解决的企业所需岗位最多。

 知识拓展

应聘流程及需要注意的问题

首先，高质量的简历十分重要。企业对简历一般比较关注个人性格的描述、学历情况、是否有一定的实习经验、在校期间的成绩排名情况、是否担任过学生干部、是否参加社会活动、获得的奖励、是否有特别经历等。

其次是笔试。比如应聘服务外包企业 ITO 岗位，笔试的重点一般是 IT 基础知识、专业基础知识、软件工程知识等，除此之外，还会涉及商务英语、IT 专业英语以及数学思维和逻辑思维等。

最后进入面试阶段，也是最关键的时刻。通过面试，企业的 HR 人员不仅可以了解到应聘者的沟通表达能力、专业技能和外语能力等，还可以了解到应聘者的人格素质和职业素养。

一般通过面试的人员就可以进入实习期或是试用期，在这期间企业将会了解到应聘者的学习能力、动手能力以及工作态度。反而言之，员工也会体验企业的工作节奏和工作环境，体会企业文化。因此，认真对待试用期将有利于试用期结束时企业与员工之间进行双向选择。

本 章 小 结

1．服务外包产业吸纳就业的能力不断提升。截至 2013 年年底，我国服务外包企业从业人员共计 536.1 万人，间接带动近 1 780 万人就业。

2．服务外包是知识密集型和技术密集型产业，研究表明，人力资本积累和服务外包产业发展具有双向相互促进的重要作用。

3．一方面，很多大学生苦于找不到就业岗位；另一方面，很多服务外包企业苦于找不到合适的人，人才培养链脱节是我国服务外包业发展的最大瓶颈。

4．服务外包企业对人才的要求，分为对能力和人才素质的要求。能力根据所在的等级而不同，对素质的要求又根据不同的外包业务类型而不同，分别进行了介绍。

5．服务外包行业作为新兴行业，有一些共性特点，包括依赖于计算机和互联网技术、复合型较强、产品和服务具有"无形化"特征等。

6．随着我国的服务外包产业"内外"市场的同时爆发以及产业规模的高速增长，我国服务外包人才逐渐呈现出数量、质量、结构与企业需求不匹配的情况。人才培养存在高校教育的模式落后、人才结构不合理、缺乏对服务外包行业的宣传等问题。

7．目前，国内外尚未形成较为系统的服务外包职业资格认证体系，但是在服务外包业务中，广泛应用的技术领域的专业认证已经得到服务外包企业的认可。

8．《弟子规》中的列述弟子在家、在外、待人接物、为人处世、求学等方面应具备的礼仪与规范，这五大理念正好与责任心、团队合作沟通、职业礼仪规范、情绪与压力控制、学习能力的服务外包从业人员五大职业素养形成对应。

9．我国现阶段主要存在三种服务外包人才培养模式：高等院校、服务外包企业培训和社会职业培训。但这三种培养模式培养的数量远远满足不了社会需求，人才结构也存在一定的问题。借鉴苏州、成都、合肥等示范城市的培养模式，探究建立多层次的人才培养体系。

10．章末介绍职业规划的概念、重要性以及如何制定个人的职业规划。最后列举了服务外包企业的招聘流程。

本 章 练 习

一、简答题

1．简述我国服务外包人才培养存在哪些问题。

2．简述合格的服务外包从业人员应该具备哪些技能。

3．简述服务外包从业人员应该具备哪些职业素养。

二、论述题

1．分析论述职业规划的定义及重要性有哪些。大学生如何制定个人职业规划？每人根据自身情况，拟定一份职业规划书。

2. 论述我国发展服务外包行业的瓶颈有哪些，如何解决？

三、案例分析题

小张是一名刚毕业的女大学生，像其他同学一样，她在找工作的路上奔波。历经几次失败之后，当一家私营企业同意接收她的时候，她迫于生计压力，再也没有挑拣，也不管是否喜欢或者适合，便一口答应了全部条件。干了几个月，小张与同学联系时发现，自己的同学有的待遇很好，有的在大企业工作，小张感到自惭形秽。"跳槽"的想法由此而生。有一次，公司老板找她谈工作，可能态度有点生硬，小张心里很不是滋味儿。从那以后，小张在工作中总是有意无意地懈怠，老板找她多次谈话也没有改观。于是老板不再重用她，也不再给她安排工作，待遇自然也就下降了。小张感到备受排挤，一气之下辞了工作，又踏上了重新找工作的历程。由于小张带着一种不良情绪去找工作，不是人家不要她，就是她自己不想去。先是到一个超市做销售工作，一段时间之后觉得超市工作时间长，就跳槽到某公司做市场营销工作，后来又嫌这个工作整天在外面奔波，太辛苦，于是跳槽到某公司做办公室职员，在办公室里面又发现同事关系不太好处理，又想换工作，但她自己也不知道下一步该换什么工作。小张感到很困惑，为什么跳槽总是不如意，好工作为什么总是可望而不可即呢？

问题一，针对小张的这种情况，分析一下具体症结在哪里？如何避免？

问题二，如何看待大学毕业生频繁跳槽的问题？

参 考 文 献

[1] 刘春生，王力，等. 中国服务外包竞争力报告(2015～2016). 北京：社会科学文献出版社，2016

[2] 聂锋，廖唐勇，等. 金融服务外包. 广州：华南理工大学出版社，2017

[3] 魏建国. 服务外包 100 问. 北京：中国商务出版社，2013

[4] 李志群，朱晓明. 中国服务外包简明读本. 北京：中国商务出版社，2014

[5] 张钱江，詹国华. 服务外包. 杭州：浙江人民出版社，2010

[6] 杨冬. 服务外包概论. 北京：中国人民大学出版社，2012

[7] 王瑛. 国际外包业务承接企业的案例分析. 商场现代化，2008(11)

[8] 李雪，邓春姊. 服务外包实用教程. 北京：清华大学出版社，2012

[9] 陈伟，李华. 服务外包人才培养模式研究. 现代管理科学，2008(1)

[10] 侯建林. 金融云计算在金融行业应用前瞻. 信息化论坛·实务，2013(2)

[11] 徐成贤. 金融信息服务外包. 北京：清华大学出版社，2012

[12] 宫冠英. 金融业务流程外包基础教程. 北京：清华大学出版社，2012

[13] 鞠子谦. 中印 IT 外包产业分析及预测. 中国市场，2011(45)

[14] (美)格利哥，鲁丹萍，(美)肖步哲. 国际服务外包理论与实务. 北京：清华大学出版社. 2012

[15] 王习农. 美、日、欧服务外包模式比较. 人民网 2009-08-24

[16] 王晓红，李皓. 中国服务外包产业发展报告(2012～2013). 北京：社会科学文献出版社. 2013

[17] 中国服务外包研究中心. 中国服务外包发展报告 2013 精编版. 中华人民共和国商务部

[18] 中国服务外包研究中心. 服务外包研究动态 2014 年第 2 期. 中华人民共和国商务部

[19] 中国服务外包研究中心. 中国服务外包行业发展现状与趋势分析. 中华人民共和国商务部，2012

[20] 邓小勇. 我国商业银行业务外包研究. 北京：首都经济贸易大学，2010(3)

[21] 赵国辉. 保险业务外包问题研究. 中国保险，2008(9)

[22] 韩莉，高实. 我国保险业服务外包的发展现状、问题与对策分析. 时代金融，2014(2)

[23] 严明，何琨. 中小证券公司后台业务外包分析. 证券市场导报，2010(1)

[24] 刘莉，吴绒，李楠. 金融外包管理. 北京：化学工业出版社. 2012

[25] 对外经贸大学国际经济研究院课题组. 国际服务外包发展趋势及中国服务外包业竞争力. 国际贸易，2007(8)

[26] 宋艳飞. 印度软件和信息服务外包产业加速转型升级. 中国服务外包杂志，2013(12)

[27] 王晓红. 我国服务外包人才队伍和专业化培训的问题及对策. 中国科技投资，2011(12)

[28] 张建亮. 以"弟子规"构建服务外包标准的教育探索. 2012 年度苏州市人力资源和社会保障科学研究课题项目

[29] 田玉娟. 服务外包对人才素质与技能的需求. 中国服务外包，2011(5)

[30] 印度软件和信息服务外包产业加速转型升级. 中国服务外包杂志，2013(12)